"十三五"中国企业对外直接投资战略研究

王晓红　陈　超　等著

中国商务出版社
CHINA COMMERCE AND TRADE PRESS

图书在版编目（CIP）数据

"十三五"中国企业对外直接投资战略研究/王晓
红等著．—北京：中国商务出版社，2018.3（2018.7重印）
 ISBN 978-7-5103-2361-4

Ⅰ.①十… Ⅱ.①王… Ⅲ.①企业-对外投资-直接
投资-研究-中国 Ⅳ.①F279.23

中国版本图书馆 CIP 数据核字（2018）第 056967 号

"十三五"中国企业对外直接投资战略研究
"SHISANWU" ZHONGGUO QIYE DUIWAI ZHIJIE TOUZI ZHANLUE YANJIU
王晓红 陈 超 等著

出　　版：中国商务出版社
地　　址：北京市东城区安定门外大街东后巷 28 号　　邮　　编：100710
责任部门：中国商务出版社（010-64283818 ）
总 发 行：数字出版事业部（010-64248236）
责任编辑：杨晨
网　　址：http://www.cctpress.com
邮　　箱：szcb2016cctp@163.com
排　　版：北京科事洁技术开发有限责任公司
印　　刷：北京中献拓方科技发展有限公司
开　　本：787 毫米×980 毫米　　1/16
印　　张：20　　　　　　　　　字　　数：260 千字
版　　次：2018 年 3 月第 1 版　　印　　次：2018 年 7 月第 3 次印刷
书　　号：ISBN 978-7-5103-2361-4
定　　价：59.00 元

开放发展　与世界共赢

（代序）

　　实施更高水平的对外开放战略，不仅是我国适应经济全球化新形势和国内发展新阶段的重大举措，也是实现全面建成小康社会，乃至实现国家现代化的必由之路。当前，世界经济正处于新旧规制交替，结构深度调整之中。全球经济增速低、复苏进程缓慢，逆全球化思潮与新型全球化之间的博弈不断，新一轮投资贸易规则正在构建，世界政局动荡，风险因素增多。国内经济进入新常态，新旧动能加速转换，转型升级任务艰巨。这些都要求我们加快构建开放型经济新体制，实施全方位开放战略，提高全球配置资源的能力，加快形成国际竞争的新优势。

一、构建开放型经济新体制是实现转型升级的迫切需要

　　国内经济新常态的表现形式多样。一个重要标志是由高速增长转向中高速增长，经济"L"型的一横要持续几年，不会出现一个"U"型的很快上升。其次是发展质量问题和结构问题。目前，我们是世界第二大经济体、世界制造业第一大国，同时也是二氧化碳、二氧化硫世界排放第一大国。2015年我国GDP占全球的14%，消耗了全球24%的能源；其中一次能源消费中占比高达64%的煤炭是造成大气污染的重要原因，资源环境约束大大增强。此外，以钢铁、煤炭为代表的产能过剩十分严重。过去我们发展工业，特别是劳动密集型加工业，一直是吸纳就业、增加出口非常有力的增长极，现在随着劳动力、土地、环境、资源这些要素综合成本的上升，也面临着非常大的困难。所以，中国经济的确到了转方式、调结构、深化改革的关键时期。

1

一方面我们要扩大内需,大力推进供给侧结构性改革;另一方面要通过加快构建开放型经济新体制来促进改革与转型。因此,对外开放与经济新常态实现转型是密不可分的。2013年11月党的十八届三中全会首次提出了"要构建开放型经济新体制,适应经济全球化新形势,加快培育参与和引领国际合作的新优势,以开放促改革"。2015年5月中共中央国务院发布了《关于构建开放型经济新体制的若干意见》,在文件里第一次用了"加快构建"的表述,提出我国改革开放正站在新的起点上,经济发展进入新常态,面对新形势、新挑战、新任务,要加快构建开放型经济新体制,以对外开放的主动赢得经济发展和国际竞争的主动。把几个"新"连在了一起。"十三五"规划提出要牢固树立和贯彻落实创新、协调、绿色、开放、共享五大理念。指出全方位对外开放是发展的必然要求,必须坚持打开国门搞建设,更好地利用两个市场、两种资源,推动互利共赢、共同发展。

二、改革开放的实践证明:开放促改革、促发展

回顾中国改革开放近40年的发展,很多企业家会感触非常深,通过贯彻落实对外开放的基本国策,特别是2001年中国加入世界贸易组织,对于改革和发展发挥了极其重要的作用,尤其是加快了从中央集权的计划经济向社会主义市场经济的转变。通过引进外资对于改革传统计划管理的投资体制、价格体制、外贸体制都产生了极大推动作用。在传统计划经济下外贸是国营垄断,引进外资后,大进大出的加工贸易不可能按照计划经济的办法每年编计划、调拨物资。过去国有和集体经济占99%,现在外资企业吸纳就业人数约占城镇就业的1/10、税收约占1/5、进出口额约占1/2。外资还带动了民营企业的长足发展。更重要的是,我们在引入资金的同时,引进了先进技术、现代化管理经验和国际化人才。

回顾中国在加入WTO时,可以说当时有很多顾虑。门开了,狼来了,能否撑得住?最后我们权衡利弊,下决心加入了。现在回过头来

看，更加开放的经济有利于我们改革。比如为了适应 WTO 的需求国内修订的法律法规 3 万多件，对市场经济体制和法制化的推进力度很大，大大改善着市场经济的营商环境。可以说中国加入世贸组织后进入了一个"黄金十年"，2001—2012 年我国 GDP 年均增速高达 10.3%，GDP 从 2001 年的 10 万亿元增长到 2012 年的 53.4 万亿元；货物进出口总额从 5100 亿美元增加到 38600 亿美元，增加了 7.6 倍；外汇储备从 2002 年 2100 亿美元增加到 2012 年的 3.3 万亿元，增加了 15.6 倍。也是在这期间，我国经济总量跃居世界第二，制造业规模位居世界第一，汽车市场超过美国，电子商务快速发展，高速铁路进入世界先进行业。我国的国际影响力也大幅提升，G20 成为中国和新兴经济体积极参与全球经济治理的重要平台。人民币国际化步伐加快，已经成为世界第二大贸易融资货币。

三、"走出去战略"是构建开放型经济新体制的重要组成部分

金融危机以后，全球经济增速低迷、复苏艰难，但国际投资的增速高于国际贸易，也高于国际经济，说明跨国投资成为世界经济发展的重要引擎。进入"十二五"以来，我国积极实施走出去战略，企业对外投资快速发展，已经成为拉动世界跨国直接投资增长的新引擎。"走出去战略"是党中央在世纪之交提出的重大战略，从 2000 年起至今已经取得了多方面的进展。我国企业对外投资以及工程承包、境外产业园区建设、国际产能合作等快速发展，对拓展国际发展空间，在全球范围内配置资源，深度融入全球产业链和价值链，提升国际化经营水平和国际竞争力都有着重要的积极作用。目前，对外直接投资作为"走出去"最主要的形式已经进入了加速发展时期。我国 20 世纪 80 年代、90 年代有少量对外投资，真正较大规模的境外投资是 21 世纪以后。我国有境外投资官方统计数据是从 2002 年开始，公布的统计数据是 27 亿美元，2010 年达 688 亿美元；2014 年达 1029 亿美元，第一次超过了 1000 亿美元；2015 年达 1180 亿美元，列世界第 3 位，占当年世界对外投资总

量近10%；2016年我国对外非金融类投资金额1701.1亿美元，同比增长44.1%。但我国对外投资存量只有1.2万多亿美元，列世界第8位，占全球跨境投资的存量将近5%。从这个角度来看，再结合我们的基础、实力和需求，还有很大的发展空间。在总量加大的同时，我国对外投资的产业领域不断优化，已经形成了多元化格局。2000—2008年期间占比较大的是铁矿、石油等矿能资源类投资，因为国内处于钢铁业大发展、工业化加速时期，对原油、铁矿砂的需求非常紧迫，目前已经形成了服务业主导、制造业投资加速、农业投资逐步扩大的格局。

近年来，在国际投资方面不断涌现出有影响力、有特色的项目，既有民企也有国企，比如吉利集团并购沃尔沃汽车应该说是双赢，吉利集团得到了发展，沃尔沃也摆脱了困境。又如2012年徐工集团收购了施维英公司。我记得，2005年美国凯雷投资集团要收购徐工引发了大讨论。当时"三一重工"向国家建议，不能卖给外国人，如果要卖干脆卖给民企。当然，因为种种原因最后没有实行凯雷并购徐工案。徐工通过这些年的改革发展，反而把一个著名的德国混凝土设备制造企业并购了。所以，通过我国对外投资的发展要反思一下，国有企业怎样通过改革焕发活力，有了能力再走出去。徐工这个案例就很有启发。近年来，大手笔的海外并购活动越来越多。比如，2016年海航以60亿美元收购美国英迈公司获得国际领先IT技术和电信品牌、物流渠道、领军人才、客户资源等。当然，我们现在更多看中的是国外的市场、技术和好的法制环境、营商环境。比如我国企业对欧洲投资2014年比2013年翻了一番，达到171亿美元，2015年又增长了35%，达到230亿美元；我国对美国投资2014年达到130亿美元，2015年达到170亿美元。如果按年度计算，我国对欧美的投资大大超过欧美对我国的投资。

但是，我们企业走出去的综合竞争力还不够强，国际化经营的人才、经验和服务体系还比较薄弱，有相当一部分投资是亏损的或者经营跌宕起伏，同时也出现了一些恶性竞争。比如，国外一个工程承包的铁路项目，前一个中国公司谈得不错，后一个公司给一个更低的价格，外国公司就把前面那家公司甩掉了，去和后面这家合作，这种过度竞争影响了中国企业海外经营的整体效率。还存在着个别企业只讲财务效益，忽视对东道国的生态和环境保护、盲目追求规模扩张忽视风险防范等问题。此外，大企业力量强走得出去，中小企业走不出去，很多中小企业想走出去但缺少门路，这些都是今后需要加以解决的。

四、"一带一路"建设为企业拓展国际化发展空间提供了有利机遇

"一带一路"倡议是引领新时期开放发展的重大举措，为我国拓展国际空间、优化产业结构营造了更为有利的环境。当前世界经济影响力强的是三大板块：一块是北美，一块是欧盟，一块是以中日韩为主的东亚。这三大板块的经济总量占世界GDP总量的70%，人口总量占世界的35%。在这个架构之下，东边是活力强的东亚，西边是发达的欧盟，中间的亚欧走廊及相关地带，大体还有60个国家，近30亿人口，GDP只有9万亿美元，也就是占世界人口的40%，但经济总量只占11%，人均GDP水平还不到世界平均水平的30%。这些经济体地域辽阔、自然资源和人力资源丰富，但是工业化、城镇化的水平低，从某种角度来讲有潜力、有发展的空间，是一块大的发展洼地。所以，放眼世界来看，通过实施"一带一路"建设可以推动发展一条纵贯东西的大经济带，推动形成全球经济可持续发展的新格局。因此，"一带一路"倡议是针对国际新形势、重大挑战，顺应各国人民改善民生的迫切愿望，紧紧抓住"和平和发展"这个当代的两大主题，必然为中国和世界的持续健康发展注入强大的动力。

建设"一带一路"要注重坚持"三共五通、互利共赢"的原则。第一，坚持共商、共建、共享，优势互补和互利共赢。有人说"一带一路"就是中国做一个规划，大家都按这个规划做，这肯定行不通。因此，必须在规划上对接，大家互相协商，重大项目必须共建、共赢。第二，"一带一路"强调五通，即政策沟通、设施连通、贸易畅通、资金融通和民心相通。做好"五通"非常重要。因为政策沟通，大家才

能够在自贸区的建设、人员出入境往来上，在政府间达成共识。设施连通，抓住了制约发展的能源、交通、电信等短板。很多发展中国家需要基础设施的建设和连通，为工业化、城镇化奠定物质基础，资金是一个短板。亚洲开发银行、中国国际经济交流中心都做过一些模型测算，未来十年在亚洲（不含中日韩），每年的基础设施投资至少要 8000 亿美元以上，而这些国家自身只能解决 50% 到 60%。因此，中国政府提出设立亚洲基础设施投资银行（AIIB），就得到了很多国家的积极支持，因为它确实是针对最迫切的需求。亚洲基础设施投资银行的成员已经超过了成立 50 多年的亚洲开发银行，有可能超过 100 家。第三，"一带一路"战略强调民心相通，也就是坚持和谐、包容，尊重各国发展道路和模式的选择，加强不同文明之间的对话，求同存异、兼容并蓄、和平共处。因为"一带一路"沿线国家的发展水平、社会制度、价值观、宗教信仰差异太大，古丝绸之路从某种意义上也证明不同文明是可以并存的，而不是一种文明征服另一种文明，一种价值观统一所有国家，所以文明冲突并不是不可避免的。中国倡议的"一带一路"特别注重民心相通，特别注重包容性，这对于当代各国之间的交流合作、化解矛盾和实现共同发展具有重大的现实意义。

从 2013 年习近平主席提出"一带一路"的倡议以来，得到了很多国家的积极支持和参与，开局良好。现在我们已经和包括土耳其、匈牙利、波兰在内的 30 多个国家和国际组织签订了有关共建"一带一路"的相关协议，中方设立了与"一带一路"密切相关的各类产能和国际设备走出去的合作资金已经超过了 1000 亿美元。亚投行和丝路基金都已经开始对项目提供资金，包括中老铁路，中国与塞尔维亚、匈牙利合作的铁路，中巴经济走廊建设等都在积极推进当中。"一带一路"倡议对于中国企业是一个重要的发展机遇。中国企业在装备制造、劳动密集型加工、农副产品加工、工程建设、贸易、物流等方面都有自己的比较优势，而且和周边很多国家的经贸合作已经有一定的经验和基础。政府和国内金融机构也在积极通过商签自贸协定、简政放权、多种金融方式支持，逐步完善对企业走出去参与"一带一路"建设的服务体系，有一批龙头企业已经取得了初步成效。对于大批中小企业而言，可以多种方式走出去，或者参与龙头企业的价值链、工程分包的一部分，或者在政府支持的产业合作园区新建企业等。跨境电子商务的发展也为贸易企业、物流企业和广大中小企业开拓了新的途径。

可以说，当前开放发展的大环境比以往任何时候都更有利。我们的综合国力不断增强，在全球治理中的主导权和话语权不断提高，这些都有利于企业走出去。但是我们面临的矛盾、风险和博弈也是前所未有的。面对新的形势，通过加快构建开放型经济新体制，做到以开放促改革、促发展，对内对外开放相互促进，引进来与走出去更好地结合，必将为我国经济转型升级发挥重要作用，同时也为企业的国际化发展开辟一片新天地。

张晓强

前　言

一、研究目的与战略意义

实施积极对外直接投资战略是构建开放型经济新体制的重要组成部分。推动企业对外直接投资稳步健康发展，加快形成一批具有国际竞争力的跨国企业，既是经济新常态下加快供给侧结构性改革的迫切需要。也是提升国家综合竞争力，把握参与全球经济治理的主导权和话语权、分享经济全球化利益的长远战略需要。将有利于促进"引进来"与"走出去"紧密结合、投资与贸易紧密结合、国际国内产业联动和市场深度融合，推动开放型经济迈向更高水平。通过我国企业在跨国经营中秉持互利共赢、包容互鉴、共同发展的理念，有利于构建我国与世界各国的利益共同体、责任共同体和命运共同体。

目前，我国已成为全球跨国直接投资的主要输出国，也是对外直接投资最多的发展中国家。"十三五"时期是我国对外直接投资发展的黄金机遇期。全球经济复苏进程加快将为国际直接投资增长奠定有利基础，美国、欧盟等发达经济体实施振兴制造业战略将大力吸引世界跨国投资，这些都为我国企业对外直接投资创造了有利国际环境。随着我国在经济全球化中的主导地位不断提升，综合国力不断增强，企业国际化经营能力不断提高，国内产业结构加快调整以及投资促进政策不断完善，尤其是"一带一路"战略的实施开拓了新的市场空间，这些都将推动我国对外直接投资进入规模化加速发展的历史新时期。但是，我们也应该充分认识到，国际政治经济形势的不确定性、风险性更大。发达国家继续主导新一轮高标准投资规则，逆全球化思潮不断上演将导致保护主义；发达国家政府更迭、发展中国家政局动荡，区域战争冲突、宗教民族矛盾加剧等将导致全球政治风险；全球经济复苏仍不稳定、国际金融动荡将导致汇率风险等等。这些都对我国企业对外直接投资构成严峻挑战，要求我们必须保持战略定力，精准施策。

基于此，本书从国家宏观战略出发，站在理论高度，结合企业实际，在系统分析金融危机以来全球跨国直接投资趋势及我国对外直接投资发展的基础上，提出了"十三五"时期我国对外直接投资战略的总体布局及发展思路，力求对新形势下"走出去"战略宏观决策发挥积极参谋作用，对于我国企业"走出去"切实发挥指导作用。同时，对于该问题的理论学术研究提供有益参考。

二、本书的主要特色与创新之处

本书是中国国际经济交流中心 2016 年重大课题项目《"十三五"时期中国企业对外直接投资战略研究》的研究成果。课题组顾问：张晓强（中国国际经济交流中心常务副理事长、国家发改委原副主任）；张祥（商务部原副部长）。课题负责人：谢平（中国投资有限责任公司原副总经理）。课题组组长：王晓红（中国国际经济交流中心信息部副部长、教授）。课题组成员：陈超（中投公司研究院研究员、博士后）；李锋（中国国际经济交流中心产业规划部副研究员）；李文锋（中国轻工工艺品进出口商会副会长、副研究员）；高凌云（中国社科院世经政所副研究员）；张健（上海浦东发展银行上海分行副行长）；李蕊（中国国际经济交流中心信息部助理研究员）；谢兰兰（廊坊师范学院副教授）；程志刚（中非工业合作发展论坛秘书长）；吕云荷（中国国际经济交流中心博士后）。该研究团队是由长期从事对外开放问题研究的专家组成，他们分别来自各个智库，大家齐心协力、大胆探索创新，进行了为期一年的扎实研究，终于形成了目前的成果。在课题研究中，课题组得到了顾问张晓强先生的悉心指导，他在百忙之中对于课题框架设计布局以及总报告和重大专题报告的研究都提出了许多宝贵的修改意见。同时得到了负责人谢平先生的指导和帮助，他对于课题研究框架和思路的不断完善提出了宝贵意见。在此，作者一并表示感谢。

　　本书在研究视角上，注重发挥智库特色，以聚焦国家战略、服务中央决策为导向，立足全球视野、面向国情实际，力求做到前瞻性、战略性、理论性、科学性和应用实操性相统一。本书分析了金融危机之后全球跨国直接投资的新变化、新特征和新趋势，以及全球化发展的新形势，为"十三五"我国制定对外直接投资战略提供了依据。在研究重点中，针对国家重大战略问题，注重典型引路，由点到面，点面结合。比如，针对"一带一路"建设，选取制造业国际产能合作和装备合作、矿产资源投资作为典型行业进行研究；针对近年来我国企业跨国并购快速增长的问题展开研究。在投资区域中，针对我国新时期的区域投资战略布局，选取美国、欧盟、亚洲、非洲进行深入研究。

　　在研究方法上，注重理论与实际相结合，定性分析与定量分析相结合。一是理论架构比较系统，对现实分析起到了支撑作用。作者在参阅大量国际国内文献的基础上，对跨国直接投资理论的演进发展进行了系统梳理，尤其注重对全球化深入发展以来新的国际直接投资理论进行研究，为研究新形势下的我国对外直接投资奠定了理论基础。二是运用大量权威数据进行定量分析。该研究十分注重用数据说话、用数据支撑观点，为读者提供了一个严谨、系统、完整的问题分析视角，使结论做到科学准确，针对性和应用性较强。三是注重调查研究、问题导向和成果转化。在研究期间，课题组对浙江省民营企业对外投资的发展情况进行了专题调研，先后召开了相关企业、政府部门、产业园区、行业协会、金融服务机构等座谈会，认真听取了反映的问题，并实地调研了杭州、温州等地，撰写的调研报告《推动民营企业对外直接投资的政策建议》得到张高丽国务院原副总理的重要批示，对于相关部门完善促进民营企业对外投资健康发展的相关政策起到了重要作用。四是注重案例研究，窥一斑而见全豹。为了给我国企业跨国并购和绿色投资提供活生生的样本，从中吸取成功做法和经验教训，研究选取了多个近年来我国企业对外直接投资的重大经典案例进行解剖。作者在深入企业调研、了解详情、掌握了鲜活一手材料的基础上，进行系统总结和归纳，并抓住问题的关键点展开分析，从而为我国企业减少走出去的损失、提高成功率提供指导和借鉴。

三、本书的框架结构及主要内容

全书由一个总报告、十二个专题报告和两个附件构成。第一篇总报告是在高度概括各专题研究基础上形成的总体战略思路。第二篇包括专题一、二、三、四部分，重点对国际直接投资的理论演进与现实进展进行研究。第三篇包括专题五、六、七部分，选取制造业和矿产资源两个典型行业以及跨国并购这一投资方式进行研究。第四篇包括专题八、九、十、十一部分，是对我国重点投资区域的研究。第五篇专题十二是对相关政策的梳理研究。

总报告全面系统地研究了推动"十三五"时期我国对外直接投资的战略思路。分析了当前全球跨国直接投资曲折前行、产业结构和布局加快调整、跨境并购高速增长，新一轮跨国直接投资将呈现发达国家与发展中国家双轮驱动，投资规制将呈现全球投资自由化与区域保护主义并存等总体态势。从国际国内环境层面分析了"十三五"我国对外直接投资面临的机遇和挑战。分析了"十二五"以来我国企业对外直接投资取得的成绩及面临的问题，主要体现在，我国对外直接投资产业结构不断优化、已经形成辐射全球的区域布局，企业跨国经营能力增强并逐步形成国企与民企双轮驱动的格局，跨境并购成为我国企业获取全球战略资源的重要方式，并从企业层面、服务体系层面、政策层面等分析了存在的主要问题，从优化对外直接投资产业布局和区域布局，实施企业国际化经营战略等方面，提出了构建"十三五"时期我国对外直接投资新体制和新格局的思路。

专题一是国际直接投资（FDI）理论演进与最新发展的研究。从跨国直接投资的动因、区位等视角，梳理了国际资本流动理论、垄断优势理论、内部化理论、产品生命周期理论、边际产业扩张理论、国际生产折衷理论等传统跨国投资理论及发展中国家跨国投资相关理论。重点梳理了全球化时期国际直接投资理论的新发展，主要包括：投资诱发要素组合理论、国家竞争优势理论、一体化国际投资发展理论及基于垂直型FDI和水平型FDI理论、企业异质性视角的FDI理论、新经济地理学视角的FDI区位选择理论，制度环境与FDI区位选择等新的跨国投资理论。

专题二是金融危机后全球跨国直接投资特征及趋势分析。研究认为，金融危机后全球FDI增速呈现波浪式发展、"东升西降"的调整态势，服务全球化的深化发展促使全球FDI持续流向服务业，全球制造业FDI呈现传统制造业和新兴制造业投资双轮驱动态势。全球投资布局呈现出发达经济体之间以相互投资为主，美日欧继续保持FDI主要来源国和投资目的国地位，亚洲发展中经济体成为增长最快的投资来源地，非洲吸收FDI能力显著增强等特征。跨境并购作为跨国直接投资的主要方式高速增长，绿地投资呈现收缩趋势。在新一轮跨国直接投资中，亚洲将会持续增长、非洲潜力开始释放、欧美趋于平缓增长，全球新技术革命和产业革命将推动FDI加速流向新兴产业和服务业。

专题三是"十三五"时期我国对外直接投资面临机遇与挑战。研究认为，我国已经进入对外直接投资快速发展的新阶段，"一带一路"战略、自贸区战略、国际产能合作等一系列国家重大战略实施，都为促进企业对外直接投资提供了重大机遇。从国际环境分析，区域自贸协定和投资协定为对外直接投资创造了有利外部环境，发达国家促进制造业回流、新兴市场国家和发展中国家利用外资政策不断优化都有利于企业对外投资。但是，新一轮国际投资规则给对外直接投资带来了新的挑战，国际政治动荡、国际投资保护主义抬头以及发达经济体之间的经济结盟，都增加了我国企业对外直接投资的不确定性和风险因素。

专题四是我国企业对外直接投资现状及趋势的分析。研究认为，我国已经成为全球FDI主要输出国和对外直接投资最多的发展中国家，对外直接投资产业结构、区域布局、投资方式、企业结构等都呈现新的特征。同时，企业对外投资面临的国际政治经济风险因素加大，对外直接投资体制创新不足，相关政策不适应形势发展需要，国企投资效益低且金融风险增加，民营企业对外投资存在政策歧视和体制约束，对外投资服务保障体系和平台不完善等成为主要制约因素。指出了"十三五"时期我国应以"一带一路"战略为引领，提升对外直接投资水平，加快构建以我主导的全球产业体系、培育跨国企业，推动民营企业对外直接投资，加强海外投资平台建设，完善投资服务援助体系。

专题五是我国制造业国际产能合作的研究。研究认为，对外直接投资是制造业国际产能合作的主要形式，民营企业成为国际产能合作的生力军，境外经贸园区成为国际产能合作的重要平台，"一带一路"沿线国家成为国际产能合作的主要东道国，市场因素成为推动国际产能合作的主要动因。分析认为，部分产业存在全球性产能过剩，我国制造企业竞争力不足、组织化水平较低、履行社会责任不够、产业配套服务滞后，工业标准和商业规则没有与国际接轨，专业中介服务支持不够等都成为主要影响因素。应加强统筹协调、突出重点、有序合作、因业制宜，发挥企业主体作用，拓展国际合作链条，发挥各类国际经贸平台的促进作用，维护企业海外权益，推动国际产能合作可持续发展。

专题六是我国矿产资源对外直接投资的研究。研究认为，我国矿产资源投资持续扩大、领域不断拓展、投资目的地日益多元化，但缺乏明确的战略、管理与协调，经济周期变化对矿产资源投资项目影响较大，国企作为投资主体可能招致东道国压力等，都成为矿产资源投资面临的主要问题。应建立国家层面的统筹协调机制、争取竞争主动权，确立投资"多元化"的方针以降低风险，通过国企与民企联合走出去实现优势互补，增强社会责任意识，树立当地企业形象，培养国际化人才，完善金融机构支持体系，破解融资约束瓶颈。

专题七是推动我国企业跨国并购的问题及对策研究。研究认为，我国企业跨国并购规模越来越大，领域越来越宽、政策环境不断完善，并购对象以欧美发达国家企业为主，民营企业跨国并购表现突出。但当前跨国并购存在着政府引导不够有力、与并购国之间政府协调不够到位，对跨国并购相关法律法规、服务支持及金融服务能力有待提高。应明确制定企业跨国并购的战略布局，营造有利于企业开展跨国并购的外部环境，提高我国企业实施跨国并购的经营能力和管理水平。

专题八是我国对美国直接投资的研究。美国已经成为我国最大的投资对象国，民营企业已经成为我国对美投资的主力军，我国对美投资行业呈现多样化。研究认为，目前美国外资审查范围扩大、审查程序更复杂和严密，尤其对涉及国家安全审查的敏感产业、敏感投资主体力度加大，美国外资监管审查标准不透明、不确定性较高等，都对我国企业投资构成准入障碍，我国对美投资可能面临"泛政治化"的干扰。应积极推动中美投资协定（BIT）谈判，积极宣传我国企业对美投资的公共形象，为企业赴美投资创造良好环境，优化我国企业对外投资的政策环境，以基础设施等领域投资为重点，积极扩大我国企业对美投资合作。

专题九是我国对欧盟地区直接投资的研究。研究认为，我国对欧盟投资重点转向高端制造业、投资主体呈现多元化、中小型投资增长强劲、并购交易占据主导地位。但我国对欧盟投资仍存在一系列问题和挑战，欧洲市场、法律和商业环境复杂，跨文化管理难度高，尤其是欧盟排外情绪升温、离心倾向加大，导致许多中企遭遇经营困难。应积极推动我国与欧盟双边投资协定谈判，为企业投资创造良好环境。同时，利用欧洲投资促进机构的各种服务，重视当地社区、工会、中介服务的作用，尊重当地市场规则。

专题十是我国对亚洲直接投资的研究。综合分析了我国对亚洲投资的区域分布、投资特点，指出了我国企业缺乏走出去的经验、企业整体实力偏弱、投资不够严谨规范、投资风险大等主要问题。重点研究了日、韩发达经济体及东盟、中亚、南亚、西亚等区域的投资环境，从中分析了我国对亚洲直接投资面临的风险和机遇。指出，政府应做好整体规划，提高企业科学评估海外投资风险的能力。

专题十一是我国对非洲直接投资的研究。综合分析了对非投资的现状、投资历程和投资特点，重点从非洲国家的政治环境、宏观经济环境、工业基础环境、法制环境、营商环境及非洲国家与中国的关系等层面，研究了我对非投资的环境。提出了完善中非合作论坛平台、加强中非民间合作与交流、了解当地法律、尊重地方风俗，正确评估风险等一系列对策建议。

专题十二是我国对外直接投资政策的研究。研究梳理了我国对外直接投资总体战略、管理体制、促进政策的演进和变化。指出当前我国对外投资政策存在的问题，主要包括：缺乏统一的对外投资法、多头管理问题突出、后续监管相对薄弱、政策的针对性和有效性不强、公共服务政策有待提升、双边多边投资保护机制不健全等，应加快制定《对外投资法》，设立统一独立的对外直接投资管理机构，进一步完善对外投资产业指导政策，完善对外直接投资监管体系、双边多边保障体系和公共信息服务政策。

附录1是调研报告。在调研报告中，针对浙江省民营企业对外直接投资活动的发展及主要困境、制约因素等实地调研，提出了积极推动民营企业对外直接投资的政策建议，对于中央相关决策发挥了重要参考作用。

附录2是案例研究。分别选取了近年来我国企业在跨境并购和绿地投资两个方面的典型案例进行分析，其中针对中海油收购尼克森、天齐锂业收购Talison、硅谷天堂并购斯太尔动力、金沙江创投并购Lumileds的典型案例，对其投资动因、过程、难点、收益等方面进行解剖，对于我国企业对外直接投资具有重要借鉴意义。

王晓红

目　　录

总报告：推动新时期我国对外直接投资的战略思路

一、引言

改革开放以来，我国企业对外直接投资经历了由起步探索到逐渐成长壮大的发展历程，已经成为全球 FDI 主要输出国和对外直接投资最多的发展中国家。金融危机后我国成为全球跨国直接投资增长的新动力，2009 年对外直接投资额 565.3 亿美元，由 2008 年的世界第 12 位跃升到第 5 位；2012 年为 878 亿美元，进入世界前 3 位；2014 年为 1231.2 亿美元，对全球跨国直接投资的贡献率达 20%。2015 年我国对外直接投资额 1456.7 亿美元，相当于 2009 年的 2.6 倍，列世界第 2 位，实现连续 13 年快速增长，当年对外直接投资额首次超过当年实际利用外资额 1262.7 亿美元的关口，成为国际直接投资净输出国家；对外直接投资存量由 2010 年的 3172.1 亿美元增长到 2015 年的 10978.6 亿美元，位列世界第 8 位。2016 年 1—9 月我国境内投资者共对全球 160 个国家和地区的 6535 家境外企业进行了非金融类直接投资，累计实现投资额 1342.2 亿美元，同比增长 53.7%。我国对外直接投资产业布局更趋优化、区域布局日益广泛，全球创新网络、供应链体系布局正在逐步构建，企业国际化经营能力不断提高，国际产能合作取得积极进展，境外经贸合作区等平台作用日益显现，国际并购已成为企业优化配置全球要素资源的重要途径。

2015 年我国人均 GDP 达 8016 美元，按照邓宁国际直接投资发展阶段理论①，已经进入国际直接投资净流出阶段。"十三五"时期，随着我国深度参与经济全球化，尤其是综合国力显著增强、企业国际化经营水平不断提高、国内产业结构加快调整、政府投资促进政策不断完善等有利因素的影响，对外直接投资将进入一个规模化、加速发展的历史新时期。积极优化对外直接投资战略布局，防范化解投资风险，培育具有全球竞争力的跨国公司，推动构建全球产业链、价值链、创新链和供应链体系，既是经济新常态下破解国内发展难题的迫切需要，也是我国更均衡、更主动地融入世界经济体系，把握参与全球经济治理的主导权和话语权，分享经济全球化利益的长远战略需要，将有力地促进引进来与走出去相结合、投资与贸易相结合、国际市场与国内市场深度融合，推动开放型经济向更高层次发展。

实施对外直接投资战略是构建开放型经济新体制的重要组成部分。是我国高效利用国际国内两个市场、两种资源，实现国际国内产业联动、市场联动和创新联动，实现资本、技术、品牌、管理、人才等生产要素和创新要素全球配置的重要途径。有利于规避贸易壁垒、应对外贸增速下行压力以及新一轮高标准国际贸易规则带来的挑战，推动自主品牌国际化，实现国际分工地位向中高端攀升；有利于推动传统产业、富余产能转移和国际产能合作，化解国内产能过剩、资源能源消耗过度、环境污染严重等结构性矛盾，推动国内产业结构迈向中高端水平；有利

---

① 20世纪80年代初期，邓宁（dunning）提出了从动态角度解释一国的经济发展水平与国际直接投资地位的关系的投资发展水平理论。即把一个国家的经济发展水平分为四个阶段：第一阶段人均GNP低于400美元，处于这一阶段的国家经济十分落后，几乎没有所有权优势和内部化优势，也不能利用国外的区位优势，对外直接投资处于空白状态，国外直接投资的流入处于很低的水平。第二阶段人均GNP处于400~1500美元之间，处于该阶段的国家由于经济发展水平的提高，国内市场有所扩大，投资环境有较大改善，因而区位优势较强，外国直接投资流入迅速增加，但由于这些国家企业的所有权优势和内部化优势仍然十分有限，对外直接投资刚刚起步处于较低水平。大多数发展中国家处于这一阶段。第三阶段人均GNP在2000~4750美元之间的阶段，处于这一阶段的国家，经济实力有了很大的提高，国内部分企业开始拥有所有权优势和内部化优势，对外直接投资迅速增长，这一阶段国际直接投资的流入量和流出量都达到较大的规模。大多数新兴工业化国家处于这一阶段。第四阶段人均GNP超过5000美元，这一阶段的国家主要是发达国家，由于它们拥有强大的所有权优势和内部化优势，并从全球战略的高度来利用东道国的区位优势。因此对外直接投资达到了相当大的规模。

于构建网络化、信息化、数字化、平台化的全球创新体系，加快掌握世界前沿技术和管理方式，提高自主创新能力，抢占新产业革命和新技术革命制高点。与此同时，我国企业在跨国经营中秉持互利共赢、包容互鉴、共同发展的理念，充分尊重东道国的政治制度、法律制度、民族传统、宗教信仰、文化习俗等，有利于构建我国与世界各国的利益共同体、责任共同体和命运共同体。

二、全球跨国直接投资的主要特征及发展趋势

全球金融危机以来，随着新技术革命和新产业革命深入发展，经济全球化已经由生产、市场和贸易全球化，逐步发展到信息、金融和研发创新全球化等各个层面。由于全球经济增长乏力、产业结构深度调整、研发创新加速、跨国公司重构战略布局及投资保护主义加重等多重因素影响，从根本上导致全球跨国直接投资（FDI）进入一个新的历史转折期。这一时期的重要特征是，全球 FDI 由高速增长向低速增长转变，由速度增长向结构调整转变，由稳定性增长向波动性增长转变，由发达国家主导向新兴经济体和发展中国家拉动转变。这些新的趋势特征将深刻影响着未来全球经济、贸易、产业和区域格局的调整变化，并对未来各国投资政策变化产生影响。

（一）全球跨国直接投资呈现波浪式上升、曲折前行发展态势

2009—2015 年期间，全球 FDI 增速处于起伏波动增长状态。受国际金融危机影响，2008 年、2009 年全球 FDI 增速均为 −20.4%，分别为 1.49 万亿美元、1.19 万亿美元，比 2007 年（1.87 万亿美元）降幅达 57%，也明显低于同期 GDP 增速（2008 年、2009 年分别为 1.5%、−2%）和贸易增速（2008 年、2009 年分别为 3%、−10.6%）水平。反映出金融危机严重打击了投资信心，也表明 FDI 下降是导致全球经济增速下降的重要影响因素。2010 年、2011 年随着各国经济投资刺激计划的实施，全球 FDI 呈现迅速上扬态势，增速分别达 11.9% 和 17.7%，均高于同期 GDP 增速（2010 年、2011 年分别为 4.1%、2.9%）和贸易

增速（2010 年、2011 年分别为 12.6%、6.8%）水平，全球投资表现活跃对经济与贸易增长产生较大牵引作用。但 2012 年、2013 年、2014 年又出现相继回落，增速分别为 - 10.3%、4.6% 和 - 16.3%。2015 年全球 FDI 达到 1.76 万亿美元，增速达 38%，远远高于当年 GDP 和贸易增速，投资大幅回升反映出全球经济复苏基础进一步巩固，也将推动经济复苏势头加快。从趋势上看，"十三五"时期由于全球经济仍处于低速增长区间，跨国直接投资也将继续处于波动式增长状态。

（二）全球跨国直接投资产业布局加快调整，呈现明显的结构升级效应

1. 全球 FDI 以生产性服务业为主导，知识技术密集型服务业成为重点投资领域

全球服务业投资、服务贸易和服务外包的快速增长，成为推动服务全球化发展的三大动力。自 2005 年起全球已经形成了以服务业为主导的投资结构，服务业吸收 FDI 占比达 50% 以上。2015 年服务业吸收 FDI 为 7097.67 亿美元，比重虽下降为 47.7%，仍与制造业持平。2015 年生产性服务业吸收 FDI 占服务业比重 94.1%，主要集中于金融、房地产、通讯、软件与 IT 服务、商业服务、现代物流等领域，其中新兴服务业吸收 FDI 占服务业的比重为 58.2%。主要有以下原因：一是随着网络信息技术和数字经济飞速发展拓展了全球服务业规模经济范围，加速了服务资源要素全球流动；二是全球制造业由传统制造业向服务型制造业的变革，生产性服务业成为引领制造业创新与转型的主要动力，导致越来越多的投资向生产性服务业聚集；三是全球分工由产品主导向价值链主导转变，由一国制造、一国服务向全球制造、全球服务转变，全球生产活动对金融、物流、信息等生产性服务业的依赖度、融合度加深，推动了服务国际化和专业化；四是网络化、平台化、数字化、众包化的创新范式变革推动了创新全球化空前发展，跨国企业进行全球研发战略布局，利用各国人才、技术、科研基础设施等从事新技术、新产品开发活动，导致全球研发设计服务投资增长；五是各国服务业开放程度提高，对扩大全球服务业投资起到正向促进作用。在技术、制度的合力

作用下，服务业在全球跨国直接投资的主导地位仍将继续保持。

2. 全球制造业投资增速加快，且呈现出传统制造业下降、新兴制造业增长的优化态势

金融危机后，世界经济逐渐回归实体经济。一方面美欧日等发达国家纷纷制订"再工业化"战略导致部分高端制造业回流，另一方面以加工贸易为主的劳动密集型制造业继续向发展中国家转移。在两种力量的共同作用下，导致制造业在全球范围内重新布局，2015 年制造业投资快速增长为 47.8%。据 UNCTAD 统计，2009—2015 年，全球 FDI 流入额排名前 10 位的制造行业分别是：汽车和其他运输设备制造、食品饮料和烟草、金属与金属制品、化学品及化学制品、电子电气设备、医药机械装备制造、纺织服装与皮革制品、焦炭石油及核燃料、橡胶和塑料制品，上述 10 大行业吸收 FDI 占全球总量比重已经由 2009 年的 30.2% 下降到 2015 年的 18.6%。与此同时，生态环保、新能源、新材料、航空航天、电子信息、生物制药、仪表设备制造、生命科学等新兴产业投资加速增长。随着全球气候变化、能源资源问题凸显，节能环保、可再生能源和低碳技术等领域市场前景日益广阔。据国际能源署[①]发布的数据显示，2010—2020 年，全球节能投资达 1.999 万亿美元，2020—2030 年达 5.586 万亿美元。

（三）全球对外直接投资呈现"东升西降"格局，发达经济体之间相互投资增强

1. 发达经济体对外直接投资明显下降，发展中经济体呈现强劲增长态势

截至 2015 年发达经济体累计对外直接投资额为 194408.1 亿美元，相当于发展中国家（52963.5 亿美元）的 3.7 倍，但全球占比由 2003 年的 90.6%、2007 年的 85.1% 下降到 2015 年的 72.3%。与此同时，主要发展中经济体尤其是新兴经济体对外直接投资增速明显高于发达经济体。2015 年全球对外直接投资额 14742.42 亿美元，其中发达经济体 10651.92

---

① 数据来源：《2013 世界能源展望报告》。

亿美元，增长 29.84%；发展中经济体 3779.38 亿美元，增长 57.43%，占比 25.64%，对外直接投资存量占比由 2003 年的 9.29% 提高到 2015 年的 21.15%。从全球并购来看，2014 年发达经济体跨境并购 2745.49 亿美元，占比 68.8%，较 2007 年（87.7%）下降 18.9%；发展中经济体为 1201.3 亿美元，占比上升到 30.1%。进一步体现出发展中国家综合国力和国际化经营能力提升，导致力量对比正在发生变化。

2. 美日欧仍是对外直接投资主要来源国，发达经济体之间互为投资目的地特征更趋明显

2015 年美国、欧盟和日本对外直接投资占全球总量比重的 62.1%，占发达经济体的 86%。2015 年美国对外直接投资额 2999.7 亿美元，仍保持全球首位；日本对外直接投资额 1286.5 亿美元，相当于 2011 年（1076 亿美元）的 1.2 倍，仍较平稳。截至 2015 年欧盟对外直接投资存量为 93417.9 亿美元，占全球比重的 37.3%。从投资流向看，欧洲和北美一直是美国最重要的对外直接投资目的地。截至 2014 年欧盟吸收 FDI 存量 45830 亿欧元，美国是其最大的投资来源国，对欧投资存量达 18110 亿欧元，占 39.5%。同时美国也是欧盟最大的投资目的国，欧盟对美投资存量占欧盟对外直接投资存量的 35%。英国、日本、荷兰、加拿大等发达经济体均为美国的主要外资来源地，截至 2014 年，英国、日本、荷兰对美直接投资额占比分别为 15.5%、12.9%、10.5%。

3. 亚洲发展中经济体全球对外直接投资增长最快

2014 年，亚洲发展中经济体对外直接投资额达 4400 亿美元，首次超过北美和欧洲成为全球最大的对外直接投资来源地。其中以我国为首的东亚地区对外直接投资增长最为迅速，新加坡、印度分别为东南亚和南亚地区的领头羊。

（四）全球跨境并购保持高速增长，生产性服务业和传统制造业成为并购的重点领域

2015 年全球跨境并购达 7214.6 亿美元，较 2014 年增长 66.8%，占 FDI 比重的 40% 以上。首先，跨境并购的重点流向生产性服务业，2015 年服务业跨境并购金额 3015.7 亿美元，占比 41.8%，主要流向金

融、商业服务、交通运输与仓储、信息和通讯四个部门，比重达81.5%。其次，由于再工业化战略导致制造业并购持续增长，制造业跨境并购比重由2007年的31.6%、2014年的43.7%上升至2015年的53.8%，其中食品饮料和烟草、化学品及化学制品、医药、金属和金属制品、电气和电子设备等传统行业占比最大，占制造业跨境并购额的90%以上。

（五）新一轮全球跨国直接投资将呈现发达国家与发展中国家双轮驱动态势

从总体趋势上看，全球跨国直接投资仍面临着经济低速增长、保护主义加剧、金融动荡、地缘政治风险、地区冲突加剧等不利因素，但全球经济整体复苏、发达国家经济逐步企稳、新兴经济体和发展中国家继续崛起仍是大势所趋，这些有利因素都将对全球FDI增长形成有力支撑，促进未来全球FDI继续朝着上升的方向发展。发达国家仍是拉动新一轮全球FDI增长的主导力量，全球经济环境改善和投资需求扩大都将增强跨国公司的投资意愿，按照全球价值链战略来调整全球生产布局，大规模跨境并购交易将更加频繁。同时，随着新兴经济体的综合国力不断壮大，企业开拓国际市场能力和意愿增强，将成为推动全球FDI增长的重要驱动力。

（六）全球投资规制发展态势将呈现全球投资自由化改革加速与区域保护主义并存格局

从全球投资政策上看：一方面，建立高标准、自由化、便利化的新一代国际投资规则是大势所趋。全球投资政策仍将继续朝着促进自由化、便利化方向发展。据UNCTAD统计，2014年超过80%的外资政策涉及放宽准入条件、减少对外资限制，有50个国家或地区重审或修订国际投资协定范本。尤其是发展中国家积极实施开放战略，更加注重国际投资合作，放宽外资准入限制、实施税收优惠政策等，许多发展中国家对外资企业征收的所得税率比发达国家低1/3左右。另一方面，投资保护主义也将有所增强。投资壁垒、歧视性待遇、东道国政策法规的不确定性，以及各区域投资协定的规则冲突会使跨国直接投资风险加大，一些涉及国家安全或交通、能源等战略性产业的监管、审查和限制性投资政策将会增多。越来越多的国家通过构建自贸区或区域投资协定参与全球投资规则制定，自贸区的发展在推动区域投资自由化、便利化的同时也增强了区域保护主义，造成对区域外企业的投资限制。

三、"十三五"时期我国对外直接投资面临的环境

（一）国际环境层面

"十三五"时期我国对外直接投资面临的国际环境更趋复杂。世界经济贸易总体处于低速增长区间，面临着新旧动能转换、新旧产业交替和新旧制度更迭。新一轮高标准国际投资规则已经启动，投资保护主义趋势有所增强，国际金融动荡、汇率风险加大，全球治理结构分化、政局动荡使政治风险加剧，尤其以美国为首的西方发达国家遏制我国崛起的势力有所增强等等。这些都为我国对外直接投资增添了新的风险。

1. 对外直接投资面临的国际政治经济风险因素加大

金融危机以来，由于全球政治、经济、外交形势变幻动荡，导致企业对外投资面临的风险和不确定性增加、困难和挑战增多。从发达国家来看，西方国家政治势力的影响、泛政治化倾向、保护主义倾向等都将影响我国企业开展投资并购活动。当前主要发达国家对于我国企业并购普遍持有敌视态度，利用"国家安全论"阻止我国企业海外发展，尤其是在国企并购能源、高科技等企业时表现最为突出。目前由于发达国家泛政治化引发的不确定性已成为我国企业赴美投资遇到的重大难题，美国商业利益团体以国家安全的幌子保护自己，国会为了捞取政治资本通过各种渠道影响美国外国投资委员会（CFIUS）通过收紧外资审查标准排挤我国企业，如中兴、华为在美电信领域投资受到阻力等。从发展中国家来看，亚洲周边国家地缘政治复杂、民族宗教矛盾突出、领域争端和海洋权益挑衅不断；中东"伊斯兰国""基地组织"等极端恐怖势力异常活跃，西亚、北非政局持续动荡。尤其"一带一路"沿线多数是发展中国家，不仅产业基础薄弱，而且政局不稳、汇率大幅波动、法

制环境和市场环境较差等，都使我国企业投资存在较大风险。

2. 发达国家继续主导新一轮国际投资规则将对我国企业海外投资带来不利影响

新的国际投资规则更加注重企业社会责任、劳工标准、人权发展、环境保护、准入前国民待遇及国有企业竞争行为规范等，许多国家在签订国际投资协定中要求投资企业遵守上述原则。美欧等发达国家内部建立排他性双边和多边投资协定，降低内部准入门槛和投资限制，推动相互投资自由化。金融危机后，为推动发达经济体快速复苏并继续主导世界经济，以美为首的发达国家通过实施自贸区战略进行经济结盟，形成发达经济体的自由贸易网络，对于非经济结盟的国家和地区形成战略挤压。美国实施"一体两翼"的自贸区战略，即北美自由贸易区、跨太平洋伙伴关系协定（TPP）与跨大西洋贸易投资伙伴协定（TTIP），虽然美国大选后特朗普政府提出了退出 TPP 的战略调整，但新的政策充满着不确定性。

3. 发达国家增强对外国直接投资安全审查力度可能给我国相关产业投资造成准入障碍

美国、加拿大、澳大利亚等发达国家纷纷出台法律对外资并购加强安全审查，通过引入国家安全、金融安全、环境保护等扩大对国际直接投资的监管权力。2014 年，美国对海外并购提议安全风险梳理 147 起，为 2008 年以来最多。美国对外资进入国防、航空、海运、通讯、金融、水力发电、资源开发、原子能开发等领域设有禁止或限制措施。CFIUS 重点审查"关键性基础设施产业"和"关键技术"两大类，主要包括制造业、电信、能源、金融、运输、信息等产业以及与国防密切相关的关键元件和关键技术项目。审查特别关注并购企业和政府之间是否存在战略协调，因此国有企业成为审查重点。这些将对我国上述相关产业赴美投资并购活动构成风险因素。2011—2013 年 CFIUS 审查项目的 40%集中于制造业，对我国企业审查的项目最多。

（二）国内环境层面

我国经济进入新常态，经济增速放缓、外贸下行压力加大、"三去一降一补"任务艰巨，这些结构性矛盾要求我们通过提高开放水平、充分利用外部资源促创新、促改革、促发展。综合判断，"十三五"时期是我国对外直接投资大有可为的战略机遇期。

1. 综合国力提升、财力基础雄厚为我国企业外直接投资提供了坚实基础和保障

2015年我国GDP总量676708亿元，截至2016年9月，外汇储备余额3.17万亿美元。制造业和服务业国际竞争力显著提高，我国已经成为世界最大的制造业国家，钢铁、汽车、船舶、工程机械及家电等产业规模位于世界第一位，为传统产业国际转移和优势产能走出去奠定了较好的产业基础。企业通过长期国际化经营实践，在综合实力、创新能力、运营能力等方面优势明显增强。

2. "一带一路"建设务实推进拓展了企业对外直接投资的国际市场空间

通过与沿线国家签订投资贸易合作框架协议，开展基础设施互联互通、产能合作、装备制造合作、能源合作等，推动了我国传统制造业转移及高端装备、高铁、能源电力、物流、电子商务、研发设计等先进制造业和现代服务业走出去的步伐。目前我国已与塔吉克斯坦、哈萨克斯坦、卡塔尔、科威特、匈牙利等国签署了共建"一带一路"谅解备忘录，并与俄罗斯、印尼、泰国、巴基斯坦、老挝、新加坡等沿线国家签订了铁路、能源、钢铁、化工、信息、港口等领域的重要合作项目。中缅、中老、中巴、中吉乌等铁路和公路干线，缅甸皎漂港、柬埔寨西哈努克港等一批重大项目已经取得重大进展，新亚欧大陆桥经济走廊建设正在积极推进。亚投行、丝路基金已经在基础设施建设、资源开发、产业合作等方面发挥作用。通过实施国际产能合作，使我国制造业优势与发展中国家的工业化、城镇化需求形成对接，释放了企业对外投资活力。

3. 实施全球自贸区战略为企业对外直接投资创造了有利的国际环境

目前我国已经逐步形成了面向全球的自由贸易区网络。截至2016

年，我国已签署并实施 14 个自贸协定，涉及 22 个国家和地区，自贸伙伴遍及亚洲、拉美、大洋洲、欧洲等地区。与此同时，"十三五"时期中美、中欧双边投资协定（BIT）谈判将尘埃落定，作为深化中美、中欧经贸合作的制度性安排，将消减投资壁垒、推进双向对等开放，为我国企业投资提供便利。亚太自贸区战略的积极推进将为我国企业在亚洲地区投资创造有利条件。

四、当前我国企业对外直接投资的主要特点

（一）我国对外直接投资产业布局呈现结构优化态势

1. 从三次产业结构来看，已经形成服务业主导、制造业投资加速、农业投资潜力逐步释放的格局

服务业在我国对外直接投资中保持绝对优势地位。2006—2015 年，服务业投资流量从 113.81 亿美元增长到 1059.84 亿美元，9 年增长 8.3 倍；存量从 623.7 亿美元增长到 8226.9 亿美元，9 年增长 12.2 倍。2015 年我国对外直接投资流量的 72.8%、存量的 74.9% 分布在服务业。这一特征是我国参与分享服务全球化红利与服务业国际化水平提高共同作用的结果。2006—2015 年，第二产业对外直接投资流量从 95.98 亿增长到 371 亿美元，占比虽从 45.4% 下降到 25.5%，但流量规模增长 2.9 倍、存量规模增长 8.6 倍，增长的主要因素是制造业加速产业转移。此外，我国开始强化农业对外投资战略布局，2006—2015 年，第一产业对外直接投资额由 1.85 亿美元增长到 25.7 亿美元，占比从 0.87% 提高到 1.8%。

2. 从服务业内部来看，对外投资主要集中在生产性服务业领域

2015 年租赁和商务服务、金融、批发和零售三大生产性服务业占我国对外直接投资总额的 54.7%。金融业国际化步伐加快，截至 2015 年，我国对外金融类直接投资存量 1596.6 亿美元，其中银行业为 971.3 亿美元，占比 60.8%，国有商业银行一直成为主力军。由于金融危机导致欧美金融企业资产大幅缩水，导致我国金融企业并购活跃，如安邦

保险集团 2014—2015 年先后完成 6 次国际并购。信息服务业成为投资增速最快的领域，2015 年信息传输、软件和信息技术服务业对外投资增速达 115.2%。此外，房地产、物流业也较为活跃。物流业投资主要集中在水上运输、装卸搬运、航空运输等贸易服务型行业，跨境电商海外建仓等也扩大了物流业对外投资。反映出近年来企业在构建全球营销网络渠道、全球服务体系等方面进展较快。

3. 从第二产业内部来看，已经形成采矿业投资下降、制造业快速增长的态势

近年来，采矿业在第二产业对外直接投资中仍占主体地位，但呈明显下降趋势。2006—2015 年，采矿业占第二产业对外直接投资额比重由 89% 下降到 30.3%。由于我国新型工业化大力推进及制造业发展对矿能资源的强大需求，矿能资源始终成为走出去的主要领域，一批大型国企在海外战略布局中发挥领军作用，近年来铁矿石、铜矿、铝土矿等大宗矿产价格持续走低，也导致我国企业海外矿业资产并购活跃。2015年，我国制造业对外直接投资额 199.9 亿美元，同比增长 108.5%，其中装备制造业投资 100.5 亿美元，同比增长 158.4%，占比 50.3%。2016 年 1—9 月，流向制造业的对外直接投资 243.9 亿美元，增长 168.1%，占比 18.2%，其中流向装备制造业 150.6 亿美元，是上年同期的 3.5 倍，占制造业对外投资的 61.7%。一方面体现出我国制造企业国际化经营能力日益增强，另一方面也反映出产能过剩、贸易壁垒等因素增加了制造业走出去的紧迫感。许多制造企业通过在国外设立研发设计中心、运营中心、物流中心等不断强化全球战略布局，完善全球产业链、价值链和供应链布局。对于带动装备、技术、服务、标准和品牌走出去发挥了重要作用。

4. 国际产能合作和传统产业转移稳步推进，增强了国际国内产业联动效应

目前我国已与 22 个国家签署协议建立产能合作机制。尤其是实施"一带一路"战略，加快了矿能资源、纺织轻工、装备制造、钢铁冶金、水泥建材、汽车、船舶等一批传统产业通过对外直接投资实现了产

业转移，有效化解了国内过剩产能。截至目前钢铁业在越南、印尼、俄罗斯等 22 个国家进行投资，设立境外企业或分支机构约 200 家，一批企业在海外铁矿石资源丰富地区建立了冶炼基地和资源基地，宝钢、武钢等大型企业在澳大利亚等国设立了研发中心。水泥业截至 2015 年在境外投资设立企业 100 家左右，主要分布在东南亚、中亚、非洲等 34 个国家（地区）。老挝、越南、缅甸、蒙古等"一带一路"沿线国家及埃塞俄比亚、莫桑比克、尼日利亚、坦桑尼亚、赞比亚、南非等非洲国家基础设施建设需求旺盛，是主要投资对象国。截至 2015 年 9 月，我国汽车及零部件制造企业共发起海外并购案件 50 起左右，船舶业在境外设立分支机构超过 150 家。太阳能光伏、通信设备等战略性新兴产业投资快速发展。截至 2015 年 9 月，我国共有 300 家左右通讯电子制造企业开展对外直接投资；太阳能光伏企业已超过 100 家企业在海外设立有办事机构和制造基地，其中在德国占 20% 以上，其次是意大利、西班牙、加拿大、美国等地。

5. 境外经贸合作区建设取得积极进展，成为境外企业集聚的重要平台

目前我国已在境外形成了一批基础设施完备、主导产业明确、公共服务功能健全、具有辐射带动效应的产业园区。截至 2015 年，我国在建境外经贸合作区 75 个，已通过国家认定的境外经贸合作区 13 个，分布在"一带一路"沿线国家建设的有 48 个，累计投资额 181.8 亿美元，吸引入区企业 1154 家，累计创造总产值 419.7 亿美元。主导产业涉及有色、轻纺、服装、汽配、建材、家电等优势产业，其中有一半以上是与国际产能合作相关的加工类项目。

（二）我国对外直接投资已经形成辐射全球的区域布局

我国已经形成以发展中国家为主、亚洲地区为主，辐射全球的投资布局。截至 2015 年，我国对外直接投资存量中发展中经济体为 9208.87 亿美元，占比 83.9%；发达经济体为 1536.52 亿美元，占比 14%；转型期经济体为 233.21 亿美元，占比 2.1%。截至 2015 年，我国共有 2.02 万家境内投资者在境外设立企业 3.08 万家，分布在 188 个国家和地区，全球覆盖率达 80.3%。其中区域分布为：亚洲 55.5%、北美洲

14.4%、欧洲11.5%、非洲9.6%、拉丁美洲5.7%、大洋洲3.3%。截
至2015年，我国在亚洲设立企业1.7万家，其中香港地区9000余家；
在北美洲设立企业超过4000家，美国是除香港之外我国设立境外企业
数量最多的国家。在欧洲、非洲、拉美和大洋洲设立境外企业数分别为
3500余家、3000余家、1700余家和1000余家。

1. 亚洲地区仍是我国最大的投资目的地

2015年，我国对亚洲投资额1083.7亿美元，占总量的74.4%，其
中大陆对我国香港投资897.9亿美元，占总量的61.6%①，其次分别为
新加坡、印尼和韩国；截至2015年，我国在亚洲投资存量为7689亿美
元，占总量的70%，主要分布在中国香港、新加坡、印尼及中国澳门、
泰国、越南、韩国和日本，其中香港地区占亚洲投资存量的85.4%。
"一带一路"战略实施以来，我国对东盟、中亚及周边国家投资大幅增
长，2015年我国对东盟地区投资增长60.7%，对"一带一路"沿线国
家投资主要流向新加坡、哈萨克斯坦、老挝、印尼和泰国等国家。中亚
各国与我国经济有较强互补性，其中哈萨克斯坦是中亚地区经济发展最
快、政局较稳定的国家，GDP已连续五年超过9%的增速；乌兹别克斯
坦具有较高素质的人力资源和科技潜力，拥有黄金、棉花、石油、天然
气等资源，也是中亚最大的化学、纺织、食品、建材、电力设备等生产
国。孟中印缅经济走廊、中巴经济走廊的建设都积极推动了我对印度、
巴基斯坦两国投资。

2. 欧洲成为我国最具投资吸引力的目的地

欧洲地区良好的引资环境以及金融危机后各国不断加大引资力度使
我国对欧投资持续上升。2015年我国企业对欧投资额达71.2亿美元，
其中对欧盟投资额54.8亿美元，占对欧投资总额的77%，目前我国在
欧盟设立企业2300家，覆盖欧盟28个成员。近年来，尤其对英、德、
法、意和北欧5国的投资额呈现持续上升态势。我国对欧投资正逐渐转

---

① 我国许多企业对外投资先投到香港设立的公司，然后通过香港公司投到最终目的地国家。
因此，香港主要是发挥投资"中转站"作用，而非最终投资目的地。

向汽车、装备、交通和基础设施等高端制造业，其中对德投资领域不断拓宽，主要集中在机械、汽车制造、新能源、航空航天、金融、节能环保等优势产业。欧盟不仅有稳定的投资环境、先进的技术、高素质的劳动力和透明的法律环境，而且市场开放度高、准入壁垒较少，几乎没有发生以国家安全为由阻止我国企业投资的状况。如，由于葡萄牙和意大利放开对基础设施和能源行业外资进入的限制，使我国企业三峡集团以27 亿欧元入股葡萄牙电力 21.3%，国家电网 30 亿欧元收购意大利能源网络控股公司 CDP Reti 的 35% 股权。我国对欧投资以并购为主，2014 年有 7 桩并购案总规模超过 10 亿美元，2015 年第一季度有 3 桩并购案总规模超过 10 亿美元，包括中国化工宣布以 77 亿美元收购意大利轮胎制造商倍耐力一案。

3. 美国成为我国主要投资目的地国家

2012 年，我国对美直接投资首次超过美国对华直接投资，成为继香港之后我国第二大直接投资目的地，2015 年对美直接投资额达 80.29 亿美元，占总量的 5.5%。我国企业对美投资以并购方式为主，重大并购集中在房地产、金融、ICT、汽车、保健和生物科技、文化娱乐等领域，2015 年美国成为我国企业并购最多的国家。2016 年以来并购活动增势更为迅猛，1—2 月中企对美并购金额达 235 亿美元，超过 2015 年全年中企对美并购总额。目前我国企业对美投资的驱动力正在从最初获取资源能源逐步转向获取高技术、开拓市场和提高国际竞争力，2011—2015 年，对美投资的主要行业已经由制造业、金融、信息服务、采矿、公用事业、建筑业向 ICT、汽车、健康和生物科技、文化娱乐等领域拓展。

4. "一带一路"沿线国家投资不断扩大

随着基础设施互联互通、产能合作、装备合作及自贸区建设等重大战略实施，我国在沿线国家的投资空间日益广阔。2015 年，我国企业对"一带一路"沿线 49 个国家进行直接投资，投资额达 189.3 亿美元，同比增长 38.6%；当年我国对外直接投资前 20 位国家和地区中有 7 个是沿线国家。截至 2015 年我国对"一带一路"沿线国家直接投资存量

1156.8 亿美元，占总量的 10.5%。2016 年 1—9 月，我国企业对"一带一路"相关的 51 个国家非金融类直接投资 111.2 亿美元，占总量的 8.3%，主要投向新加坡、印尼、印度、泰国、马来西亚、老挝、俄罗斯等国家地区。随着与沿线国家经贸合作不断深化，投资潜力也将继续释放。

5. 对非投资取得积极进展

长期的中非友好合作为我国企业对非投资奠定了有利基础。截至 2015 年，我国对非直接投资存量达 346.9 亿美元，连续 15 年增速超过 30%。中非经贸合作区等平台的产业聚集效应初步形成，非洲国家对我国企业在能源开发、重点项目投资等方面给予土地、税收、用工等一系列优惠政策。国内对非投资促进组织发挥了重要作用。如，中非工业合作发展论坛 8 年推动中非合作签约项目 400 多个，累计签约额 200 多亿元，已经成为推动中非合作工业发展的重要组织。

（三）企业跨国经营能力增强并逐步形成国企与民企双轮驱动的格局

1. 民营企业对外投资实力和国际化水平显著提高

2015 年华为、民生银行、吉利、太平洋建设集团、正威国际、魏桥创业集团等 6 家民企入选世界 500 强企业。截至 2014 年，我国非金融类跨境投资企业存量前 100 强中民企达 34 家。按照投资存量统计，到 2014 年非国企占比已达 46.4%。近年来，民企在高技术、新能源、电力、军工等战略性新兴产业对外投资快速发展，大规模、先进技术型国际并购实力增强。如，浙江吉利集团以 18 亿美元并购沃尔沃成功实现国产化；2016 年海航以 60 亿美元收购全球 IT 最大分销商美国英迈公司获得国际领先 IT 和电信品牌、物流渠道、领军人才、客户资源等。民企已经成为我国对美投资的主力军，投资额占比从 5 年前的 19% 上升到 84%。

2. 国企仍在对外投资中发挥主力军作用

虽然国企在对外直接投资中一枝独大的局面已经结束，截至 2014 年，我国对外非金融类直接投资存量 7450.2 亿美元，国企占比从 2006

年的81%下降到2014年的53.6%，但国企由于集聚资源、资金和政策等优势仍在对外投资中发挥主导作用。2016年《财富》杂志发布的世界500强企业中，大陆和香港上榜公司数量103家，仅次于美国企业，这些企业涉及金融、能源、通信、制造、建筑等领域，成为我国参与国际竞争的骨干力量，其中国家电网、中石油、中石化分列2、3、4位。在商务部按照对外直接投资存量、境外企业资产总额、年度境外企业销售收入情况所公布的"中国非金融类跨国经营企业100强"中，前10强均为国企。

（四）跨境并购成为我国企业获取全球战略资源的重要方式

1. 跨境并购对象主要集中在欧美发达国家企业

金融危机后，由于发达国家优质资产价格走低和跨国公司并购重组，为我国企业并购提供了历史机遇。此轮跨境并购具有项目大、金额大、领域宽等特点，2015年我国跨境并购金额为401亿美元，其中10大海外并购案平均金额为35亿美元，企业海外并购项目分布在全球62个国家和地区，主要发生在发达国家和离岸金融中心，2015年实际并购额排名前10位的国家和地区占我国跨境并购总额的70%以上，分别为美国、开曼群岛、意大利、中国香港、澳大利亚、荷兰、以色列、百慕大、哈萨克斯坦、英国。2015年我国企业对亚洲国家的并购数量达93起，主要集中在"一带一路"沿线国家，仅次于欧洲和北美，同比增长63%。

2. 跨境并购成为我国获取全球高端要素资源的重要途径

我国企业通过跨境并购获取了发达国家研发设计、核心关键技术、领军人才、国际品牌、营销渠道等生产要素，加快推动了我国企业构建全球创新网络和物流营销体系，快速提升了自主品牌创建能力和国际分工地位，有效改变了我国企业在全球价值链中长期位于中低端的困境，深化了与东道国互利共赢的关系，使我国企业国际化经营能力大幅提高。研究表明，我国企业选择跨境并购的主要因素为：获取技术研发能力（73%）、品牌（58%）、与国内业务匹配和互补（42%）、零部件等措渠道（27%），并购后96%的企业增加了海外销售和市场份额，89%

17

的企业在欧美设立了研发中心,51%的企业提高了国内研发水平并提高了国际知名度。

五、当前我国对外直接投资存在的主要问题

(一) 企业层面

1. 企业对外投资短期增速过快将导致金融风险和企业经营风险增加

2016 年 1—9 月,我国非金融类境外直接投资项目中方协议投资额 2128 亿美元,较上年同期 1197.6 亿美元增长 77.7%;其中境外并购项目中方协议投资额 1044.6 亿美元,较上年同期(217.4 亿美元)增长 380.5%;对外直接投资项下跨境资金累计流出 1205.27 亿美元,同比增长 37.38%。这种短期内投资增速过快存在一定的非正常因素。如,一些企业对外投资追求政绩、贪大求多,开展海外并购主要依靠银行贷款导致过度负债,一些企业和个人假借对外投资渠道向境外转移资金等,都容易引发经营风险、债务风险和资本外流风险,应该引起充分重视。

2. 不注重融入东道国环境和履行社会责任

2005—2014 年期间,我国金属矿业对外投资失败项目金额占 27%。其主要原因是大多金属矿企对东道国商业规则及文化、法律、市场等情况不熟悉,投资后资源整合和管理能力不足。在对美国投资中,由于对当地法律法规、市场规范等重视不够,不善于运用当地政府公共信息及投银、会计、法律、公关等专业服务咨询机构,导致投资项目遇到障碍。据美国某大学的研究,我国企业由于在项目设计、投资结构、项目谈判等方面经验不足,导致对美投资项目比其他外国投资者支付更高的溢价。此外,随着企业社会责任运动在全球范围内开展,不履行社会责任不仅影响企业社会声誉,而且可能被逐出市场,而我国部分制造企业习惯于将国内不合理的做法应用于跨国经营中,如不谨慎地大规模裁员等,在当地造成负面影响。

3. 跨国经营能力和国际竞争力仍存在较大差距

与发达国家跨国公司的经营历史悠久、实力雄厚、资金充足、管理技术先进等优势相比，我国企业跨国经营总体处于初级阶段。如我国金属矿企业在资金实力、信息化管理能力、国外经营能力、抗风险能力等方面与国外大型金属矿产企业相比仍存在较大差距。世界三大铁矿巨头生产了全球约1/3的铁矿，控制了全球约70%的铁矿石贸易。据统计，2013年我国100大跨国公司的平均跨国指数为13.98%，不仅远低于当年世界100大跨国公司61.06%的水平，而且低于当年发展中国家100大跨国公司37.91%的水平。以海外销售收入比重、海外资产比重和海外子公司比重三个指标衡量，我国钢铁企业国际化水平远低于卢森堡安赛乐米塔尔、印度塔塔钢铁等企业。此外，我国企业在海外投资中仍存在恶性竞争现象影响了海外经营整体效益。

4. 民企面临政策歧视和体制约束仍较为突出

在海外投资并购中，民企仍面临着融资难、购汇难、资质"玻璃门"等问题。在融资方面，由于政策性银行融资门槛过高、商业银行融资产品缺乏、融资贷款主要向国企倾斜，导致民企对外投资融资困难，重大海外并购项目融资渠道狭窄、成本高，主要依靠自有资金且担保体系不健全。如金属矿产投资具有周期长、高风险、高投入、技术性强等特点，民企往往由于在海外勘探开发没有雄厚资金实力而无法承担开发风险。据统计，目前我国民企融资成本比国企高10%～30%，许多中小型民企很难获得境内外的大额银行贷款。此外，用汇方面在实际业务操作过程中仍存在对民企的歧视。如配额优先供应国企，非国有企业需要的配额无法通过正常途径获得等。

5. 国企投资经营效益不高且滋生腐败问题

由于目前国企投资行为并非以对外投资盈利和经济效益作为主要考量指标，导致对海外投资风险预估不足，一些国企管理者将海外投资项目作为政绩工程，为追求政绩而投资高风险地区和高风险产业，在投资的方向性、战略性上出现重大失误。由于对国企约束监管不够、亏损追责不利，滋生权力寻租行为突出，以对外投资名义转移国有资产等问题也有所发生。

（二）对外投资服务体系层面

1. 对外投资信息服务和各类专业服务能力不足

在"一带一路"沿线国家投资中，由于相关信息服务系统不完善，对东道国的投资环境、市场状况、文化习俗、法制规范、投资政策等方面的信息缺乏及时性、准确性和有效性，导致企业对外投资主要依靠自身力量收集信息，获取信息成本高、难度大、效率低、可靠性差，尤其对于一些新兴市场国家的并购活动只能通过网上收集零散信息。由于国内金融、法律、财务、技术、人力资源等专业服务机构严重不足、服务能力较弱，难以为企业海外投资和并购活动提供国际化和专业化服务。此外，各类投融资产业基金的境外投资服务平台作用发挥还不够充分。

2. 金融服务能力不能满足对外投资发展需要

我国企业跨国并购主要以现金收购为主，并购融资效率低。而发达国家跨国公司则主要利用国际资本市场和证券市场融资完成跨国并购，通过母国汇出的资金量不到跨国并购资金的 1/10，九成以上的并购资金是通过发行股票、债券、抵押贷款与信用贷款等融资手段筹集。其次，我国金融机构目前在海外设立分支机构不足，不能满足境外企业金融服务的需要。我国银行业境外机构覆盖面仅为 50 多个国家和地区，尤其是"一带一路"沿线国家布局滞后，在发展中国家和新兴经济体的覆盖面和影响力还非常小。

3. 境外制造业基地的基础设施和服务配套能力滞后严重

随着国际产能合作快速发展，越来越多的钢铁、矿业、水泥、玻璃、轻纺等传统制造业在海外建立生产基地，但普遍存在配套基础设施投资大、建设成本高、交通运输距离长、采选成本高等问题。尤其是亚非拉等发展中国家基础设施薄弱，道路交通落后、电力设施缺乏等问题突出，严重影响企业正常运行。

4. 对外投资服务保障组织机制不完善

政府协调能力有待提高，由于我国外交使馆缺乏政府层面的有力支持，企业在与东道国政府沟通时地位不平等，导致项目谈判受挫、拖延搁置的事情时有发生。各类商会、行业协会等非政府组织在协调对外投资谈判中的利益关系及提供市场信息、专业咨询、技术支持等方面能力较为薄弱。人才服务机制不完善，企业普遍缺少各类国际化专业技术人才、管理人才和商务人才。

（三）政策层面

一是缺少对外投资立法。目前对外投资管理政策主要由各部门的规章或规范性文件构成，没有统一立法可循，事中事后管理较为薄弱。二是投资便利化仍存在障碍。备案制程序复杂、周期长，延误企业海外并购商机；境外企业将海外利润进行返程投资在国内设立企业时视同外资，无法享受内资企业的政策；签证问题影响人员往来，国内人员因出境签证手续繁杂等造成企业内部人员往来不便，同时国外员工入境培训因签证难造成东道国员工无法进入国内受训，尤其对于"一带一路"沿线发展中国家的人力资源供给造成很大影响。三是对外投资保险机制不完善。如，一些国家汇率断崖式下跌给境外企业带来巨大经济损失目前并没有纳入承保范围；一些发展中国家政治风险较多，由于东道国政策调整、政府更迭或经济社会震荡导致境外企业经济损失无法得到保障等。

六、"十三五"时期完善我国对外直接投资战略布局的主要思路

"十三五"时期应立足国际国内两个市场、两种资源，树立互利共赢的发展理念，稳步推动对外直接投资。发挥我国产业优势、企业所有权优势和区位优势，重点围绕构建全球产业链、价值链、供应链和创新链，推动装备、技术、标准、品牌和服务走出去，培育一批世界级跨国企业，形成一批具有全球影响力的制造基地和境外经贸合作园区，进一步完善对外直接投资顶层设计和战略布局，科学制定对外直接投资的区域战略、产业战略和市场战略，加快建立促进走出去战略的新体制。在投资产业上，注重传统产业与战略性新兴产业并重；在投资区位选择

上，注重发展中国家与发达国家并重。一方面，推动传统产业向成本更低、产业结构层次更低的发展中国家转移，化解国内过剩产能及资源、能源、环境、出口等压力；另一方面，加速向位于全球价值链高端的发达国家进行学习型投资，带动国内技术创新和产业升级。在投资主体上，注重积极发展民营企业对外投资，尤其要发挥民企在关键敏感产业的投资优势。在投资方式上，注重引导企业通过跨境并购获取跨国公司的关键技术、人才、品牌和销售渠道等战略资源，加快形成自主研发、自主品牌和自主营销渠道。

（一）优化对外直接投资产业布局

1. 利用产能合作和装备制造合作推动制造业投资，构建全球生产网络体系

推动高铁、核电、通信设备、航空航天等一批具有技术优势的制造业加快全球布局，推广中国技术、标准和服务。重点推动装备制造、工程机械、钢铁冶金、家电、汽车、造船、纺织服装、水泥建材、食品加工等传统产业向东盟、非洲、拉美等发展中国家转移，充分利用当地劳动力、资源能源、土地等成本优势建立工业园区和生产基地，开拓国际市场，提高当地就业水平。引导境外企业加快供给侧结构改革，优化产品结构、丰富品种，提高产品质量、技术含量和服务水平。根据东道国资源禀赋、产业配套能力和市场条件等因素，合理布局产能合作、装备制造合作的方向和重点。筛选经济社会效益好、东道国需求大的项目积极推进，发挥重大项目的引领示范效应。支持国内钢铁冶金企业到矿产资源丰富、工业化需求大的发展中国家建立生产基地，重点发展冶炼和深加工环节。支持制造企业提升配套服务水平，在境外设立加工组装、境外分销、售后服务基地和全球维修体系，带动装备和服务走出去。

2. 大力推动生产性服务业投资，加快形成全球研发创新体系和供应链体系

推动金融保险、商贸物流、研发设计、信息技术、专业咨询等服务业投资，为我国企业海外发展提供服务体系支撑，为制造企业境外生产提供系统配套服务，同时拓宽服务贸易发展空间。鼓励制造企业在美、

欧、日、韩、澳等发达国家设立研发设计中心和科技园区，加快获取世界前沿技术、先进管理方式、新的服务模式、专业化人才、国际渠道等外溢效应。鼓励科技型企业与国际知名高校、实验室、跨国公司等机构开展研发合作，建立海外研发基地和产业化基地，拓展国家创新体系的全球化发展空间。鼓励商贸物流、跨境电商、广告营销等企业走出去，加快构建海外营销网络体系，提高我国企业品牌营销策划能力。提高软件信息技术和服务外包企业的国际市场开拓能力，向市场需求大的发展中国家投资，推广应用具有自主知识产权的技术和标准；推动文化艺术、教育培训、中医药等特色服务业在海外设立机构，提高中华文化教育的国际影响力和传播力。加强各国境外经贸合作园区的服务平台建设。

3. 逐步提高农业对外直接投资水平

加强研究有关国家土地和农业投资制度，充分利用国外土地、水等资源和农作物资源。重点加强与乌克兰、加拿大、澳大利亚、新西兰及印度、缅甸、越南、柬埔寨等土地、农业资源丰富的国家开展投资合作。

（二）完善对外直接投资区域布局

1. 逐步加快"一带一路"沿线国家投资战略布局

全面推进与东盟、南亚、中亚、西亚及中东欧 16 国的投资合作，推进孟中印缅、中巴、中蒙俄、新亚欧大陆桥、中亚—西亚、中南半岛6 大经济走廊建设。一是积极拓展沿线国家自贸区网络。推动与更多国家签署双边和多边投资协定，为我国企业向沿线国家投资创造有利外部环境。发挥亚投行、丝路基金在"一带一路"投资中的引导作用。通过推进沿线国家基础设施互联互通、能源开发合作、产能合作和装备合作等推动制造和服务走出去，通过建设国际大通道中的通路、通讯、通航和通商等"主干道"加快轨道交通、信息通信、能源电力等产业投资步伐。二是加快沿线国家经贸合作园区和制造基地建设。通过积极推进沿线国家工业化和区域经济一体化进程，逐步形成面向"一带一路"、辐射全球的对外经贸合作园区网络，有序实现制造业产能转移。

重点支持机械制造、汽车、钢铁、化工、有色金属、建材、轻纺等优势产业转移，力争在资源富集、劳动力密集、市场需求大、国内政局稳定的国家建立生产基地。引导境外经贸合作区健康发展，实现与东道国共建共享。三是利用沿线国家的能源、矿产、海洋、农业资源优势，加强金属矿产等能源资源投资开发合作。"一带一路"区域覆盖了全球四大成矿域的 10 个重要成矿带，金属矿产种类齐全，应积极研究这些区域的金属矿产资源特征和分布，支持矿业企业勘查开发，推动建立境外资源基地。建立"一带一路"地质基础数据库、信息服务平台、风险监测系统。四是发挥我国香港地区对外投资平台的重要作用，强化国际金融中心、贸易中心和航运中心等辐射功能，为国内企业走出去提供金融、信息和专业服务。

2. 积极深化对发达国家投资战略布局

一是加大对美投资力度。美国是我最重要的投资贸易对象国，建立双边稳定的投资贸易机制是构建中美新型大国关系的重要基础。应通过加快中美投资协定（BIT）谈判，加强中美战略与经济对话等机制建设，建立双向对等开放、互利共赢的投资机制，为我国企业在高技术、基础设施、制造业等领域赴美投资并购创造良好环境。尤其是美国大选之后，特朗普新政主张加强基础设施建设、制造业回归等措施将加大吸收外资力度，为我国企业赴美投资创造了新的机遇。据美国商会估算，2013—2030 年，美国在交通、能源、水务三大基础设施领域的潜在投资需求达 8.2 万亿美元，应积极与美达成基础设施等领域的投资合作协议。二是大力推动对欧洲投资。欧洲各国具有良好的投资环境、产业基础和先进技术，一直是我国企业投资的重点区域。英国是世界最发达、最开放的经济体之一，在基础设施、高端制造、研发设计、金融、高科技等领域有巨大投资潜力，同时拥有化工、制药、生物技术、食品饮料、电子工业等世界领先产业；德国具有世界第一位的装备制造业，在 31 个机械制造门类中有 27 个占据世界前三位；北欧 5 国经济水平高，在先进制造、节能环保、ICT、生物医药等领域均掌握核心技术。我国企业加强对欧投资并购不仅风险小，而且有利于获取先进技术、先进经营管理经验等知识。应认真研究欧盟及其他各国的投资政策和环境，按照《中欧合作 2020 战略规划》的目标，促进中欧全面战略伙伴关系深入发展，积极推进中欧投资协定谈判，加强与欧洲各国自贸区建设和双边投资协定，为我国企业在高技术、高端制造、节能环保等战略性新兴产业及金融、研发设计等服务业领域投资创造有利条件。三是推动与韩国、澳大利亚、新西兰等发达国家投资合作。随着中韩、中澳、中新等自贸协定签署，将有利于促进双边投资加快发展。2015 年我国对韩投资 19.8 亿美元，同比增长 66.3%；对澳大利亚投资额 34.01 亿美元，主要分布在房地产业、租赁和商务服务业、金融业、物流及制造业、农业等领域。

3. 继续推进走进非洲战略

非洲石油、有色金属等矿藏量巨大，工业化市场前景广阔，越来越吸引世界投资者的广泛关注。应改变我国长期以来以援助为主的对非政策导向，加快市场化投资进程。目前非洲大部分地区仍存在贫困程度高、工业基础薄弱，水电、交通等基础设施落后以及劳动者素质低、政府效率低等问题，导致企业运营成本较高。但近年来，非洲地区市场化、国际化程度日益提高，许多国家越来越重视扩大出口、吸引外资对于增加就业、促进经济发展的作用，实行高度自由的投资贸易政策，在法律与政策方面加强对外资保护与鼓励，投资环境明显改善。如，南非、加纳、纳米比亚、肯尼亚、乌干达、坦桑尼亚、赞比亚、埃塞俄比亚等国投资环境日益受到投资者好评。非洲国家成立了许多地区性国际组织促进投资，包括东非共同体、东部与南部非洲共同市场、中部非洲经济共同体、西非经济共同体等。应积极实施走进非洲战略，完善中非合作论坛平台，加强与非各国高层对话，加强中非民间投资合作。

（三）深入实施企业国际化经营战略

1. 加快培育具有世界影响力的跨国企业

培育一批拥有核心技术、自主品牌、主导国际分工的跨国企业是提高综合国力的关键。应支持引导企业通过跨境并购和绿地投资等方式配置全球资源，形成一批技术领先、实力雄厚、市场开拓能力强的大型跨国公司。鼓励有条件的企业在海外设立或并购研发中心，融入全球创新网络，提升国际竞争力。鼓励国内企业与跨国公司结成战略联盟、与东道国有实力的企业兼并重组，利用当地管理团队运营，实施工贸联合开拓市场。推动大型制造企业向服务型制造转型，构建全球服务体系，形成具有自主知识产权、自主品牌的跨国公司。鼓励民营资本通过并购或战略联盟等形式与国有资本相结合，将民企高效的机制与国企的资金和管理优势相结合走出去，提高我国企业整体国际竞争力。

2. 大力推动民营企业对外直接投资

民企已经在"一带一路"建设、战略性新兴产业及关键性领域投资中发挥重要作用，尤其体现在对高新技术、能源资源、军工等敏感行业投资和重大海外并购项目上，许多国家对国企表现敏感，民企则更具优势。面对国际社会"中国威胁论""中国资源掠夺论"等舆论偏见，我国长期"国企唱主角"的对外投资战略越来越遭遇困境。如，国企在金属矿产资源等领域投资往往被视为政府行为而遭到东道国的抵制，而民企则大多依靠自有资金或融资进行海外矿产投资，可规避更多的政治、规制和资金风险。因此，应消除思想认识误区、政策歧视和体制障碍，为民企对外直接投资创造良好的环境保障。实现对外直接投资格局向国企与民企双轮驱动发展。一要放宽民企对外投资限制。逐步对民企境外投资项目采取登记制，对于重大投资并购项目要简化程序、切实提高效率。国家在重大项目、金融支持等政策方面应做到国企与民企一视同仁。二要加强金融保险政策支持。加大政策性贷款支持，适度扩大中国进出口银行、国家开发银行对民企优惠贷款规模，完善对外投资贷款风险补偿金和贴息制度。创新金融产品和融资模式，通过发展产业基金、投资基金，探索 PPP 方式设立海外产业投资合作股权投资基金等方式解决民企融资问题。三要加快民企在"一带一路"重点行业、重点区域的战略布局。鼓励民企投资高新技术、基础设施、海洋、能源资源、军工、农业等领域，构建全球产业链。

3. 提高企业融入根植东道国的能力

引导境外投资企业遵循高标准社会责任（CSR）规则，将企业经营活动和社会责任有机结合起来，树立我国企业的良好形象。应注重维护东道国的根本利益和关切，切实促进当地经济社会可持续发展，在帮助东道国增加就业、改善民生、消除贫困、发展教育卫生事业、提高生态环保质量等方面树立标杆作用。尤其是在矿产资源开发上，应本着共同开发、互利共赢的理念，采用先进技术方法，严格生态环境恢复治理、发展绿色矿业。应注重尊重东道国法律规范、文化宗教和民俗习惯，注重与当地媒体、社区进行沟通宣传，积极融入当地社会。如欧盟作为全球最成熟和发达的法律体系对于环境保护、知识产权保护十分严格，地理标识、保密信息、数据保护等均属于知识产权范畴，我国企业在欧洲投资如不重视就可能发生冲突被起诉。应制定我国企业境外投资社会责任标准、指导原则和行为指南，明确规定企业应承担的社会责任范围以及不履行社会责任应承担的法律责任。加强与国际 CSR 机构的交流合作，遵循国际规范和惯例。

4. **支持企业开展战略性跨国并购**

从国内经济发展和走出去战略需要出发，引导企业跨国并购领域由化工、能源、矿产、汽车、家电等传统产业向高端制造、信息通信、生物技术等新兴产业及金融、商贸、物流、文化等服务业拓展。探索设立并购基金或利用产业基金为并购企业融资。政府有关部门应加强搜集并购国企业的政策信息、并购规则等，并给予企业风险和敏感提醒，尽可能避免"雷区"，同时向东道国做好宣传推广和渠道沟通工作，营造有利的并购外部环境。如美国在外国投资国家安全审查的敏感产业清单分为两级：第一级是高度敏感产业，主要是与军事和国防安全相关的产业；第二级是敏感产业，主要是与国家经济安全相关的产业，包括能源、电网电力、电子信息、交通运输、装备制造、生化等六大产业。并购这些领域的企业被 CFIUS 认为存在国家安全隐患的可能性会显著上升。

（四）加强对外投资促进保障体系建设

1. **提高对外投资信息服务和专业服务能力**

整合各部门、各行业资源，做好行业指导、信息服务、融资服务、投资促进、人才培训、风险防范等综合性服务工作。提高国内金融、信息、法律、财务、技术等专业服务机构的国际化、专业化服务能力，培育一批国际化的设计咨询、资产评估、信用评级、法律服务、投资银行等机构。建立综合性和一站式服务平台，为企业提供全流程的境外投资服务。加强对外投资公共信息搜集发布工作，注重发挥驻外使领馆和各级商会、贸促会、行业协会及中介机构作用，加强对东道国经济、文化、市场、法律等相关信息搜集，并及时公布投资指南、投资预警等信息，以有效降低企业投资并购中的冲突和风险。加强对外投资大数据建设，为企业提供各类相关资讯服务。

2. 完善对外投资风险防范体系

健全对外投资保护机制、预警援助机制和风险防范机制，提高海外安全保障能力。完善领事保护制度，提供风险预警、投资促进、权益保障等便利服务。发挥政府外交渠道作用，增强驻外使领馆应急处置能力，完善经贸争端和突发事件处理机制，帮助境外投资企业协调东道国关系和事务，畅通企业海外维权投诉和救助渠道。发挥当地商会、侨团等民间组织作用，切实维护企业海外投资经营合法权益。加强国际投资保护协调机制，我国目前已与130多个国家签订投资保护协定，应运用双边、多边协议与公约保护对外投资利益。此外，应注重加强目前对外投资增长过快的风险防控，严格对企业、个人投资真实性的审查，健全金融监管和担保制度，防止因企业过度贷款造成银行债务风险。完善涉外法律制度，建立与东道国合作机制，及时处置资本外逃、国有资产海外转移等贪腐犯罪问题。

3. 完善对外投资管理体制和政策体系

按照"企业主体、市场主导、商业原则、国际惯例"的思路，加强国家对海外投资的宏观指导。一是完善顶层设计。制定出台《对外投资法》，作为基本法律全面指导我国企业对外直接投资活动。设立国家对外投资委员会或领导小组，负责统筹制定国家对外投资战略、方针政策并协调相关管理部门，发挥部际协调机制的作用。二是完善企业境外投资的融资、税收、保险等政策。为符合条件的境外投资企业提供长期低息贷款支持、扩大保险范围、拓宽境外融资渠道，允许我国金融机构的境外分行向境外企业发放贷款。三是进一步提高投资便利化水平。简化境外投资备案制的有关程序，放宽境外投资限制，启动合格境内个人投资者境外投资试点。四是加快完善国企境外投资相关法律、审计、境外经营业绩考核、责任追究等制度；完善海外项目评估制度，减少海外经营风险，确保国有资产保值增值；完善国企海外投资资本金管理制度，提高自有资金投资比重，防范金融债务风险。完善工商、税务、金融机构等监管监控体系。

（执笔人：王晓红）

专题一：国际直接投资动因及区位理论的演进和最新发展

　　资本的国际化运动是当今世界最受关注的经济议题之一。资本的国际化进程共有三种形式，按照出现的顺序依次是：商品资本的国际化（国际贸易）；货币资本的国际化（国际间接投资）；生产资本的国际化（国际直接投资）。国际直接投资是资本国际化的高级阶段，它使资本的国际化运动由流通领域扩展到生产领域。国际直接投资早在19世纪中期就已经出现（此处所说的国际直接投资是指把企业的经营范围扩展到本国市场界限之外的投资），以此为标准，FDI 的起源可追溯到19世纪六七十年代，尽管那时资本主义国家的主要资本输出方式是间接投资，但实际上已经有了直接投资形式，主要投资行业是当时落后国家的铁路修建和矿业开采。但真正引起学术界的关注，是在20世纪60年代。第二次世界大战结束后，国际分工逐步活跃，发达国家的生产链条逐渐延伸到与之形成良好要素互补关系的不同国家和地区，以劳动力、资本、技术等生产要素的跨国转移为主要载体的国际直接投资成为带动世界经济发展的引擎。20世纪90年代以来，经济全球化以势不可挡的态势席卷全球主要国家和地区，国际直接投资极大促进了不同经济体制、发展水平的国家和地区的经济发展联动性，一方面实现了经济资源在全球范围的共享和优化配置，另一方面，直接或间接优化投资国和母国的产业结构和经济结构、并有效释放参与国的经济发展潜能，在全球经济格局演变中起到至关重要的作用。因此，学术界对国际直接投资的研究热度不减，成果丰硕。

国际直接投资理论的发展史与国际直接投资活动的发展历程契合度很高。经济学家和各国学者对国际直接投资相关问题的前瞻性研究不多，大多是针对特定时期、特定国家的特定问题。正因为如此，目前没有一种理论能够作为解释国际直接投资问题的一般性准则。从理论体系上看，按照研究对象的不同，可以分为以发达国家和发展中国家为研究对象的对外直接投资理论；按照研究视角的不同，有微观、中观和宏观层面的理论研究；按照研究内容划分，可分为动因、区位、作用机制、效应及战略选择等理论研究；按照研究类型划分，则既有理论研究也有实证研究。本文以国际直接投资理论的历史演进为主线，以不同理论之间的关联为副线，对从国际资本流动理论至今的国际直接投资理论的演变过程进行了梳理分析。

一、理论研究的开端：国际资本流动理论

最早关注和探索资本跨国界流动的经济学家和学者们都基于新古典经济学的理论框架，假定市场是完全竞争的。理论研究大都是基于利率差或收益差解释资本跨国流动的动因。主要代表人物有 Irving Fisher、Ragna Nurkse、MacDougall 和 Kemp 等人。

Fisher（1907）建立的国际资本流动理论假定在市场完全竞争的国际资本市场上，资本将自发地从利率低的国家流动到利率高的国家以获得更高回报。由于该理论的假设过于苛刻，如国际资本市场完全竞争、不考虑国际投资的风险因素、资本的输出国和输入国只能被动接受不同的资本价格等，无法完全与当时历史背景下的国际资本流动情况契合。

Fisher 对国际资本流动的研究是西方最早的资本跨国流动理论，但其研究对象是国际货币资本，即国际间接投资。美国经济学家 Ragna Nurkse（1933）用局部均衡方法分析了产业资本的跨国流动的动因。这是对国际直接投资问题的研究起源。Ragna 的逻辑思路清晰明了：资本在国家间流动的直接动因是追求更高的回报，这种逐利性本质必然使得

产业资本由利率低的地区向利率高的地方流动，而造成各国利率差的原因是各种资本的供求关系。在一国对资本的供应量多或者需求不足的情况下资本的回报率必然低于资本供应量不足或需求旺盛的国家；Ragna之后，融合了 MacDougall（1960）和 Kemp（1962）研究成果的"麦—肯模型（MacDougall-Kemp Model）"成为当时解释国际资本流动的一般理论模型。麦—肯模型强调，在完全竞争、规模收益不变的一般均衡条件下，将资本看做同质要素，要素禀赋产生的资本收益差决定着一国对外直接投资的方向，即国际直接投资从资本要素丰裕边际产出率低的国家流向资本稀缺边际产出率高的国家。此外，该理论还将国际直接投资带来的福利效应纳入分析框架，指出由于资本流动带来资本使用效率的提高，使全球的生产总量增加，进而全球福利水平提高；同一时期，Mundell（1957）在投资与贸易替代模型中提出了国际贸易障碍是国际直接投资产生的另一可能动因。Mundell 指出，关税等贸易障碍可以引致国际资本流动，在东道国存在贸易壁垒的情况下，投资国将减少商品出口，直接在东道国投资设厂以绕过贸易壁垒。

早期的国际资本流动理论，从理论假设到最终结论，都建立在新古典国际贸易理论框架内，与贸易理论并未完全分离，要素禀赋学说对该时期的国际直接投资理论影响深刻，不论 Fisher、Nurkse 还是 MacDougall-Kemp 模型，都认为资本的流动源于利润率水平，哪里有高回报，资本必然流向哪里。Mundell 的贸易投资替代理论虽然指出贸易障碍也是国际资本流动的动因，但仍然是由于以生产要素为载体的商品流动不畅导致的资本要素脱离载体进行国际流动，所以本质上与其他理论无异，此外静态分析方法忽略了时间因素和区位因素在对外直接投资中的动态作用，这也是早期理论研究的硬伤。

二、理论研究的系统化阶段

20 世纪 60、70 年代，是世界政治经济秩序的全面恢复期。除美国外，各参战国经济惨遭破坏，美国对西欧和日本等国家进行援助，使这些国家经济得以迅速恢复。而战后以美元为中心的布雷顿森林体系为美国跨国公司并购国外企业提供了极大便利，第三次科技革命带来的交通通讯现代化、管理计算机化以及通讯、运输成本的下降促进世界经济进入跨国生产和经营阶段，这些为跨国公司进行大规模对外直接投资提供了可能性和必要条件，全球对外直接投资进入快速增长期。国际直接投资的空前发展引起了经济学家和学者的广泛关注，理论研究进入系统化阶段。这一时期形成了一批主流的国际直接投资理论，理论研究的框架也开始独立于国际贸易理论和国际资本流动理论，从不同视角对国际直接投资现象进行分析，对后来乃至今天的研究仍然具有极强的借鉴意义。这一阶段的理论包括垄断优势理论、内部化理论、产品生命周期理论、边际产业扩张理论、国际生产折衷理论等。

（一）垄断优势理论

学术界普遍认为最早系统化研究对外直接投资的理论是美国经济学家 Hymer（1960）提出的垄断优势理论，后由其导师 Kindleberger 的补充和完善，并经由 Johanson（1977）、Root（1978）、Caves（1971）、Knickerbocker（1973）、Aliber（1970，1971）等学者的发展和延伸，成为完整的理论体系。

Hymer 通过对美国企业的大量实证分析发现，虽然企业对外直接投资存在诸多困难和不确定性，但是仍然存在大量企业的跨国投资行为并取得成功，一定是存在某些特定优势能够抵消对外直接投资的不利因素。Hymer 将这些优势归因于由于市场不完全为企业带来的垄断优势，如资金优势、技术优势、规模优势和组织管理优势。Hymer 认为，企业对外直接投资的动因正是为了充分利用自己的垄断优势，这种垄断优势足以抵消企业国际生产和经营的不利因素。

Hymer 之后，很多学者对这一理论进行了修正和补充，在后续的很多研究中都对知识资产的重要性进行了论述。Johnson（1970）认为跨国公司的垄断优势主要来源于对知识资产的占有和控制，这种资产在公司内部的低成本转移成为跨国公司与东道国企业相比的重要竞争优势。Caves（1971）把产品的差异化能力看作跨国公司在目标市场的垄断优势。Root（1978）则将跨国公司的知识资产分为可以通过许可证交易转让的专利技术、诀窍和商标等和不能转让的技术创新能力、管理能力、市场销售技能等。他认为短期内跨国公司更倾向于将知识资产进行外部技术转让以获利，中长期则更愿意以对外直接投资的方式有效利用包括知识资产在内的全部优势。Mansfield 对 Root 的论述进行了补充说明，他认为跨国公司通过对外直接投资可以有效利用全部垄断优势，且对外直接投资的方式相比于许可证交易更有利于跨国公司保持技术的领先优势。Penrose、McManus、Wolf 等人阐述了规模经济优势对跨国公司对外直接投资的重要作用。

Knickerbocker 和 Graham 在垄断优势理论的框架内提出了研究国际直接投资动因的新思路，以寡头企业之间"跟随对手行动"的特殊反应来解释战后发达国家扎堆投资和交叉投资行为。Knickerbocker（1973）的寡占反应论认为垄断优势理论只能解释领先企业的海外投资动机（进攻型投资），而寡头企业则是为了保持市场份额而进行的防御型投资。Graham（1975，1978）以交换威胁延伸和拓展了 Knickerbocker 的思想，当某个寡头企业在东道国投资设厂后，东道国相关企业的利益受到威胁，他们也会到这个寡头企业的母国投资设厂，威胁入侵者的市场份额，作为报复。

芝加哥大学教授 Aliber（1970，1971）将宏观因素纳入垄断优势理论的分析框架，将国际直接投资行为抽象描述为资产在不同通货区域流动的货币现象，他认为相对于软通货区企业，硬通货区的企业可以较低融资成本筹集到跨国经营的资金，依靠其拥有的货币区域优势对软通货区域内国家进行直接投资。Aliber 认为战后美国跨国公司对外直接投资的快速增长与这一时期美元的坚挺具有不可分割的联系。加拿大学者 Rugman（1977）对 Aliber 的研究进行了补充，他认为通过多样化投资方式降低自身的风险也是国际直接投资的动因，比如投资与那些与母国经济波动不完全同步的国家，来减轻或规避母国经济波动对经营活动造成的负面影响，获得稳定的收入。

垄断优势理论提出的垄断优势和市场不完全性是国际直接投资理论

研究的两块基石，开创性的把对国际直接投资问题的研究从流通领域引向了生产领域，该理论对第二次世界大战后美国企业的大规模海外直接投资现象的解释十分具有说服力，为后来其他理论的研究提供了基础，如内部化理论、国际生产折衷理论等。

该理论的局限性在于，拥有垄断优势的企业未必一定会选择跨国投资的方式到国外扩展市场，并且不具有显著垄断优势的发展中国家企业也在大量进行跨国投资活动，因此垄断优势只是企业进行跨国投资的必要但非充分条件，它提供的研究视角说明企业在拥有某种垄断优势的情况下存在对外直接投资的可能性，但并不是必然性。

（二）内部化理论

英国里丁大学学者 Buckley 和 Casson（1976）以及加拿大学者 Rugman（1981，1982）将 Coase（1937）的交易成本理论融入国际直接投资理论中，以市场的不完全性为出发点，提出了内部化理论。内部化理论将市场的不完全性归因于市场机制本身的缺陷，探讨的重点是知识资产等中间产品，当中间产品的外部交易市场失效或存在高昂交易成本时，在客观上迫使企业通过国际直接投资的方式建立内部市场，降低交易成本和风险，将垄断优势保留在企业内部，进而谋求企业利润最大化。只要企业内部化的收益大于内部化成本，内部交易就成为更好的选择，当这种内部交易跨越了国界，国际直接投资就产生了。

内部化理论从内部市场形成的角度阐述了跨国直接投资的性质和动因，提出了不同于垄断优势理论的研究思路和分析框架，适用于不同发展水平国家的对外直接投资活动，对跨国公司的对外直接投资行为具有更普遍的解释力，至今仍是国际直接投资的主流理论。但是理论的分析没有跳出微观层面，只是在跨国公司主观方面探寻企业对外直接投资的动因和基础，忽略了对影响企业运行的各种外部因素的分析，也没有涉及企业跨国经营的区位选择等问题。

（三）产品生命周期理论

美国哈佛大学教授 Vernon（1966）通过对美国跨国公司对外直接投资行为的研究提出了动态化的产品生命周期理论。Vernon 从产品经历的生命周期角度考察企业比较优势的动态转移过程,利用产品生命周期性的变化解释美国对外直接投资的动因和区位选择。Vernon 认为,企业的对外直接投资是在产品的周期性运动中根据生产条件和竞争条件的变化做出的决策。在产品的创新阶段,技术领先的发达国家首先在国内推出新产品,并以高价进入国际市场满足他国需求。在产品的成熟期,由于国内外竞争对手出现和国外的贸易壁垒,促使创新企业开始大规模对外直接投资。这一时期,创新企业的海外投资区位选择以和母国经济发展水平相近的国家为主,随着企业技术垄断优势的消失,这一投资区位将继续转移至具有低成本优势的发展中国家。

Vernon 的理论第一次将动态化的研究方法和区位因素引入分析框架,对战后美国制造业大量向欧洲进行直接投资的现象具有较强的解释力。但是该理论指出的企业海外扩张路径表现为出口、继而依次向发达国家、发展中国家投资,这种路径为竞争对手提供了赶超的时间,与现实无法完全吻合。他本人在 1974 年引入国际寡占行为进行理论修正,将产品生命周期重新划分为产品创新的寡占、产品成熟的寡占和产品标准化的寡占阶段,为了维持垄断地位,企业在产品成熟和标准化阶段将设置壁垒阻止其他企业进入,修正后的理论虽然更加符合不断变化的现实状况,但是仍然存在较大的局限性,该理论只能用来解释具有生命周期特征的产业,但是对资源型没有生命周期特征的产业则缺乏解释力,此外发展中国家对发达国家的投资行为不能通过该理论得到解释。

(四)边际产业扩张理论

日本一桥大学教授小岛清(Kojima,1978)根据日本企业的海外投资实践以边际产业扩张理论对直接投资的行为和规律做出了新解释。小岛清理论的核心思想是:一国的对外直接投资应该从本国已经或即将处于比较劣势的边际产业依次进行,主要投向区位是那些该产业仍然处于优势地位的国家,母国和东道国的技术差距越小越有利于产业转移,通过这样的比较优势投资原则,两国都可以从中获益。

边际产业扩张理论契合了 20 世纪 60、70 年代日本产业由资源密集型产业到劳动密集型产业再到重化工业的国际产业转移路径。同时该理论也在一定程度上解释了亚洲国家对外直接投资在区位和产业上的雁形模式，即日本——"四小龙"——东盟——中国——越南。

边际产业扩张理论从产业转移角度来探讨海外直接投资的动机和区位选择原则。小岛清指出，由于投资国和东道国要素禀赋不同，所以对外直接投资应该建立在比较优势的基础上，母国将劣势产业转移到技术水平匹配的东道国，可以合理配置生产要素。既带动了本国优势产品的出口，又带动了东道国产品的出口（小岛清将这种对外直接投资方式称为顺贸易导向型）。这一理论较好的解释了20世纪60、70年代日本对外直接投资与出口同步大幅增长的情况。但是却无法解释20世纪80年代以后日本对外直接投资的增长与贸易增长呈现出的反向变动关系，并且技术落后国只能被动承接技术先进国的边际产业这一结论也在20世纪80年代以后出现了逆转。

（五）国际生产折衷理论

英国里丁大学教授 Dunning（1977，1981）综合垄断优势理论以来各学说的思想，以国际生产折衷理论对国际直接投资的动因进行了全方位的解释和说明。Dunning 认为跨国公司对外直接投资的动因是所有权优势（ownership）、内部化优势（internalization）和区位优势（location）综合作用的结果，称之为 OLI 范式。这三个基本要素的不同组合决定了企业在国际经济活动中的方式：当企业仅具有所有权优势时，只能通过许可证贸易的方式参与国际经济活动，当企业具备所有权优势和内部化优势时，则以商品出口的方式参与国际经济活动，只有当企业同时具备了所有权优势、内部化优势和区位优势，对外直接投资才成为可能。

Dunning（1977）在理论中首次提出区位优势对国际直接投资流向的影响。他把区位因素概括为市场因素、贸易壁垒、成本因素和投资环境四类，随后对区位因素进行了两次细分和补充。Lall（1995）认为企业要开展对外直接投资，除了管理、技术、营销、融资等企业特定的优势外，还包括与东道国政府的谈判能力。

国际生产折衷理论概括力强、涵盖范围广，具有较强实用性，是最有影响力的国际直接投资理论，被广泛用于分析跨国公司的对外直接投资动机和优势。因此有通论之称。除了可以解释发达国家的对外直接投资动机外，该理论结合区位优势很好地解释了发展中国家对发达国家的投资行为，这正是其他理论分析被诟病之处。正是因为具有区位优势，美国在第二次世界大战后才得以成为全球最大的 FDI 输入国。通论不通之处在于，现实经济中，企业未同时具备三种优势的情况下仍然可以进行国际直接投资，行业内存在大量交叉投资现象等。

（六）与发展中国家相关的国际直接投资理论

20 世纪 60、70 年代出现的主流国际直接投资理论都是基于美国等发达国家对外直接投资实践，在投资动因、区位、效应等方面进行的研究，理论的基本观点是企业进行直接投资之前，必须具备某种优势，而企业从事 ODI 活动正是为了最大程度利用这些优势以获得超额利润。20 世纪 70、80 年代至今，发展中国家尤其是新兴经济体迅速崛起，由于与发达国家在经济体制、经济环境、经济发展水平存在极大差异，因此发展中国家跨国公司对外直接投资的动机、发展特征、影响因素、传导机制无法用传统对外直接投资理论进行解释，给理论界提出了新的挑战。随着发展中国家在全球直接投资浪潮中的亮眼表现，引起很多经济学家和学者的关注，他们针对发展中国家的特点及国情，在已有的理论基础上延伸和发展了一批有影响力的学说。

1. 资本相对过度积累理论

美国经济学家 Lewis（1954）提出了发展中国家存在现代化工业部门和传统农业部门并存的二元经济结构，前苏联学者阿·勃利兹诺伊利受此启发，将"二元经济结构"理论运用到国际直接投资领域，他认为由于国内需求不足，发展中国家的现代工业部门可能出现资本相对过度积累，对外直接投资为工业部门向国外转移相对过剩的生产能力提供了一条可能的途径。

2. 小规模技术理论

美国经济学家 Wells（1977，1983）认为，即使不具备垄断优势，发展中国家仍有对外直接投资的可能。Wells 在小规模技术理论中摒弃了只有存在垄断优势才可以扩张海外市场的观点，他将发展中国家对外直接投资的竞争优势的产生与这些国家的市场特征联系起来，概括出发展中国家跨国公司的三个竞争优势来源：一是拥有小市场需要的小规模生产技术，可以迎合低收入国家市场需求量有限的特点；二是在民族产品的海外生产上具有优势，这种优势在本国移民较多的投资国尤其明显；三是低价营销战略，低成本优势是发展中国家跨国公司抢占市场份额的重要手段。

小规模技术理论为发展中国家的海外直接投资提供了理论支持和可能的路径，即通过满足小规模多样化的市场需求错位参与国际竞争。很明显，这一理论继承了产品生命周期理论的思想，认为发展中国家只能被动承接发达国家弃之不用的技术或产品才能在国际市场找到立足之地，这将使发展中国家长期处于国际生产体系的边缘地带。在经济全球化时代，一方面发展中国家在高新技术领域的直接投资和对发达国家投资日趋增长，另一方面，一些发展中国家的小规模技术优势日益被发达国家的地方化跨国生产所瓦解，并且发达国家日益盛行的小规模定制模式也对发展中国家企业的小规模技术优势形成较大冲击，这一理论正在失去解释力。

3. 技术地方化理论

英国经济学家 Lall（1983）深入研究了印度跨国公司对外直接投资的竞争优势和动机，提出了与小规模技术理论中技术被动思想相反的理论主张——技术地方化理论。Lall 认为，尽管发展中国家跨国公司的技术特征表现为规模小、多为成熟技术和劳动密集型技术，但是这种技术的形成并非简单的被动模仿和复制，而是包含了内在技术创新过程，企业通过将技术本地化形成国际市场的竞争优势。Lall 认为发展中国家的竞争优势来源于四个因素：一是特定的技术发展环境，技术知识的当地化与一国的要素价格及质量有直接关系；二是通过对引进技术和产品的改造，使之能够更好地满足目标国市场的需求；三是经过本土化创新的技术在小规模生产条件下可以产生更高的经济效益；四是发展中国家企业在满足东道国市场差异化需求上具有一定竞争优势。

Lall 的理论分析了发展中国家企业的竞争优势是什么,并强调这种竞争优势是通过发展中国家企业主动技术创新得到的。这种优势既可以带动对其他发展中国家的直接投资,也可以促进对发达国家的直接投资。

4. 技术创新产业升级理论

20 世纪 80 年代中后期,发展中国家对外直接投资的势头强劲,投资质量也有所提高,既有纵向投资,也有横向投资,投资区位既有发展中国家,也有发达国家。这一国际投资领域中的新现象成为当时学术界研究的热点。在此背景下,英国学者 Cantwell 和他的学生 Tolentino (1990) 共同提出了技术创新产业升级理论。

该理论提出两个命题,一是发展中国家产业结构升级和优化的过程,是通过企业技术创新活动实现的,发展中国家企业的技术创新活动与发达国家不同,主要是通过不断学习积累实现的。二是发展中国家对外直接投资的形式和增长与企业技术能力的不断提高和积累直接相关。

在此基础上,得出结论:发展中国家对外直接投资的产业分布和地区分布随着时间的推移逐渐变化,并且可以预测。在产业分布上,基本遵循着以自然资源开发为主的纵向一体化、以进口替代和贸易导向为主的横向一体化、高新技术领域这样的主线。在地区分布上则是在地理区域和经济发展水平上由近及远的顺序,首先利用种族联系,在周边国家投资,随着海外投资经验的积累,逐渐扩大投资范围到其他发展中国家,随着产业结构逐步升级,逐步涉足高新技术领域,并开始向发达国家投资以获得先进的知识技术。

该理论强调了技术创新、产业升级对发展中国家对外直接投资和长远经济发展的决定性作用。对于发展中国家利用国际直接投资加强技术创新和积累,进而提升产业结构和加强国际竞争力具有普遍的指导意义,因此受到理论界的高度评价。

5. 投资发展阶段理论

Dunning 的国际生产折衷理论虽然对发达国家的对外直接投资行为

有很强的解释力，却无法适用于发展中国家的对外直接投资活动。为此，Dunning 对理论进行补充和完善，将发展中国家的对外直接投资纳入该理论框架内，提出了投资发展阶段理论。

Dunning（1981）采用实证分析法，研究了 67 个国家 1967—1978 年直接投资流量与经济发展阶段的关系，在此基础上从动态角度解释一国经济发展水平与国际直接投资的关系。

Dunning 用人均国民生产总值（GNP）代表一个国家的经济发展水平，并分为四个阶段，用人均直接投资流出量、人均直接投资流入量和人均直接投资净流出量表示一国对外直接投资的水平。

人均 GNP 低于 400 美元阶段的国家，由于经济落后，既没有所有权优势和内部化优势，也无法利用国外的区位优势，直接投资的流入和流出都处于空白状态；当人均 GNP 在 400—2500 美元之间时，由于经济发展水平提高，国内市场有所扩大，投资环境有较大改善，因而区位优势增强，外国直接投资流入增加，但由于这些国家企业的所有权优势和内部化优势仍然十分有限，对外直接投资刚刚起步处于较低水平，大多数发展中国家处于这一阶段；人均 GNP 增长至 2500—4000 美元之间，意味着本国经济实力有了很大提高，此时国内部分企业开始拥有所有权优势和内部化优势，对外直接投资迅速增长，这一阶段国际直接投资的流入量和流出量都达到较大规模（大多数新兴工业化国家处于这一阶段）；人均 GNP 超过 4000 美元的国家主要是发达国家，由于它们拥有强大的所有权优势和内部化优势，并从全球战略的高度来利用东道国的区位优势，因此对外直接投资达到了相当大的规模。

投资发展阶段理论动态化的分析了一国的经济发展水平和它所拥有的所有权优势、内部化优势和区位优势的消长变化如何决定其对外直接投资地位。通过之后诸多实证研究，也印证了该理论的分析结果。该理论侧重于从宏观角度展开分析，因此没有关注发展中国家企业竞争优势的形成和发展，并且，仅凭人均 GNP 的数值来划分经济发展阶段进而衡量对外直接投资的规律性略显牵强。

三、理论研究的新发展：全球化时期的国际直接投资理论

20 世纪 90 年代至今，经济全球化浪潮席卷全球，各国经济融合程度超过以往任何一个时代，全球资源深度整合，生产、经营、消费实现了高度一体化。跨国公司以资本为纽带进行的国际直接投资活动，对东道国和投资母国的要素优化配置、产业结构升级起到了重要推动作用。这一时期学术界的研究视角和研究方法异彩纷呈，并进行了多学科融合。

（一）投资诱发要素组合理论

以往的理论在对外直接投资的动因研究中，研究视角多放在产业和企业层面，即从内部因素分析产业或者企业如何形成对外直接投资优势，对外部因素关注程度不高。在此背景下，投资诱发要素组合理论形成了。该理论认为，任何投资行为的发生都是直接诱发要素和间接诱发要素的共同作用，这些诱发因素，或者为投资国本身所有，或者为投资国本身不具有，需要通过对外直接投资寻求。

直接诱发要素主要是指劳动力、资本、技术、管理以及信息等各种微观生产要素。这类生产要素可以直接引发对外直接投资，不管拥有者是谁。如果投资国是拥有者，它将通过对外直接投资的方式充分利用自己的优势资源；如果为东道国拥有，投资母国则通过对东道国进行直接投资寻求利用。间接诱发要素是指除直接诱发要素之外引发多外直接投资行为的宏观因素，包括母国政府诱发因素（本国的鼓励性投资政策、双边或多边投资协议等）、东道国诱发因素（优惠的引资政策、完善的基础设施、稳定的政局和法制环境）和国际性诱发因素（全球和区域经济一体化、全球金融市场的波动，如股票市场和外汇市场波动带来的投资和投机机会）。

在投资诱发要素组合理论之前，学术界对于发展中国家企业如何获得最先的竞争优势、如何追赶上那些作为先行者的成熟跨国公司等问题，都没有一个完善的分析框架。该理论的创新之处在于，结合投资母

国和东道国双方所具备的投资和引资条件探讨了对外直接投资的动因，并强调了间接诱发要素的重要作用。这一思想摒弃了企业海外直接投资必须有某种垄断优势的假定，认为企业的海外直接投资不仅是利用特定优势的过程，也是建立新优势的过程，对传统理论范式形成了冲击。这一理论范式对发展中国家企业的跨国直接投资的动机和竞争优势的形成有很强的解释力：除了最大化发挥自身优势的效用外，企业进入东道国的动机还包括对市场和创造性资产①的寻求。Dunning（1998）认为，过去10年跨国公司对外直接投资动机方面最显著的变化就是创造性资产寻求型FDI的快速增长。企业对外直接投资更多的是通过并购新资产或与外国企业建立合作关系来扩展自身优势，而不是利用既有的所有权优势。《2006年世界投资报告》指出，发展中国家企业对外直接投资的动机有三个方面：寻求市场，寻求效率和母国政府对国有跨国公司的战略要求。近年来发展中国家企业对于发达国家优质资产的兼并购数量和金额迅速增长，正是他们通过寻求创造性资产以迅速获得竞争优势的最好证明。越来越多的学者的实证研究结果支撑了这一观点：Kogut和Chang（1991）考察了日本企业在美国的直接投资，实证研究的结果表明，日本企业在美国的投资主要集中在技术密集型产业以获取美国的先进技术。Almeida（1996）、Shan和Song（1997）对美国半导体行业和生物技术行业跨国公司的研究表明，这些企业投资的主要目标是寻求美国先进的技术资源。Globerman，Kokko和Sjoholm（2000）发现很多瑞典企业通过对外直接投资获得东道国的技术资源。Buckley等（2007）认为通过对外直接投资，弱势企业可以从发达企业那里获得技术优势等战略性资产，弥补自身的不足。

对间接诱发因素即非经济因素的关注和研究，是投资诱发要素组合理论的一大贡献。现有的实证研究表明，东道国及投资国的优惠政策、制度环境、文化、双边协定等对吸收FDI具有积极作用。Buckley

---

① 创造性资产由Dunning（1993）首先提出。Dunning认为创造性资产是以知识为基础，通过发挥自身主观能动性创造出来的资产，如技术知识、学习经验、管理专长和组织能力。这种资产能够为企业带来持续的竞争优势。

（2007）通过分析中国企业 1998—2004 年在世界 49 个国家和地区的直接投资数据，证实了市场规模越大、文化差异越小的区域，对中国企业的海外直接投资吸引力越大；Meyer（2009）等认为，母国的制度环境对其企业进行海外直接投资的区位选择具有很大影响。通过对中国的实证研究发现，相对于母国的引资制度，东道国的引资制度越宽松，越友好，中国企业的投资倾向性越高；邓明（2012）基于中国 2000—2009 年在 73 个国家和地区的对外直接投资数据的分析表明，东道国制度因素对于中国企业海外直接投资非常重要；宗芳宇等（2012）等认为，双边投资协定能够促进企业到签约国投资，替补东道国制度的缺位并弥补母国制度支持的不均衡性。此外，Spender & Grevesen（1999）、Yiu & Makino（2002）认为文化差异是企业海外直接投资的障碍，因此企业总是尽可能选择与自己文化价值观差异小的地区进行投资。法国学者 Py&Hatem（2009）运用 CLM 和 NLM 模型实证分析了 13902 家跨国公司 2002—2006 年间在欧洲的投资，证实了东道国市场进入的便利性、文化距离是欧洲吸收服务业外资的重要区位因素。

（二）国家竞争优势理论

美国哈佛大学教授 Michael E. Porter（1990）以美国国际经济地位的变化为背景，提出国家竞争优势理论。该理论认为一个国家的特定产业要取得国际竞争优势，取决于生产要素、需求要素、相关和支持产业要素以及企业战略、组织与竞争战略状态等四个基本要素以及机遇和政府两个辅助要素。Porter 认为在一国在国际竞争中的优势是根据不同发展阶段动态变化的。Porter 认为一国产业参与国际竞争有四个依次推进的阶段：要素驱动阶段、投资驱动阶段、创新驱动阶段和财富驱动阶段。

（1）要素驱动阶段：在这一阶段，一国竞争力主要依靠各种初级生产要素（自然资源、劳动力等）的投入，经济增长不具有可持续性。

（2）投资驱动阶段：在这一阶段，一国竞争优势的确立以国家和企业的投资意愿和投资能力为基础，越来越多的产业开始拥有不同程度的国际竞争力。企业有能力对引进的技术消化、吸收和改良。通过改进基础设施和引进技术的投资，加之本国资源要素低廉的优势，推动国家向创新驱动阶段迈进。

（3）创新导向阶段：这一阶段技术创新成为提高国家竞争力的主要因素，企业在应用并改进技术的基础上，开始具备独立的技术开发能力。有利的需求条件、供给基础及本国相关产业的发展，使企业有能力不断进行技术创新。

（4）财富驱动阶段：这一阶段国家竞争优势的基础是已经积累起来的财富。企业进行实业投资的动机逐渐减弱，而金融投资比重开始上升。由于持续投资和创新动机的削弱，各行业希望通过减少内部竞争的方式以增强产业、行业的稳定性，因此出现了大量的企业兼并购。波特指出这是个最终导致衰落的阶段。

Porter 的国家竞争优势理论是产业竞争力研究领域最有影响力的理论，弥补了之前理论分析中普遍忽略的动态性和宏观性，更注重动态竞争优势的获得和国家在决定本国产业竞争优势方面的能动作用。

（三）一体化国际投资发展理论

小泽辉智（1992）的一体化国际投资发展理论是对国家竞争优势理论的延伸和补充。

小泽辉智认为一国对外直接投资的顺序有四个动态阶段：（1）在要素驱动阶段，以吸收 FDI 为主，一般为资源导向型或劳动力导向型；（2）当一国处于从要素驱动阶段向投资驱动阶段过渡时，劳动密集型产业开始向低劳动力成本的国家转移；（3）从投资驱动阶段向创新驱动的过渡时期，转向资源导向型和贸易导向型 FDI 输出；（4）资本密集型 FDI 输入和输出交叉发生。

该理论将一国的经济发展阶段、比较优势和对外投资作为相互作用的三种因素结合于一体。不仅强调了一国在不同发展阶段以不同方式参与跨国投资的必要性，而且提出了产业的选择原则、实现模式的条件和步骤。

（四）基于新贸易理论的一般均衡方法：垂直型 FDI 和水平型 FDI

20 世纪 80 年代，经济学家们将规模报酬递增和不完全竞争两个假设引入国际贸易研究领域，用来解释产业间贸易和产业内贸易，在此背景下，跨国公司和 FDI 也成为一般均衡贸易模型的两个重要变量。按照跨国公司海外直接投资的动机，相关研究可以分为两类：垂直型 FDI 和水平型 FDI。Markusen（1996）认为，垂直型 FDI 指企业为了降低生产成本，将生产各环节安排在不同生产要素密集充裕的国家，水平型 FDI 指为了接近目标市场，绕开贸易和运输成本，直接在目标市场国投资设厂。

Helpman（1984）在标准 H—O 框架下对垂直型 FDI 展开研究。他证明了在无贸易成本的垄断竞争条件下，跨国公司将根据比较优势在不同国家建立工厂。具体来说，产品生产既需要生产要素也需要营销、管理和 R&D 活动①，生产的不同阶段需要不同的要素密集度，为了降低生产成本，企业将对自己的生产活动做出最优安排：将产品生产设在劳动相对充裕的国家，总部服务设在资本充裕的国家，但是他的理论框架无法解释为什么大量的 FDI 和跨国公司活动发生在发达国家之间。Markusen（1984）认为这恰是因为 Helpman 的理论假设中忽略了运输等贸易成本，他从这点出发提出了水平型 FDI 模型。Markusen 强调水平规模经济是 FDI 和跨国公司出现的决定因素。他认为一方面总部服务可以同时被多家工厂利用，因此可以摊薄跨国公司海外直接投资的成本，形成水平规模经济；另一方面，出于降低贸易成本和运输成本的考虑，跨国公司也会选择当地化生产。Brainard（1997）进一步发展完善了水平型 FDI 模型，提出了著名的"邻近—集中"假设，探讨企业在出口和 FDI 这两种进入国际市场的方式中如何权衡。当运输成本低时，企业倾向于出口，当贸易和运输成本过高的情况下，企业会考虑在目标市场国投资设厂，如果母公司的规模经济效益大于子公司的规模经济效益，在不同国家建厂生产有利可图，此时企业有动机以海外投资建厂的方式进行国际化。Markusen（2002）建立"知识资产模型"，将两种类型的 FDI 放入一个统一的框架内进行分析，研究结果表明：国家间经济发展水平、市场规模相似程度越高，越容易发生水平型 FDI，国家间差异越大，越容易发生垂直型 FDI。随后 Carr，Markusen and Maskus（2001）、

① Helpman 称为总部服务，他认为这些服务可以同时被不同国家的工厂使用。

Aizenman and Marion （2004）、Hanson Mataloniand Slaughter （2001） 等学者的验证支持了对 "知识资产模型" 的结论。

（五）基于企业异质性视角的 FDI 理论

企业的异质性①与出口和 FDI 的关系，是目前学术界研究 FDI 及跨国公司理论的一个重要方向。这一新研究视角延伸自新新贸易理论。Melitz （2003） 在异质企业贸易模型中提出，生产效率高低决定企业能否国际化经营。只有生产效率高的企业才能承担海外经营的高昂成本并进行出口，生产效率低的企业只能在本土生产。随后 Helpman，Meiltz 和 Yeaple （2004） 将模型进一步拓展，在模型中加入生产效率差异的假设，在出口和 FDI 两种国际化方式中进行权衡。Helpman，Melitz 和 Yeaple 的研究表明：只有生产率高的企业才能参与到国际化经营中；在这些企业中，生产率最高的企业倾向于以 FDI 的方式进行国际化；在部门层面，异质性程度越高的部门，FDI 比例相较于出口越高。

在实证研究方面，Helpman （2004） 等基于美国与世界各国部门层面的数据对企业异质性进行估算，结果验证了企业异质性 FDI 理论，即企业根据自身生产效率选择国际化方式，生产效率越高越倾向于对外直接投资；Yeaple （2009） 对美国数据的实证研究亦表明，生产率水平较高的企业，对外直接投资的流量也较多。Grasseni （2007） 对意大利的跨国企业和本土企业进行比较后发现，跨国企业具有相对更高的劳动生产效率和工资水平。进而得出结论，能够进行 FDI 的企业的生产率水平相对较高。Awa and Lee （2008） 经过对国家层面、产业层面以及企业层面的相关特征进行控制之后，运用 Logit 模型对台湾跨国企业进行分析的结果同样表明，生产率水平高的企业会参与到 FDI 活动中，而生产率水平最高的企业能够同时对中国大陆与美国市场进行投资。

（六）基于新经济地理学视角的 FDI 区位选择理论

产业的空间集聚现象是一个世界级的经济现象。对于产业集聚问题

---

① 企业异质性是指企业在规模、建立年份、资本密集度、所有权、人力资本、组织方式、技术选择等方面特征的差异，综合体现为企业的生产率差异。

的研究在以 Krugman 为代表的新经济地理学兴起后受到了广泛关注。作为传统 FDI 理论的补充，新经济地理研究领域强调了特定的区位集聚效应产生的正外部性。集聚可以使得位置相互靠近的企业因知识溢出、专业化要素市场以及产业间前后向联系而受益。以 Krugman（1991a，1991b）为代表的经济学家基于 D–S（Dixit-Stiglitz）垄断竞争模型所建立的中心—外围模型奠定了新经济地理学的基础，并为 FDI 区位选择提供了新的理论基础。

中心—外围模型对 FDI 区位选择提供了一个新视角：空间集聚可以产生规模报酬递增，企业对外直接投资将倾向于在特定地区集聚，以达到降低生产成本，强化竞争优势的目的。大量的经验研究表明，产业集聚是 FDI 区位选择的重要因素。现有文献主要运用条件逻辑模型、面板数据、多元回归以及截面数据，采用计量分析方法考察 FDI 的区位选择问题。

（七）制度环境与 FDI 区位选择

近年来，随着制度在经济中起到越来越重要的作用，一些学者开始尝试基于制度经济学思想研究制度变量对 OFDI 的影响。一般来说，稳定的外部环境能够减少企业的经营成本和交易成本，因此企业更愿意进入那些制度因素稳定的国家，来自各国学者的实证研究验证了这点：Globerman（2003）等认为发达构架对外直接投资更倾向于体制健全的国家或地区；Buckley（2007）等认为东道国的制度环境对促进中国对外直接投资起到积极作用；Hubert and Pain（2002）的研究表明金融与财政刺激政策、关税和公司所得税下降对 FDI 有积极促进作用。Cleeve 和 Emmanuel（2008）建立模型对撒哈拉以南非洲地区的财政刺激政策的效果进行测度，结果表明免税期、政治及宏观经济环境的稳定性、对知识产权的保护力度都是该地区的重要引资因素。Mishra&Daly（2007）利用国际上通用的国家风险治理指标，以 OECD 国家和部分亚洲国家为研究对象，研究了制度质量与对外直接投资的关系。结果发现，东道国较高的制度质量对对外直接投资起到积极而显著的促进作用。Cleeve（2008）指出，低水平的腐败代表一个国家或地区制度质量的提高，有利于一国吸引 FDI。Hason（2010）的研究发现外交政策对俄罗斯的对外直接投资没有显著影响，而国内的制度因素对俄罗斯的对外直接投资具有显著的影响。

四、评价及展望

传统 FDI 理论大多关注经济因素对 FDI 动因及区位选择的重要性，如垄断优势、成本等。随着全球经济一体化和区域经济一体化发展趋势加深，越来越多的经济学家和学者开始尝试从不同的视角理解和阐述 FDI 的动因和区位选择。如投资诱发要素组合理论中对非经济因素的关注，将投资国与东道国双边的制度状况（双边协定、贸易政策，双边文化差异等）纳入理论研究的框架，企业异质性理论将生产率不同作为研究的出发点，新经济地理学则从产业集聚的角度探讨跨国公司的区位选择问题等。此外不乏从心理距离、投资动因等角度展开研究的学者。

多学科研究方法的交叉使用为 FDI 理论的研究带来了诸多新的思路。如数学方法的应用，将传统理论的现象描述转为更精准的定量分析。心理学、管理学、制度经济学、经济地理学等学科也逐渐渗透到 FDI 理论中，使理论更接近实际。

研究对象从中宏观到回归微观。传统理论假定企业是无差异的同质个体，因此大多从产业组织角度切入，近年来的研究有结合国家战略研究竞争优势的，也有从微观角度具体分析企业区位选择决策的，如企业异质性、跨国公司的全球发展战略等。

但是，目前的主流理论研究大多是由发达国家的经济学家和学者提出，在理论分析中更多关注发达国家的现实，因此往往是在企业具有垄断优势的前提基础上探讨企业跨国投资的内在经济机理。为数不多关注发展中国家对外直接投资问题的系统化研究成果，亦只是证明了落后国家仍然可以通过比较优势参与国际生产经营活动，但是对于企业如何获得先发优势的动态过程涉及不多，这一问题对于发展中国家尤其重要，因为先发优势的获得路径对发展中国家相关政策的制定极具现实意义。此外，以往的区位决定理论将 FDI 的投资数量作为衡量标准，而忽略了投资质量。事实上，企业的对外投资目标不仅包括直接经济利益的获取，还包括各种非经济利益，如技术的提高，管理经验的增加，制度的完善，生态环境的改善、关系的协调等。

参考文献

［1］刘易斯·威尔斯. 第三世界跨国企业 ［M］. 上海：上海翻译出版公司，1986.

［2］邓明. 制度距离、"示范效应"与中国 OFDI 的区位分布 ［J］. 国际贸易问题，2012，5：123—135.

［3］宗芳宇，路江涌，武常岐. 双边投资协定、制度环境和企业对外直接投资区位选择 ［J］. 经济研究，2012，5：71—82.

［4］联合国贸发会议. 2006 年世界投资报告. 2006 年：27—33.

［5］Aliber R. Z. A theory of direct foreign investment. Cambridge：MIT Press，1970.

［6］Buckley, P. J. , and Casson, M. The Future of the Multinational Enterprise, New York：Holmes &Meier，1976.

［7］Dunning, J. H. International Production and the Multinational Enterprise, London：George Allen and Unwin，1981.

［8］Frederick T. Knickerbocker. Oligopolistic Reaction and Multinational Enterprise. Cambridge：Harvard University Press，1973.

［9］Hymer S H. The International Operations of National Firms：A Study of Direct Foreign Investment . Cambridge：MIT Press，1976.

［10］Hubert, F. , &Pain, N. Fiscal incentives, European integration and the location of foreign direct investment ［M］. London：National institute of Economic and Social Research，2002.

［11］Kojima, K. Direct Foreign Investment：A Japanese Model of Multinational Business Operations ［M］. London：Croom Helm，1978.

［12］Irving Fisher. The Rate of Interest. New York：The Macmillan company，1907.

［13］Krugman, P. Geography and Trade. Cambridge：MIT Press，1991.

［14］Louis T. Wells. The Internationalization of Firms from Developing Countries. MA：MIT Press，1977.

[15] Markusen, J. R. Multinational Firms and the Theory of International Trade. London: The MIT Press, 2002.

[16] Rugman, A. M. Inside the Multinationals: the Economics of Internal Markets. New York: Columbia University Press, 1981.

[17] Rugman, A. M. New Theories of the Multinational Enterprise. London: Croom Helm, 1982.

[18] Sanjaya Lall. The New Multinationals: The Spread of Third World Enterprises. New York: West Sussex Press, 1983.

[19] Mac Dougall G. D. A. The Benefits and Costs of Private Investments from Abroad: A Theoretical Approach. Bulletin of the Oxford University Institute of Economics and Statistics, 1960, 22 (3).

[20] Almeida, P. Knowledge sourcing by Foreign Multinationals: Patent Citation Analysis in the U. S. Semiconductor Industry. Strategic Management Journal, 1996 (17): 155—165.

[21] Anil Mishra&Kevin Daly. Effeet of quality of institutions on outward foreign direct investment. The Journal of International Trade&Economic, 2007, 16 (2): 105—121.

[22] Buckley, P. J. Clegg, L. J., Cross, A. R., Xin, L., Voss, H., and Ping, Z. The determinants of Chinese outward foreign direct investmen. Journal of International Busness Studies, 2007, 38 (4): 499—518.

[23] Brainard, S. L. An empirical assessment of the proximity-concentration trade-off between multinational sales and trade. American Economic Review, 1997, 87 (4): 520—544.

[24] Caves, R. E. International corporations: The Industrial Economics of Foreign Investment. Economics, 1971, 38 (149): 1—27.

[25] Cantwell, J. A. and Tolentino, P. E. Technological accumulation and third world multinationals, Discussion Papers in International Investment and Business, Vol, 111. Reading: University of Reading, 1990.

[26] Cleeve, Emmanuel. How effective are fiscal incentives to attract FDI to Sub-Saharan Africa. The Journal of Developing Areas, 2008, 42 (1): 135—153.

[27] Dunning, J. H. Trade, Location of economic activity, and the multinational enterprise: A search for an eclectic approach. In B. Ohlin. P. O. Hesselbom, and P. M. Wijkman (Eds.), The International Allocation of Economic Activity [C]. New York: Holmes and

Meier, 1977.

［28］Dunning, J. H. The electic paradigm of international business: A restatement and extensions. Journal lf International Business Studies, 1988, 19 (1): 1—31.

［29］Dirk Holtbrugge&Heidi Kreppel. Determinants of outward foreign direct investment from BRIC countries: an explorative study. International Journal of Emerging Markets, 2012, 7 (1): 14—30.

［30］Graham, E. M. Oligopolistic reaction and European direct investment in the United States, D. B. A. dissertation, Harvard Business School, 1975.

［31］Flowers, E. B. Oligopolistic reaction of European and Canadian direct investment in the United States, Journal of International Business Studies, 1976 (07): 43—55.

［32］Graham, E. M. Transatlantic investment by multinational firms: arivalistic phenomenon. Journal of Post-Keynesian Economics, 1978 (14): 259—277.

［33］Globerman, S., D, Shapiro. Governance Infrastructure and US Foreign Direct Investment. Journal of International Business Studies, 2003 (34): 19—39.

［34］Helpman, E. A simply theory of trade with multinational corporations. Journal of Political Economy, 1984 (92): 451—471.

［35］Helpman, E., Melitz, M. J., and Yeaple, S. R. Export versus FDI with heterogeneous firms. American Economic Review, 2004, 94 (1): 300—316.

［36］Johanson, J., Vahlne, J. E. The Internationalization Process of the Firm: A Model of Knowledge Development and Increasing Market Commitment . Journal of International Business Studies, 1977, 8 (01): 23—32.

［37］Jenny, E. Ligthart&Dorothe Singer. Do immigrants promote outward foreign direct investment? Evidence from the Netherlands, working paper, 2009.

［38］Kemp, Murray C. Foreign Investment and the National Advantage. Economic Record , 1962: 56—62.

［39］Kemp, Murray C. The Gain from International Trade and Investment: a Neo-Heckscher-Ohlin Approach. American Economic Review, 1966 (56): 788—809.

［40］Kogut, B., Chang, S. Technological Capabilities and Japanese Foreign Direct Investment in the United States . The Review of Economics and Statistics, 1991 (73): 401—413.

［41］Mundell, R. A. International trade and factor mobility, American Economic Review, 1957 (06): 321—335.

［42］ Markusen, J. R. Multinationals. Multi-plant economics and the gains from trade. Journal of International Economics. 1984, 16 (3—4): 205—226.

［43］ Markusen, J. R., Venables, A. J., Konan, D. E., and Zhang, K. H. A unified treatment of horizontal direct investment, vertical direct investment, and the pattern of trade in goods and services. National Bureau of Economic Research Working Paper Series, No. 5696, 1996.

［44］ Carr, D. L., Markusen, J. R., Maskus, K. E. Estimating the knowledge-capital model of the multinational enterprise. American Economics Review, 2001, 91 (3): 693—708.

［45］ Melitz, M. J. The impact of trade on intra-industry reallocations and aggregate industry productivity. Econometrica, 2003, 71 (6): 1695—1725.

［46］ Py, L. &F. Hatem. Internationalisation et localization des services, Economie et Statistique, 2009 (426): 67—95.

［47］ Philip Hanson. Russia's inward and outward foreign direct investment: Insights into the Economy. Eurasian Geography and Economics, 2010 (3).

［48］ Root F. R. Ahmed A. A. The influence of policy instruments on manufacturing direct foreign investment in developing countries. Journal of International Business Studies, 1978, 9 (3): 81—94.

［49］ Rajib Sanyal&Subarna Samanta. Effect of perception of corruption on outward US foreign direct investment. Global Business and Economics Review, 2008, 10 (1).

［50］ Shan, W., &J. Foreign Direct Investment and the Sourcing of Technological Advantage: Evidence from the Biotechnology Industry. Journal of International Business Studies, 1997 (28).

［51］ Vernon R. International Investment and International Trade in the Product Cycle. The Quarterly Journal of Economics, 1966, 80 (2): 190—207.

［52］ Yeaple, S. R. Firm heterogeneity and the structure of U. S. multinational activity. Journal of International Economics, 2009, 78 (2): 206—215.

（执笔人：谢兰兰）

专题二 金融危机后全球跨国直接投资的主要特征及趋势分析

金融危机对全球经济格局、投资格局及发展路径都产生了广泛深远的影响。全球经济复苏乏力、产业结构深度调整、跨国公司重构战略布局等因素，从根本上导致全球跨国直接投资（FDI）进入一个新的历史转折时期。这一时期的重要特征是，全球 FDI 由高速增长向低速增长转变，由速度增长向结构调整转变，由稳定性增长向波动性增长转变，由发达国家主导向新兴经济体和发展中国家拉动转变。全球 FDI 出现的新趋势和新特征，将深刻影响着未来全球经济、贸易、产业、区域格局变化，并对未来各国投资政策变化产生影响。

一、全球 FDI 增速呈现波浪式曲折前行的总体态势

金融危机后由于全球经济增速乏力，呈现出低增长、低投资、低贸易流动、低利率等特征，对全球 FDI 产生剧烈影响。从表 2 - 1、表 2 - 2、图 2 - 1、图 2 - 2 可以看出，2009 年—2015 年，全球 FDI 呈现大幅震荡、波浪式前行态势。2008 年、2009 年全球 FDI 增速急剧降为历史低谷，均为 - 20.4%，总规模分别为 1.5 万亿美元、1.18 万亿美元，比 2007 年（1.9 万亿美元）的历史峰值降幅达 57%，同时也明显低于同期 GDP 增速（2008 年、2009 年分别为 3%、- 0.1%）和贸易增速

（2008、2009 年分别为 2.5%、- 12%）水平。反映出金融危机爆发严重打击了投资信心，也表明 FDI 下降是导致全球经济增速下降的主要影响因素。2010 年、2011 年随着各国经济投资刺激计划的实施，全球 FDI 呈现迅速上扬态势，增速分别达 11.9% 和 17.7%，均高于同期 GDP 增速（2010 年、2011 年分别为 5.4%、4.2%）和贸易增速（2010、2011 年分别为 14%、5.5%）水平，全球投资活动表现活跃，对经济与贸易增长产生较大牵引作用。但 2012—2014 年年间又呈现出明显回落，增速分别为 - 10.3%、4.6%、- 16.3%，与同期 GDP 和贸易增速相比，除 2013 年（4.6%）高出 GDP 增速（3.3%）和贸易增速（2.7%）之外，2012 年和 2014 年均明显低于 GDP 和贸易增速水平。2015 年全球 FDI 出现大幅增长，增速高达 38%，远高于当年 GDP 和贸易增速，反映出全球经济复苏基础趋于稳固、复苏进程加快、生产投资活动逐步活跃的迹象。

表 2 - 1　2007—2015 年全球 GDP、贸易量、FDI 增速（%）

指标/年份	2007	2008	2009	2010	2011	2012	2013	2014	2015
GDP	5.2	3.0	- 0.1	5.4	4.2	3.5	3.3	3.4	3.1
贸易量	6.0	2.5	- 12.0	14.0	5.5	2.5	2.7	2.7	3.0
FDI	34.3	- 20.4	- 20.4	11.9	17.7	- 10.3	4.6	- 16.3	38.0

注：FDI 增速数据来自 UNCTAD *World Investment Report* 2016，GDP 增速数据来自 IMF 不同年份的 *World Economic Outlook*，本表中所做统计为实际 GDP 增速，贸易量增速数据来自 WTO *World Trade Statistical Review* 2016，本表中所做统计为货物贸易量。

　　造成上述态势的主要原因。一是由于后危机时代美国、欧洲、日本等发达国家经济衰退、复苏缓慢，导致全球投资的脆弱性。二是投资保护主义有所加重，导致各东道国对外国投资者的准入政策具有不确定性，投资风险增大。虽然各国为了提振经济而出台的投资政策大部分有利于投资自由化和便利化，但仍有许多国家收紧利用外资政策，加强对外资监管、审查和监督。如以国家安全为由严控外资并购高新技术企业及核心技术等。据统计，全球各经济体监管或限制性投资政策 2012 年占比为 25%，2013 年增至 27%；其中 2014 年美国对海外并购提议安全

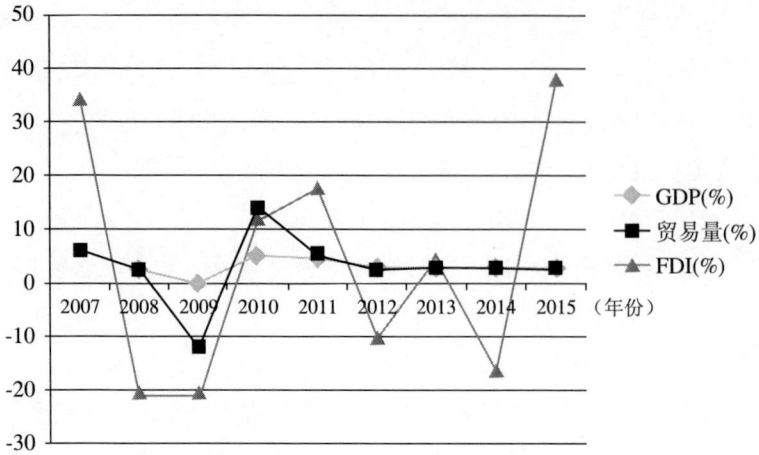

图 2 – 1　2007—2015 年，全球 GDP、贸易量、FDI 主要指标增速（％）

注：数据来源同表 2 – 1。

表 2 – 2　2008—2015 年全球 FDI 的总体规模（万亿美元）

指标/年份	2007	2008	2009	2010	2011	2012	2013	2014	2015
全球 FDI 规模	1.90	1.50	1.18	1.39	1.57	1.51	1.43	1.28	1.76

注：数据来自 UNCTAD 数据库。

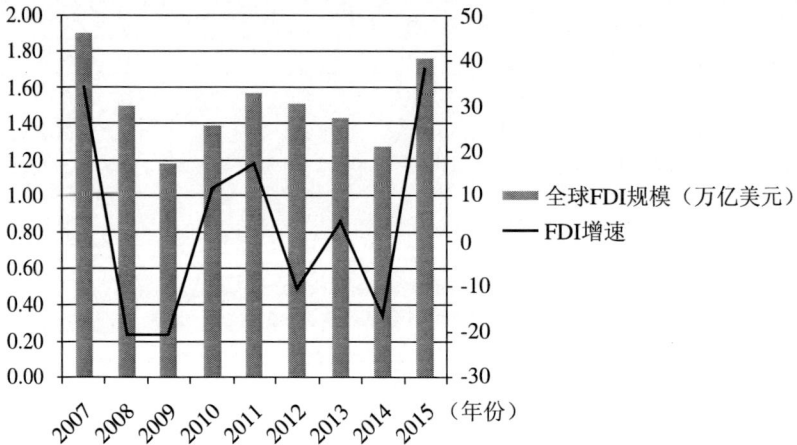

图 2 – 2　2007—2015 年，全球 FDI 规模变化情况

注：根据 UNCTAD 数据库数据整理。

风险梳理达 147 起，为 2008 年以来最多。三是许多国家收紧对外直接投资。一方面发达国家为提升本国就业率而限制产业离岸转移，另一方面为降低杠杆率和金融风险，越来越多的国家和金融机构加强对融资企业、融资方式和融资手段的评估，使企业融资难度增加。上述原因导致总体上企业对外投资持谨慎态度，很多跨国公司通过资产重组和撤资等方式重新进行全球化战略布局，并未实际增加投资规模，致使全球 FDI 复苏势头趋于艰难曲折状态。

二、全球 FDI 产业结构的主要特征

金融危机以来，全球 FDI 的产业流向已经发生明显变化。服务业作为吸收 FDI 的主体地位和趋势虽未改变，但重心越来越明显地集中于技术和信息密集型服务业；全球制造业 FDI 流向呈现出传统制造业和新兴制造业并驾齐驱的态势，尤其是以节能环保和高科技为核心的新兴制造业正在成为全球吸收 FDI 的热点。

（一）服务全球化的深化发展促使全球 FDI 持续流向服务业

1. 全球服务业 FDI 虽总体收缩，但仍保持主导地位

随着 21 世纪以来互联网信息技术蓬勃发展，推动了全球服务业发展水平普遍提高和新兴业态持续涌现，服务业投资、服务贸易、服务外包成为推动服务全球化的三大动力。自 2005 年起全球服务业吸收 FDI 超越制造业后，服务业在全球 FDI 存量、流量中一直保持主体地位（UNCTAD 数据显示，除 2010 年、2011 年外，服务业吸收 FDI 占比均达 50% 以上）。2013 年服务业、制造业和第一产业吸收 FDI 占比分别为 60.6%、36.4% 和 3%，2014 年依次分别为 50.4%、44.5% 和 5.2%。2015 年服务业吸收 FDI 为 7097.67 亿美元，虽未达到危机前的水平，但占比仍高达 47.7%，与制造业（47.8%）持平。总体上看，由于全球回归实体经济和发达国家实施再制造业战略等因素影响，金融危机后全球服务业吸收 FDI 呈现起伏跌宕的过程。2009 年服务业吸收 FDI 骤然下降至 6958.79 亿美元，较 2007 年（11127.94 亿美元）降

幅达 37.5%；2010 年服务业吸收 FDI 为 5041.18 亿美元，降幅达 54.7%，是近 10 年来最低谷；2015 年服务业吸收 FDI 为 7097.67 亿美元，同比增长 28.8%，呈现出上扬态势（表 2 - 3、图 2 - 3、表 2 - 4、图 2 - 4）。

表 2 - 3　2003—2015 年，全球 FDI 的产业构成　（单位：百万美元）

产业/年份	2003	2007	2008	2009	2010	2011	2012	2013	2014	2015
第一产业	154614	180986	187767	149753	107421	168890	30419	30781	56581	66598
制造业	434527	583972	663631	415720	560382	671118	423446	371112	486726	710819
服务业	312768	1112794	1121150	695879	5047118	592863	505116	617994	551168	709767
总额	901909	1877752	1972548	1261352	1171921	1432871	958981	1019887	1094476	1487184

注：根据 UNCTAD 数据库数据整理，各产业吸收的 FDI 为绿地投资和跨境并购总和。

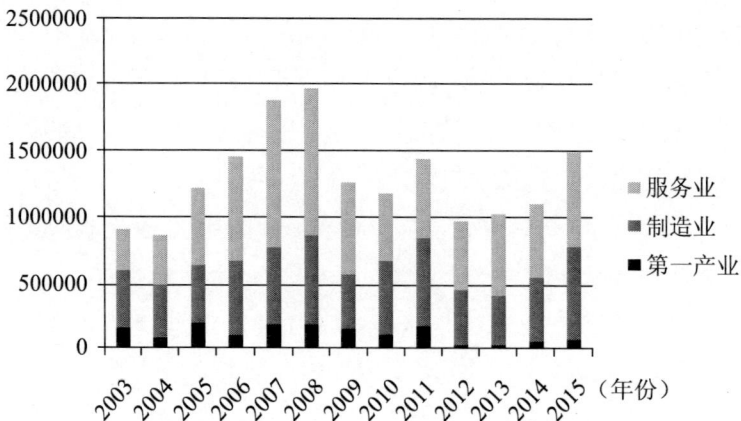

图 2 - 3　2003—2015 年，全球 FDI 产业构成（单位：百万美元）

注：根据 UNCTAD 数据库数据整理，各产业吸收的 FDI 为绿地投资和跨境并购总和。

表 2 - 4　2003—2015 年各产业吸收 FDI 比例（%）

产业/年份	2003	2007	2008	2009	2010	2011	2012	2013	2014	2015
第一产业	17.1	9.6	9.5	11.9	9.2	11.8	3.2	3.0	5.2	4.5
制造业	48.2	21.1	33.6	33.0	47.8	46.8	44.2	36.4	44.5	47.8
服务业	34.7	59.3	56.8	55.2	43.0	41.4	52.7	60.6	50.4	47.7

注：根据 UNCTAD 数据库数据整理，各产业吸收的 FDI 为绿地投资和跨境并购总和。

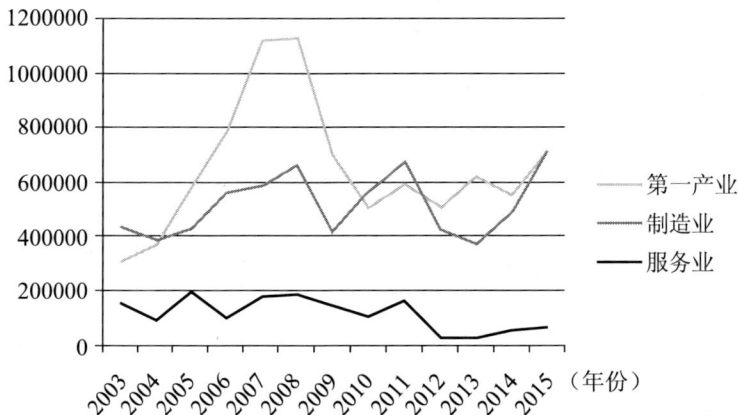

图 2 - 4　三大产业吸收 FDI 的变动趋势（单位：百万美元）

注：根据 UNCTAD 数据库数据整理。

2. 服务业 FDI 结构升级效应明显，生产性服务业和新兴服务业加快增长

随着全球制造业向服务型制造业转型升级的趋势，生产性服务业成为引领制造业创新的主要动力，全球 FDI 向生产性服务业聚集成为必然。近 10 年来，生产性服务业吸收 FDI 占全球服务业 FDI 的 90% 以上，其中 2015 年占比达 94.1%。同时随着信息技术和知识经济的迅速发展，知识技术密集型新兴服务业成为 FDI 流入的重要领域，2015 年新兴服务业吸收 FDI 占服务业比重为 58.2%（表 2 - 5）。FDI 在服务业内部的流向主要集中于金融、房地产、通讯、软件与 IT 服务、商业服务、现代物流等服务业。根据 FDImarkets 统计，2013 年 5 月—2015 年 4 月，全球 FDI 投资额前 4 位的服务业为：房地产（1683.24 亿美元）、通讯（829.56 亿美元）、金融服务（559.43 亿美元）、物流（455.94 亿美元），分别占比 19.25%、9.49%、6.4% 和 5.21%（表 2 - 6）；从投资项目数上看，软件及 IT 服务、商业服务、金融服务分别占比 19.56%、14.21%、10.46%，其次为通讯、物流分别占比 7.75%、6%（表 2 - 7）。可以看出，软件信息技术、通信、金融、现代物流等新兴服务业成为全球 FDI 流入的主要领域。

表2-5 2003—2015年服务业分行业吸收FDI

（单位：十亿美元）

产业/年份	2003	2007	2008	2009	2010	2011	2012	2013	2014	2015
电、气、水	22578.9	124673.8	196270.2	178730.0	53149.2	97015.2	68670.8	101376.4	81931.2	151015.7
建筑服务业	20136.8	89515.8	119165.9	84125.3	34792.2	34850.6	60162.2	43333.0	64248.5	89277.2
贸易	32456.7	20862.5	51558.4	35821.9	35503.7	32311.3	42614.5	25015.2	52304.2	38048.8
住宿餐饮	32766.7	30655.3	64980.9	35949.9	27550.6	19251.5	11953.2	21740.2	25746.3	17791.5
交通运输、仓储和信息	64296.7	99040.5	118533.0	99808.7	79639.5	85993.8	68901.0	96217.5	-13228.5	97123.9
金融	95936.3	604558.8	371199.3	169311.4	181294.4	216609.7	157911.9	182145.4	220205.0	129189.1
商业服务	32353.5	128041.8	185531.5	81144.1	79450.5	93768.7	77746.6	138861.0	106047.5	161159.4
公共行政与国防支出	-86.0	-2484.4	-11118.0	-594.3	-4303.3	-288.0	-1165.4	-1048.6	-4522.9	98.0
教育	835.8	714.4	1661.4	1839.9	1777.8	1730.4	1978.8	-176.1	1023.3	1929.1
健康和社会服务	776.5	9091.3	2058.1	1805.0	5826.5	2020.5	2994.6	2714.1	4982.9	10960.0
艺术、娱乐、休闲	-53.6	200.9	1116.0	-77.1	635.0	526.3	275.1	406.0	4922.8	3860.2
公共、社会及个人服务业	7820.9	9032.6	16855.6	6610.9	6236.6	6308.6	10911.6	6183.5	6610.8	8587.9
其他服务业	2949.0	-1109.7	3337.7	1403.8	2565.4	2764.1	2160.8	1225.8	897.3	726.5
总额	312768.0	1112794.0	1121150.0	695879.0	504118.0	592863.0	505116.0	617994.0	551168.0	709767.3

注：根据UNCTAD数据库数据整理，各行业吸收的FDI为绿地投资和跨境并购总和。

　　造成上述态势的主要原因：一是全球制造业正在由传统制造业向服务型制造业转变，对生产性服务需求显著增加；二是全球产业分工由全球价值链为主导，由一国制造、一国服务向全球制造、全球服务转变，推动了服务国际化、专业化进程，对服务业吸收 FDI 产生正向拉动作用；同时制造业跨国投资增长，又进一步加深了对贸易、金融、通讯、运输等生产性服务业的依赖程度；三是互联网信息技术发展扩展了服务业全球规模经济范围，促进了服务企业跨国投资方式变革，在技术、制度的合力作用下，服务业在全球 FDI 中发展的趋势还将延续；四是各国服务部门自由化程度普遍提高，对服务业扩大吸收 FDI 起到助推作用。

表 2 - 6　全球 FDI 投资额最大的 10 个行业

行业	煤、油、天然气	房地产	可再生能源	通讯	汽车代工
投资额（百万美元）	176409	168324	113439	82956	67963
占比（%）	20.17	19.25	12.97	9.49	7.77
行业	金属	金融服务	化工	纺织	物流
投资额（百万美元）	62835	55943	53722	47394	45594
占比（%）	7.18	6.40	6.14	5.42	5.21

　　数据来源：www.fdimarkets.com，数据统计的起止时间为 2013 年 5 月—2015 年 4 月。

表 2 - 7　全球 FDI 投资项目数最多的 10 个行业

行业	软件和 IT 服务	商业服务	纺织	金融服务	机械装备制造
数量（个）	3444	2491	2480	1834	1500
占比（%）	19.56	14.21	14.15	10.46	8.56
行业	通讯	消费品	食品和烟草	物流	汽车零部件
数量（个）	1358	1255	1201	1052	915
占比（%）	7.75	7.16	6.85	6.00	5.22

　　数据来源：www.fdimarkets.com，数据统计的起止时间为 2013 年 5 月—2015 年 4 月。

（二）全球制造业 FDI 呈现出传统制造业和新兴制造业投资双轮驱动态势

　　一方面，金融危机后世界经济呈现逐渐回归实体经济的趋势。由于美、日、德、英等国家为培育新的经济增长点，纷纷制定并出台"再工业化"战略导致部分高端制造业回流。另一方面，以出口代工为主的劳动密集型制造业继续向劳动力、资源要素成本更低的新兴发展中国家转移。在两种力量的共同作用下，制造业在全球范围内重新布局，导致全球制造业 FDI 呈现出传统制造业和新兴制造业竞相发展、双轮驱动。

1. 传统制造业的主体地位有所下降

据 UNCTAD 统计，2009—2015 年，全球 FDI 流入额排名前 10 位的制造行业均为传统产业，分别是：汽车和其他运输设备制造、食品饮料和烟草、金属与金属制品、化学品及化学制品、电子电气设备、医药、机械装备制造、纺织服装与皮革制品、焦炭石油及核燃料、橡胶和塑料制品（表 2 - 8）。上述 10 大行业吸收 FDI 占全球 FDI 总量比重由 2009 年的 32.01% 下降到 2015 年的 18.6%。根据 FDImarkets 统计，2013 年 5 月—2015 年 4 月，全球 FDI 投资额最大的 10 个行业中制造业占 6 个，其中煤油天然气业吸收 FDI 为 1764.09 亿美元，可再生能源业 1134.39 亿美元、汽车业 679.63 亿美元、金属业 628.35 亿美元、化工业 537.22 亿美元、纺织业 473.94 亿美元，占比分别为 20.17%、12.97%、7.77%、7.18%、6.14% 和 5.42%（表 2 - 6）；从投资项目数量看，纺织业 2480 项、机械装备制造业 1500 项、消费品业 1255 项、食品和烟草业 1201 项、汽车零部件 915 项，分别占比 14.15%、8.56%、7.16%、6.85% 和 5.22%（表 2 - 7）。

2. 以高科技、节能环保为核心的新兴制造业成为投资热点

生态环保、新能源、新材料、航空航天、电子信息、生物及制药、仪表设备制造、生命科学等战略性新兴产业领域正在成为全球 FDI 流向的重点领域。在新技术革命和新产业革命的推动下，随着互联网、大数据、云计算共享平台快速发展，全球创新加速、研发全球化趋势增强，越来越多的跨国公司在全球进行研发布局，利用东道国的人才、技术、科研基础设施等创新资源从事新技术、新产品研发活动，导致全球高技术研发投资大幅增长。随着能源资源、气候变化等问题凸显，绿色低碳可持续发展的目标成为全球产业结构调整的主要导向，各国政策不断加

大对节能环保、可再生能源和低碳技术支持力度，节能环保领域广阔的市场前景和各国优惠政策不断吸引 FDI 加速流入。金融危机以来，全球环保产业规模增速由 2009 年的 –1% 提高至 2013 年的 10%。国际能源署发布的《2013 世界能源展望报告》数据显示，2010—2020 年，全球节能投资达 1.999 万亿美元，2020—2030 年，节能投资达 5.586 万亿美元，相当于前 10 年近 3 倍的增长。据美国商务部预计，2008—2015 年期间，全球节能装备业的年均增长率达 3.8%，市场规模达 8000 亿美元。据美国环境商业国际公司（EBI）统计，2013 年全球市场规模约 1.02 万亿美元。

三、全球 FDI 区域分布的主要特征

（一）全球 FDI 力量对比正在发生变化，呈现"东升西降"态势

1. 对外直接投资来看，呈现出发达经济体下降、发展中经济体强劲增长态势

一方面，金融危机后发达经济体虽继续保持跨国直接投资主体地位，但增速急剧下降。截至 2015 年发达经济体累计对外直接投资额为 194408.1 亿美元，相当于发展中国家（52963.5 亿美元）的 3.7 倍。金融危机前发达经济体对外直接投资额一直保持上升趋势，2007 年达 18431.9 亿美元的历史最高水平；金融危机后则呈现大幅下降趋势，占比分别由 2003 年的 90.6%、2007 年的 85.1% 下降到 2015 年的 72.3%；其中 2009 年为 8203.8 亿美元，比 2007 年的峰值降幅达 55.5%，是危机后的最低水平（表 2 –9、图 2 –5）。

另一方面，发展中经济体对外直接投资势头增长强劲，全球占比稳步提高。金融危机后，主要发展中经济体尤其是新兴经济体各项经济指标表现均优于发达经济体，对外直接投资增速也高于发达经济体。2009年，发展中国家对外直接投资额 2400.66 亿美元，占全球对外直接投资流量（10988.24 亿美元）的 21.85%；与 2007 年相比（全球对外直接投资流量 21651.91 亿美元，其中发展中国家为 2728.17 亿美元），下降

表 2-8 2003—2015 年，制造业分行业吸收 FDI

（单位：十亿美元）

产业/年份	2003	2007	2008	2009	2010	2011	2012	2013	2014	2015
食品、饮料及烟草	35511.77	510051.00	-17177.37	34021.60	53111.29	59516.95	53551.44	55221.48	55183.70	51599.27
纺织品、服装、皮革	8846.37	10417.53	15173.63	19862.90	22274.38	20477.89	17019.38	25923.84	29185.93	25593.73
木材及木材制品	17787.85	16286.72	21135.21	5273.47	9104.76	13795.53	4420.28	5280.57	6600.11	6540.97
纸及纸制品	1527.46	1246.90	-113.64	1200.20	8006.05	3629.89	3372.81	2544.18	2335.62	1590.84
出版、印刷	2079.11	1682.54	270.37	1416.60	9098.52	3726.38	3591.28	2621.55	2427.69	514.74
焦炭、石油及核燃料	86187.90	55829.65	91775.27	69461.93	57867.08	59827.89	1368.47	17776.86	15612.33	37586.65
化学品及化学制品	69479.74	68202.11	99756.01	58533.11	61252.12	104863.32	69264.89	49032.34	67331.76	89666.59
制药	3295.00	63730.70	28472.46	19498.89	38333.23	55053.03	19816.78	22127.53	45257.94	112061.52
橡胶及塑料制品	14777.59	14605.49	14214.16	13648.84	21594.17	25286.02	13503.39	16387.00	14085.88	18598.95
金属及金属制品	34821.36	98091.82	98120.63	25790.93	53091.12	67388.67	38040.15	18177.56	67465.64	41271.66
电子电气设备	60840.35	95534.04	98762.92	53795.84	76493.82	89753.07	53561.59	43018.96	49313.67	75744.42
汽车及其他运输设备	74031.61	72687.29	104244.49	68923.12	100532.58	97969.57	81073.33	62498.10	80021.06	80664.77
非金属矿物产品	9363.53	36781.14	56809.86	10438.31	16046.00	18033.45	8416.42	16159.03	11380.55	43812.19
机械装备	5557.44	-24777.62	25399.20	16261.68	20323.38	32357.49	25055.44	17364.42	20780.81	34521.36
家具制造	458.68	139.98	835.11	45.47	1.26	1975.98	106.13	38.84	660.04	20523.36
精密仪器	1870.80	1875.87	4153.69	4520.33	3378.15	2642.35	2969.96	2816.82	33493.67	2134.87

注：根据 UNCTAD 数据库数据整理。

表 2-9 2003—2015 年，发达经济体与发展中经济体对外直接投资状况

（单位：百万美元）

投资额/年份	2003	2007	2008	2009	2010	2011	2012	2013	2014	2015
世界	528568.9	2165190.8	1703662.7	1098824.3	1391917.8	1557640.4	1308819.8	1310617.8	1318470.0	1474242.2
发达国家	478730.8	1843191.4	1369462.8	820381.2	983404.9	1128047.2	917783.0	825947.6	800726.6	1065192.3
发展中国家	39332.4	272816.8	273921.0	240065.6	358028.8	373930.8	357843.6	408885.7	445579.4	377938.1
发达国家投资占比（%）	90.57	85.13	80.38	74.66	70.65	72.42	70.12	63.02	60.73	72.25
发展中国家投资占比（%）	7.44	12.60	16.08	21.85	25.72	24.01	27.34	31.20	33.80	25.64

注：根据 UNCTAD 数据库数据整理。

12%，降幅远小于发达经济体。2015 年全球对外直接投资流量
14742.42 亿美元，比 2009 年增长 34.17%；其中发达经济体为
10651.92 亿美元，增长 29.84%；发展中经济体为 3779.38 亿美元，增
长 57.43%；全球总量占比由 2007 年的 12.6% 上升到 25.64%；对外直
接投资存量占全球总量比重由 2003 年的 9.29% 上升到 2015 年
的 21.15%。

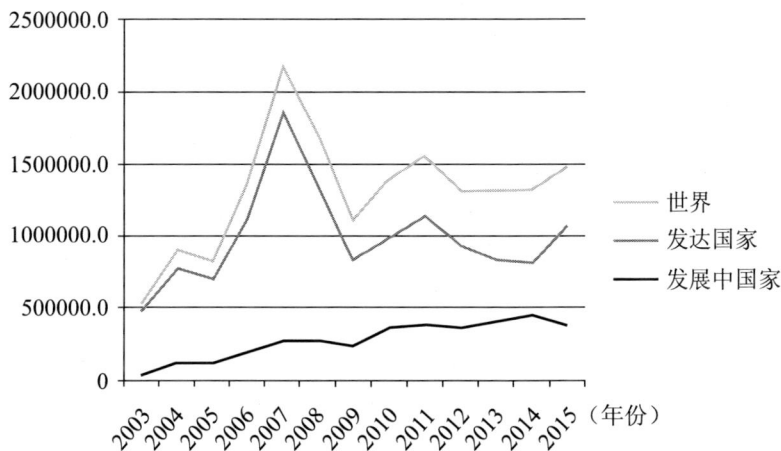

**图 2-5 2003—2015 年发达经济体与发展中经济体对外
直接投资状况（单位：百万美元）**

注：根据 UNCTAD 数据库数据整理。

2. 从吸引外国直接投资来看，发达经济体的主导优势逐渐弱化，
发展中经济体对 FDI 的吸引力增大

一方面，发达经济体由于在产业基础、市场环境、开放程度和私有
化等方面普遍水平较高，对 FDI 具有较强吸引力，仍是全球主要外资流
入目的地，但金融危机后受经济复苏不稳定性因素的影响，吸收 FDI 主
导地位开始动摇。2013 年发达经济体吸收 FDI 全球占比下降到 47.7%，
2014 年吸收 FDI 跌至历史新低为 5220.43 亿美元，全球总量占比
40.9%，与 2007 年（12894.94 亿美元）峰值相比下降幅度达 59.5%。
2015 年发达经济体引资出现大幅反弹，吸收 FDI 达 9624.96 亿美元，为

2008 年以来的最高水平，反映出对发达经济体的投资信心和吸引力开始增强。从引资存量看，发达经济体仍占绝对主导地位（图 2 - 6）。截至 2015 年发达经济体吸收 FDI 存量 160074 亿美元，占全球存量的 64.1%，但份额有所下降。美国、欧盟总计占全球 FDI 流量的份额从 2007 年的 55% 下降到 2015 年的 46%，其中欧洲 2015 年流量仅相当于 2007 年水平的 57%。

另一方面，金融危机后发展中经济体引资量和增速逐年攀升。首先亚洲已经超过欧洲成为近年吸收 FDI 最多的区域，其次是北美和拉美地区。2014 年发展中经济体吸收 FDI 首次超过发达经济体达 6810 亿美元，占全球总量的 55%；FDI 存量占比由 2003 年的 22.1% 提高到 2014 年的 31.2%。2015 年发展中经济体外资流入量达 7410 亿美元创历史最高水平，同比增长 5%，较 2007 年（5285.36 亿美元）增长 40.2%，较 2009 年（4636.37 亿美元）增长 59.8%（图 2 - 7、图 2 - 8），反映出发展中经济体投资环境不断改善对跨国直接投资吸引力增强。

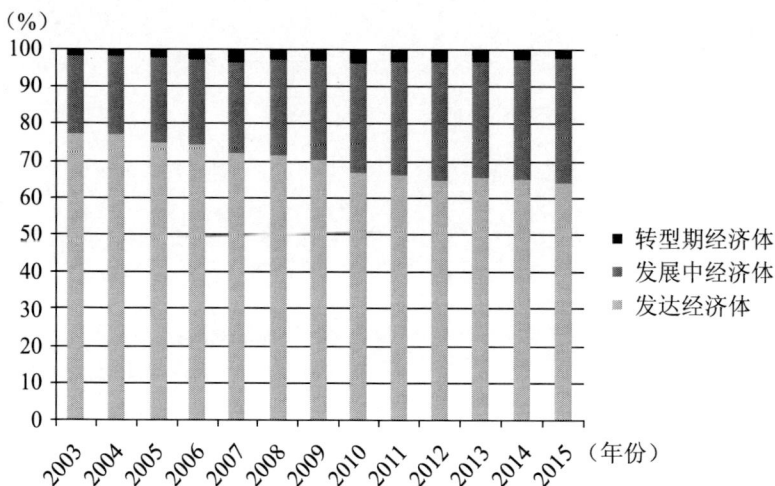

图 2 - 6 2003—2015 年，各类型经济体引资存量比例

注：根据 UNCTAD 数据库数据整理。

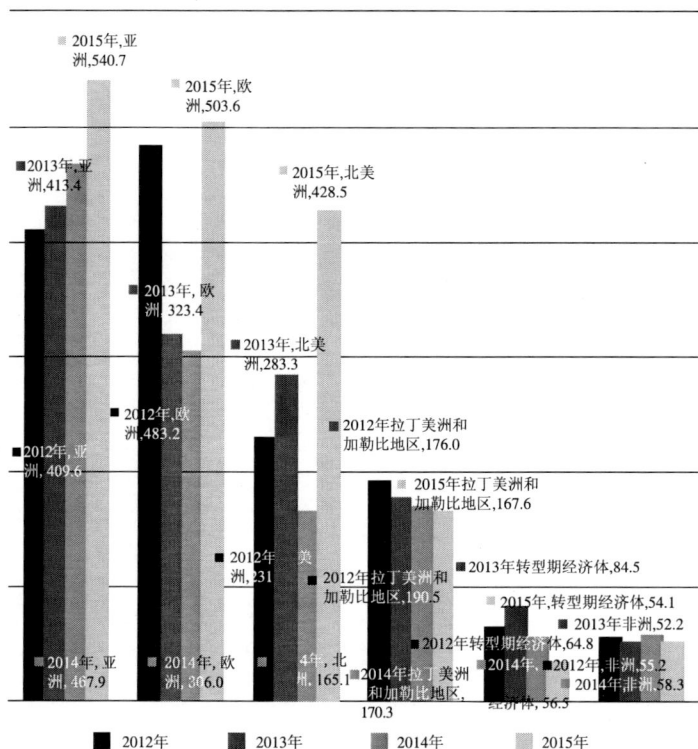

图 2 - 7　2012—2015 年，各区域吸收 FDI 状况（单位：10 亿美元）

注：根据 UNCTAD 数据库数据整理。

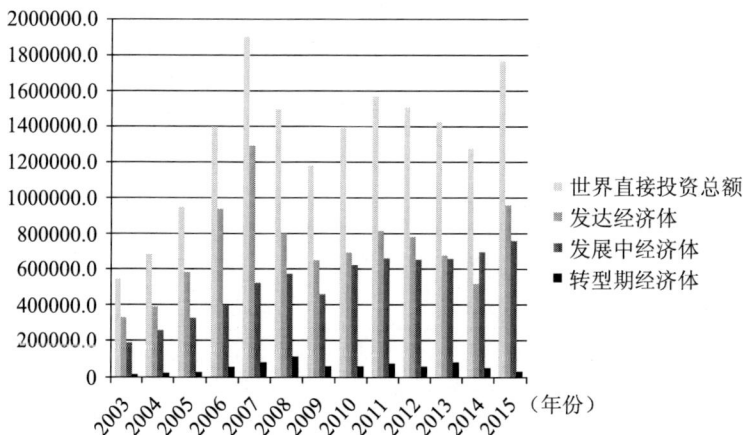

图 2 - 8　2003—2015 年，各类型经济体引资流量（单位：百万美元）

注：根据 UNCTAD 数据库数据整理。

（二）发达经济体之间以相互投资为主，美日欧继续保持 FDI 主要来源国和投资目的国地位

1. 美日欧仍然是全球 FDI 的主要来源国

2015 年美国、欧盟和日本对外直接投资占全球总量的 62.1%，占发达经济体比重的 86%。美国始终是世界最大的对外直接投资国，拥有一大批世界综合实力最强的跨国公司。2007 年美国对外直接投资额达 3935.2 亿美元为历史峰值，占全球总量 18.5%，占发达经济体21.7%。由于金融危机遭遇重创，导致 2009 年美国对外直接投资大幅下降至 2879 亿美元，降幅达 26.8%；随着美国经济复苏对外直接投资逐步增长，2014 年达 3369.4 亿美元，较 2009 年上升 17%，2015 年又回落至 2999.7 亿美元。金融危机后欧盟陷入经济困境，导致对外直接投资处于低水平徘徊状态。2007 年欧盟对外直接投资额达 12161 亿美元，占全球总量 56.2%，占发达经济体 66%；2009 年大幅降至 3532.1亿美元，降幅达 71%；2015 年欧盟对外直接投资 4871.5 亿美元，占全球总量 33%、占发达经济体 45.7%，较 2007 年下降 59.9%（表 2 - 10、图 2 - 9）。截至 2015 年欧盟对外直接投资存量为 93417.9 亿美元，占全

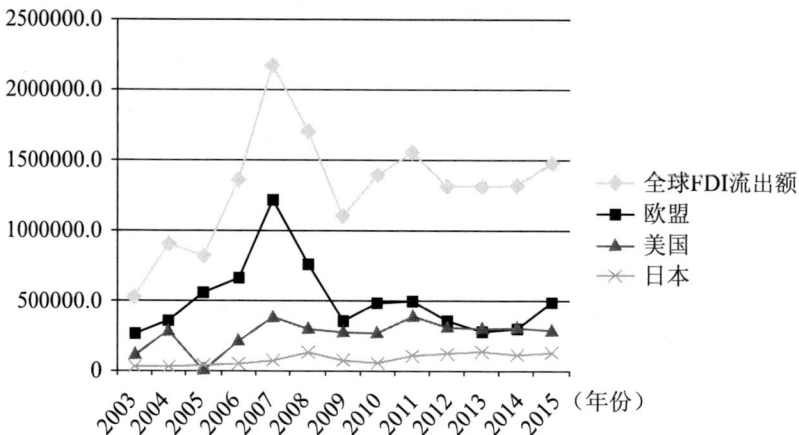

图 2 - 9　2003—2015 年，主要发达经济体对外直接投资状况（单位：百万美元）

注：根据 UNCTAD 数据库数据整理。

（单位：百万美元）

表 2-10 2003—2015, 年 FDI 主要来源国

投资额/年份	2003	2007	2008	2009	2010	2011	2012	2013	2014	2015
全球 FDI 流出额	528568.9	2165190.8	1703662.7	1098824.3	1391917.8	1557640.4	1308819.8	1310617.8	1318470.0	1474242.2
发达经济体	478730.8	18431914	1369462.8	820.381.2	938.404.9	1128047.2	917783.0	825947.6	800726.6	1065192.3
欧盟	257721.7	1216103.9	753360.1	353207.8	478905.8	491730.1	351719.0	272925.3	296362.5	487149.9
丹麦	1138.6	13112.4	15273.4	3688.2	1381.2	11253.5	7354.5	7175.5	8409.8	13213.6
法国	18440.6	110.643.0	103281.1	100865.8	48154.8	51414.9	31639.1	24997.4	42869.1	35068.7
德国	5568.6	169320.5	71506.9	68541.3	125450.8	77929.6	62164.2	40362.0	106.246.1	94321.8
爱尔兰	5549.4	21145.9	18949.0	26619.5	22348.3	-1164.9	22564.7	26025.7	43133.4	101616.0
意大利	2173.6	96231.0	66999.7	21275.5	32685.3	53667.3	8007.3	25134.3	26539.5	26207.3
MALTA	544.8	18682.9	13982.8	-4447.9	-409.9	9699.6	2592.2	2651.1	2366.2	-214.5
荷兰	55812.9	55605.1	68491.6	26273.2	68358.0	34788.8	6169.1	69973.8	55966.4	113429.5
西班牙	28717.5	1370514.7	74717.2	130707.2	37843.8	41164.2	-3981.9	13813.8	35304.4	34586.2
瑞典	21112.4	38840.6	30.362.6	26201.8	20348.6	29860.8	28951.6	30070.9	8564.0	23716.9
英国	64197.2	335.885.2	198185.2	28964.7	48091.8	95585.8	20701.5	-81809.4	-61441.2	
其他欧洲发达国家	21880.8	71564.3	61484.1	47791.9	106571.8	66925.9	59676.2	46809.1	14670.4	
挪威	6062.5	10436.1	20403.7	19164.9	23238.9	18763.5	19560.6	7791.8	18254.1	19425.8
瑞士	15441.7	51.019.5	45333.4	26378.3	85700.7	48144.8	43321.2	38557.0	3326.6	70277.1
北美	152276.2	458145.1	387573.3	327502.1	448716.9	374061.4	362805.6	372236.6	367150.6	
加拿大	22924.2	64627.1	79277.3	39601.1	34722.8	52147.9	55864.4	54878.6	55678.6	67181.6
美国	129352.0	393518.0	308926.0	287901.0	277779.0	396569.0	318197.0	316549.0	299969.0	
其他发达国家	46852.1	97387.1	167045.3	91879.4	85452.5	120574.2	132326.5	143407.6	117457.2	121787.7
澳大利亚	15023.6	11896.4	30396.4	16408.6	19803.5	1716.4	6737.4	1581.3	2.7	-16738.9
日本	28800.5	73548.8	128019.5	74698.7	56263.4	107599.1	122548.7	135748.8	113594.8	128653.8

注：根据 UNCTAD 数据库数据整理。

球比重 37.3%，吸收 FDI 存量 77729.6 亿美元，占全球比重 31.1%。日本对外直接投资呈现上升态势，2010 年由于受金融危机冲击对外直接投资额下降到 562.6 亿美元，2011 年则大幅跃升至 1076 亿美元，2015 年投资额攀升至 1286.5 亿美元，相当于 2003 年的 4.5 倍。

2. 从投资流向来看，发达经济体之间具有明显的互为目的地特征

欧洲和北美一直是美国最重要的对外直接投资目的地，2014 年美国对欧洲投资额占比 50% 以上，对加拿大、墨西哥投资占 10%（图 2 - 10）。作为世界最大的吸收外资国，美国也是欧盟最大的投资目的国。据欧盟统计局数据显示，欧盟对美投资存量 19850 亿欧元，占欧盟对外直接投资存量的 35%，英国、日本、荷兰、加拿大等发达经济体是美国的主要外资来源地。截至 2014 年，英国、日本、荷兰对美直接投资额分别为 4485 亿美元、3728 亿美元、3048 亿美元，占比分别为 15.5%、12.9%、10.5%（图 2 - 12）。

从欧盟吸收 FDI 流向来看，欧盟统计局数据显示，截至 2014 年，欧盟吸收 FDI 存量 45830 亿欧元，美国是欧盟最大的投资来源国，对欧投资存量达 18110 亿欧元，占 39.5%，其后依次为瑞士（5090 亿欧元，占 11.1%）、日本（1663 亿欧元，占 3.6%）、加拿大（1659 亿欧元，占

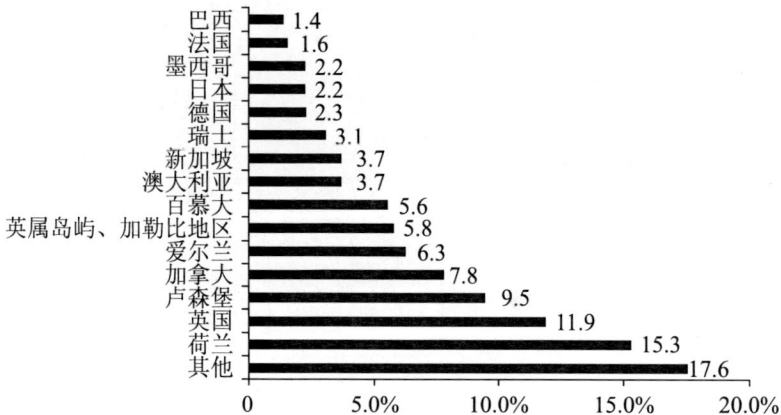

图 2 - 10　2014 年美国对外投资目的国所占比例

注：根据美国经济分析局数据整理。

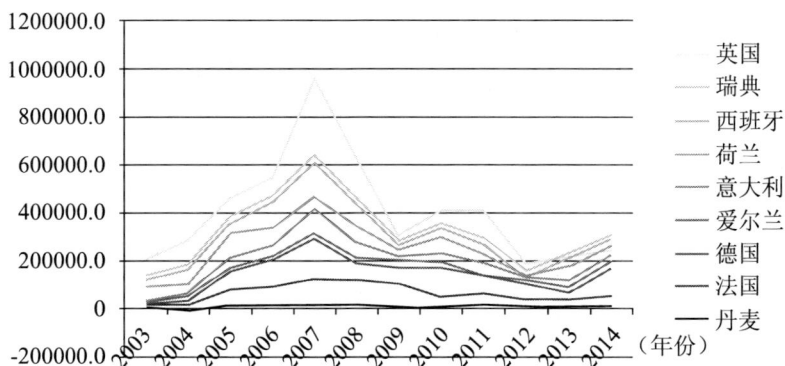

图 2－11　欧盟主要经济体对外直接投资状况（单位：百万美元）

注：根据 UNCTAD 数据库数据整理。

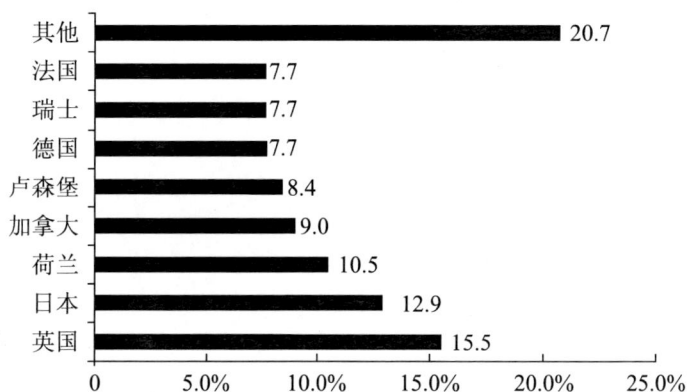

图 2－12　截至 2014 年美国 FDI 存量主要来源国

注：根据美国经济分析局数据整理。

3.6%）、巴西（1136 亿欧元，占 2.5%）、俄罗斯（744 亿欧元，占 1.6%）、中国香港（712 亿欧元，占 1.6%）。中国大陆对欧盟直接投资存量为 207 亿欧元，仅占 0.45%。除美国外，英、德、法、西班牙、瑞士、荷兰和加拿大等国家，作为投资目的国都具有较强吸引力（表 2－11）。

3. 美国、欧盟、加拿大和澳大利亚等发达经济体仍是全球最具投资吸引力的国家

由于发达国家政局稳定、法制健全、市场规范，基础设施完善，市

场开放程度和私有化水平高，具有良好的投资环境和营商环境。美国、欧盟、加拿大、澳大利亚等经济体吸收外资占世界总投资额 1/3 以上（表 2－11、图 2－13）。

表 2－11　截至 2015 年底发达经济体吸收 FDI 存量前 20 名

排名	1	2	3	4	5	6	7
国别	美国	英国	德国	瑞士	法国	加拿大	荷兰
FDI 存量（百万美元）	5587969.0	1457407.9	1121288.5	832951.9	772029.8	756038.3	707043.1
排名	8	9	10	11	12	13	14
国别	澳大利亚	西班牙	比利时	爱尔兰	意大利	瑞典	波兰
FDI 存量（百万美元）	537351.1	533306.0	468710.2	435489.6	335334.6	281876.1	213070.6
排名	15	16	17	18	19	20	
国别	卢森堡	日本	奥地利	马耳他	挪威	塞浦路斯	
FDI 存量（百万美元）	205029.3	170698.5	164784.5	163522.4	149149.6	138262.6	

注：根据 UNCTAD 数据库数据整理。

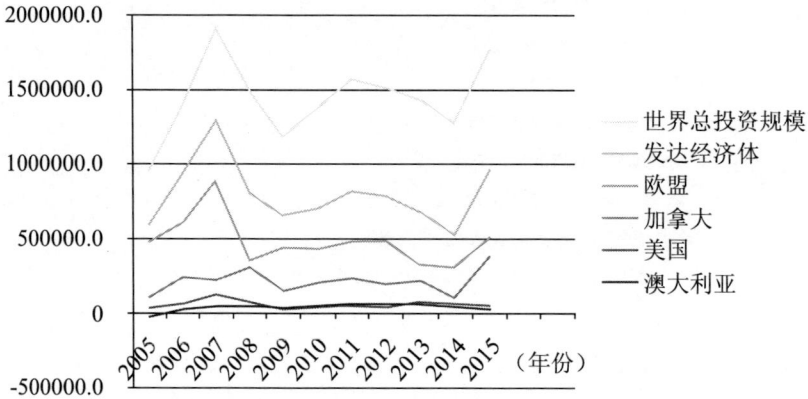

图 2－13　主要 FDI 流向目的国引资情况（单位：百万美元）

注：根据 UNCTAD 数据库数据整理。

（三）亚洲发展中经济体成为增长最快的投资来源地，也是最大的引资目的地

1. 以中国为首的东亚和东南亚地区对外直接投资增长最为迅速

2003 年以来，亚洲地区对外直接投资呈现普遍上升趋势，2014 年亚洲发展中经济体对外直接投资额高达 4455 亿美元，首次超过北美和欧洲成为全球最大的对外直接投资来源地（图 2－14）。

东亚、东南亚地区对外直接投资近年增长速度十分迅速（图 2 -
15、图 2 - 16），2014 年中国香港地区对外直接投资额 1430 亿美元达历
史最高水平，成为世界第二大对外直接投资来源国。2015 年中国大陆
非金融类直接投资金额 1180.2 亿美元，同比增长 14.7%。随着"一带
一路"战略的实施，中国企业将加快全球战略布局和制造业产能转移，
对外直接投资将成为国内产业结构调整和开放型经济发展的重要推动力。

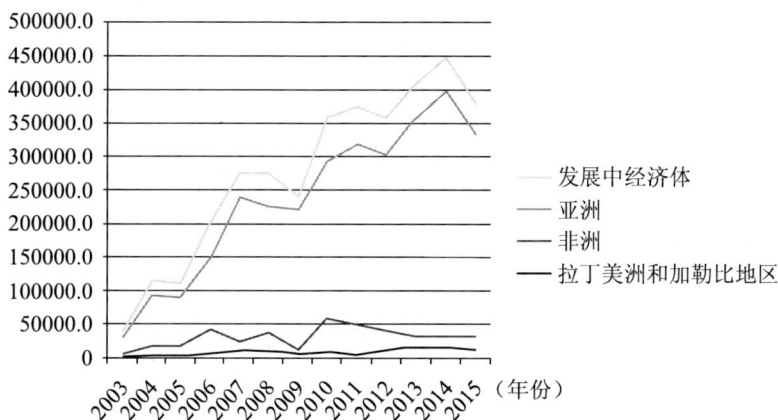

图 2 - 14　发展中经济体对外直接投资状况（单位：百万美元）

注：根据 UNCTAD 数据库数据整理。

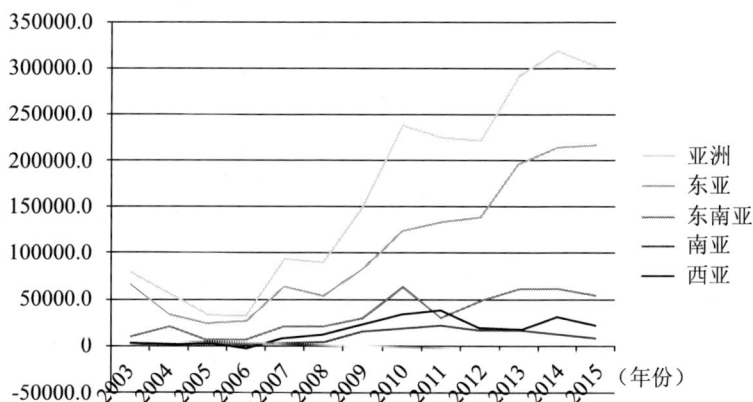

图 2 - 15　亚洲各区域对外直接投资状况（单位：百万美元）

注：根据 UNCTAD 数据库数据整理。

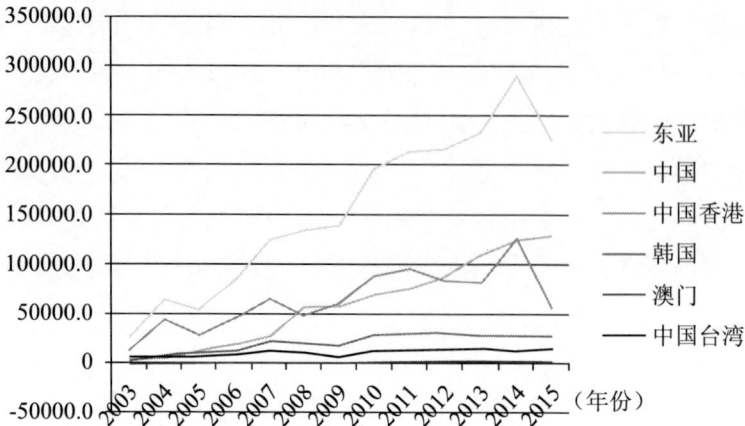

图 2 – 16   东亚各地区对外直接投资状况（单位：百万美元）

注：根据 UNCTAD 数据库数据整理。

新加坡是东南亚最大的对外直接投资国，其主要市场为马来西亚、中国、泰国等亚洲国家；印度在南亚地区对外直接投资活动中一支独大，虽然印度对外直接投资绝对额相对中国香港、中国大陆和新加坡等地区较低，但近年来印度服务业对外直接投资比重不断上升，软件和信息服务业是印度最具投资竞争力的行业。

2. 亚洲已成为全球最大的吸收 FDI 目的地，主要集中在东亚和东南亚

2015 年亚洲地区吸收 FDI 达 5407.2 亿美元，增长 15.6%，约占全球 FDI 流量的 1/3，主要集中在东南亚地区（图 2 – 17）。由于东亚、东南亚地区基础设施互联互通、经贸合作、文化交流日益紧密，"一带一路"战略及亚投行、丝路基金等机构正在发挥作用；东盟 10 + 3、中韩自贸区、RCEP 等区域自贸协定，都促进了亚洲地区投资自由化。韩国提出的亚欧倡议、日本扩大亚洲的基础设施项目融资规模等都强化了亚洲地区互联互通，使亚洲基础设施领域吸收 FDI 增加。由于中国大陆、中国香港、新加坡、韩国政治经济环境稳定，成为主要的 FDI 流入国。2014 年中国大陆吸收 FDI 超过美国，成为全球最大的 FDI 目的国。2015 年 UNCTAD 对全球主要跨国企业的调查显示，中国是全球最具吸引力的投资目的国，28% 的跨国企业将中国作为首选投资目的地。

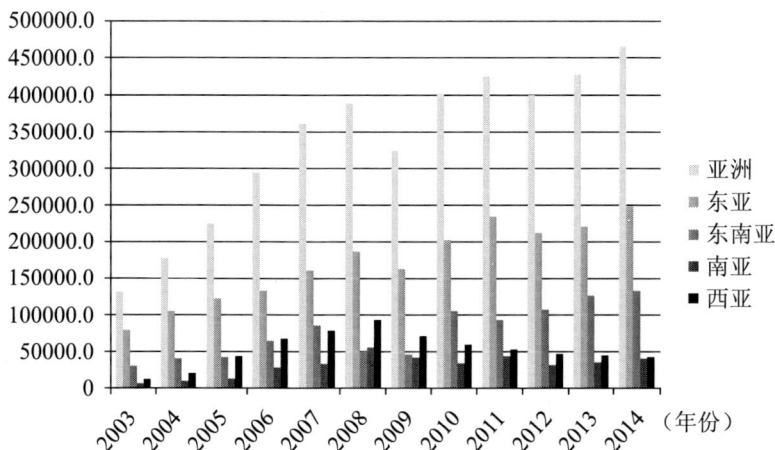

图 2-17　亚洲地区吸收 FDI 状况（单位：百万美元）

注：根据 UNCTAD 数据库数据整理。

（四）非洲地区投资潜力开始释放，吸收 FDI 能力显著增强

从对外直接投资来看，由于非洲经济发展水平较低，对外直接投资活动一直处于较低水平（图 2-14）。作为金砖五国之一的南非是非洲经济基础最好的国家，其对外直接投资额远高于其他地区。截至 2015 年，南非对外直接投资存量为 1898.4 亿美元，占非洲地区对外直接投资存量的 76.1%，此外埃及、摩洛哥、尼日利亚也是非洲地区相对较大的对外直接投资来源国。

从吸收 FDI 来看，近年来由于投资环境不断改善使 FDI 已经逐步流入非洲。世界银行报告显示，2005 年至今，全球营商环境改善最快的 50 个经济体中有 19 个来自非洲（如卢旺达、毛里求斯、加纳、尼日利亚、安哥拉、塞内加尔和摩洛哥等）。由于市场前景广阔，发达经济体和新兴经济体对非直接投资都呈现逐年递增趋势，特别是来自新兴经济体的投资极大促进了该地区经济增长。从 FDI 流入的行业看，制造业、信息技术、基础设施建设、服务业等投资比重明显提高，尤其是服务业 FDI 流入高于制造业水平，据 UNCTAD 统计，到 2012 年非洲服务业吸收外国直接投资存量金融业占 56%、运输储存和通讯占 21%、商业活动占 9%，这些领域将成为未来非洲经济的增长点。

根据 UNCTAD 的统计，2012—2015 年期间，非洲吸收 FDI 相对稳定，分别为 552 亿美元、522 亿美元、583 亿美元和 541 亿美元。世界银行报告显示，2005 年至今，全球营商环境改善最快的 50 个经济体中有 19 个来自非洲（如卢旺达、毛里求斯、加纳、尼日利亚、安哥拉、塞内加尔和摩洛哥等）。由于市场前景广阔，发达经济体和新兴经济体对非直接投资都呈现逐年递增趋势，特别是来自新兴经济体的投资极大促进了该地区经济增长。

四、全球 FDI 投资方式的主要特点

（一）跨境并购作为全球 FDI 的主要方式高速增长

1. 跨境并购重点流入生产性服务业，制造业跨境并购增速加快

据 UNCTAD 统计，2014 年全球跨境并购额达 3990 亿美元[①]，较 2009 年（2876.2 亿美元）增长 38.7%；2015 年全球跨境并购额大幅增长达 6440 亿美元，同比增长 61%，占 FDI 比重超过 45%（图 2－18）。

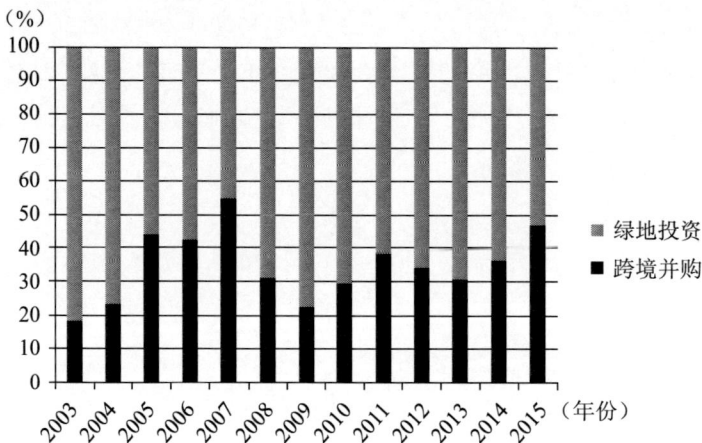

图 2－18　按方式分全球跨国直接投资

注：2003—2014 年，数据来自 UNCTAD 数据库，2015 年数据来自 UNCTAD 2016 年 1 月《全球投资趋势监测报告》。

---

① UNCTAD 统计的跨境并购额为净并购额，即并购额扣减掉当年的撤资额。

全球跨境并购长期以来以服务业为主。2007 年服务业跨境并购额为 6137.01 亿美元，占当年跨境并购额（10326.89 亿美元）比重的 59.4%；服务业跨境并购数量 7574 项，占当年（12044 项）跨境并购总量比重的 62.9%。金融危机后，由于全球重振制造业战略的影响，服务业跨境并购虽有所下降，但仍为第一大领域。2015 年服务业跨境并购额 3015.7 亿美元，占当年跨境并购额（7214.6 亿美元）的 41.8%，主要流向信息通讯、金融、商业服务三大部门，比重达 81.5% 以上；服务业跨境并购项目数 6793 项，占总量（10044 项）比重的 67.6%，主要流向商业服务、金融、信息通讯、贸易四大部门，比重达 74.1% 以上。制造业跨境并购比重从 2007 年的 31.6% 上升到 2015 年的 53.8%，主要食品饮料和烟草、化学品及化学制品、医药、金属和金属制品、电气和电子设备、机械装备、汽车及运输设备等行业，分别达到整个制造业跨境并购额的 90%、项目数量的 80%（图 2-19、图 2-20）。

2. 发达经济体仍为跨境并购的主要来源地

全球跨境并购主要来自发达经济体，但金融危机后比重有所下降。2007 年发达经济体跨境并购额为 9058.1 亿美元，占比 87.7%。2014 年

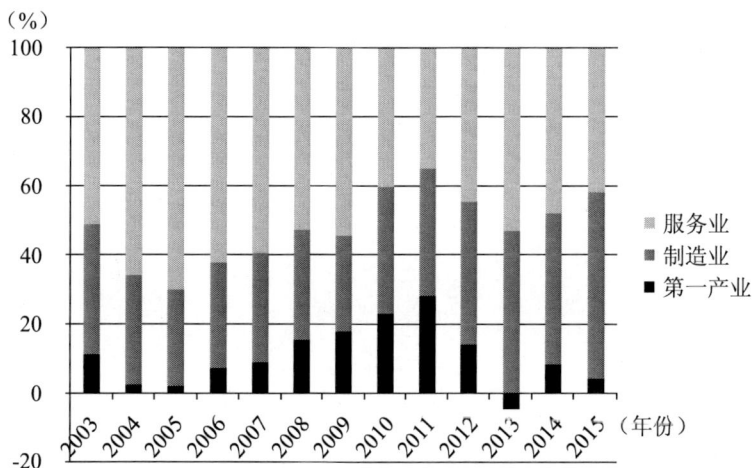

图 2-19　三大产业全球跨境并购投资流向（按金额划分）

注：根据 UNCTAD 数据库数据整理。

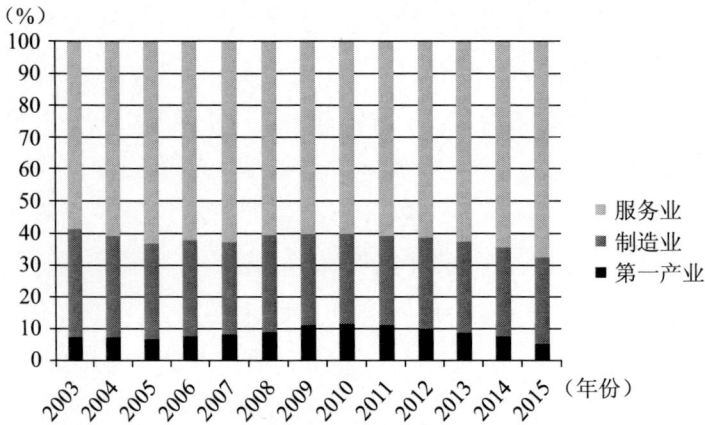

图 2-20 三大产业全球跨境并购投资流向（按项目数划分）

注：根据 UNCTAD 数据库数据整理。

发达经济体跨境并购额为 3011.7 亿美元，占比 69.6%；发展中经济体跨境并购额为 1271.8 亿美元，占比 29.4%。但 2015 年美国、中国香港、欧盟跨境并购都出现了增长势头，其中当年流入欧盟的跨境并购增长 45%；发展中经济体跨境并购额下跌 36%，为 812 亿美元，其中亚洲发展中经济体的跨境并购交易量下降了 52%（图 2-21）。

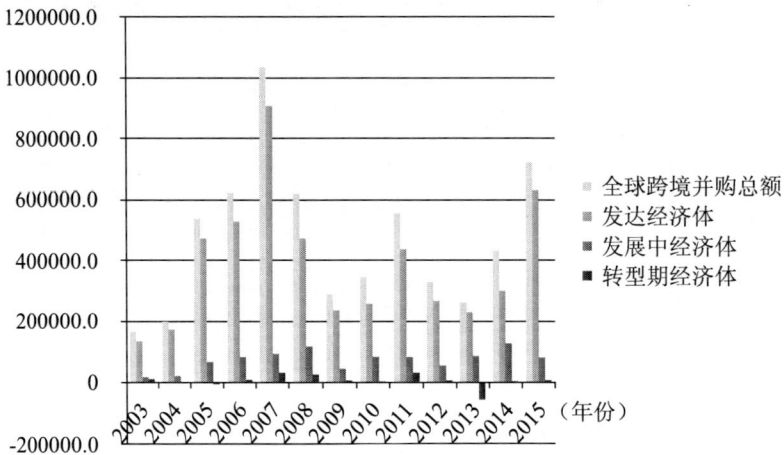

图 2-21 各类型经济体跨境并购状况

注：根据 UNCTAD 数据库数据整理。

78

（二）绿地投资呈现收缩趋势，主要流向生产性服务业和先进制造业

2015 年全球绿地投资额仅增长 8.5%，发展中经济体仍是绿地投资的主要东道国，其份额占全球绿地投资总量的 3/4。2003—2015 年期间，第一产业在绿地投资中的比重从 17.6% 下降到 4.5%，制造业比重从 52.8% 下降到 42.1%，服务业比重则从 29.7% 上升到 53.3%。在服务业内部，绿地投资主要流入水电气、建筑服务、商业服务、运输仓储和信息、金融、贸易等生产性服务业部门，2015 年，上述 6 大部门吸收 FDI 占全球绿地投资额的 50% 左右。在制造业绿地投资中，焦炭、石油产品和核燃料、化学品及化学制品、金属和金属制品等传统产业占比仍较大，但吸收外资金额逐年下降；同时装备制造、电气和电子设备、汽车与其他运输设备等先进制造业正在成为跨国公司进行绿地投资的重点领域，2015 年这几个部门在全球绿地投资总额中占比 37.9%（图 2 - 22）。

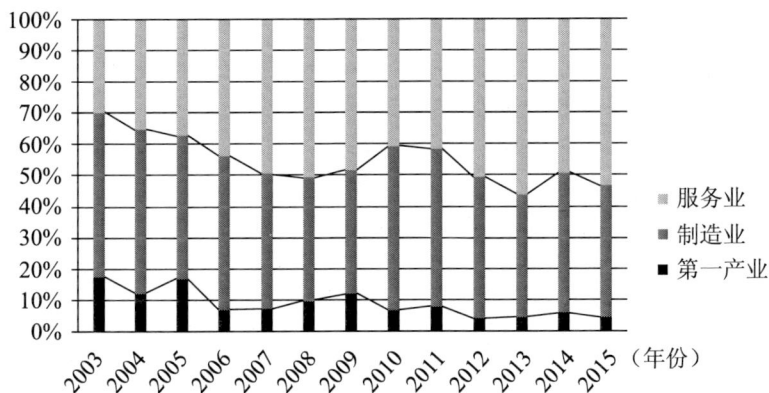

图 2 - 22　全球绿地投资三大产业流向

注：根据 UNCTAD 数据库数据整理。

五、全球跨国直接投资发展的主要趋势

（一）总体趋势：新一轮全球跨国直接投资将由发达经济体和发展中经济体双轮驱动

从总体趋势上看，世界跨国直接投资仍面临着全球经济增长不稳、

保护主义加剧、金融市场动荡、地缘政治风险及地区冲突加剧等不利环境和制约因素，尤其是美国大选后新一届政府的政策变化将导致全球贸易投资政策和规则产生不确定性。但全球经济复苏、发达国家经济逐步企稳、新兴经济体继续崛起、发展中国家加快开放是大势所趋，这些有利因素将对全球 FDI 增长形成有力支撑。未来全球跨国直接投资将继续朝着稳中有升的方向发展，并将由过去的发达国家单向驱动向发达国家与发展中国家双轮驱动转变。

一方面，发达经济体的整体复苏仍是拉动新一轮全球 FDI 增长的主要动力。据世界银行分析，美国经济复苏态势较为明显，投资消费稳健回升，就业指标已经接近充分就业水平。IMF 数据显示①，2015 年，美国 GDP 总额 179470 亿美元，同比增长 3.5%；欧盟 GDP 总额 192054 亿美元，同比增长 3% （图 2 - 23）。国际能源和大宗商品价格走低，美国实施量化宽松货币政策刺激增长，在一定程度降低了生产成本，改善了经济环境和投资预期、增强投资者信心，跨国企业将按照全球价值链战略来调整全球生产布局，实施海外投资的意愿增强，大规模跨境并购交易将更加频繁。但发达经济体增长脆弱，尤其是美国特朗普政府实施新政，将可能对跨国公司海外投资进行限制等措施，将对全球 FDI 增长带来不确定性。

另一方面，新兴经济体②和发展中经济体的跨国直接投资日趋活跃。随着新兴经济体的综合国力不断壮大，企业开拓国际市场能力和意愿增强，将不断在海外寻求新的市场投资机会，成为推动全球 FDI 增长的重要驱动力。UNCTAD 数据显示，2015 年，新兴经济体对外直接投资流量达到 2234.4 亿美元，全球占比 15.1%，吸收 FDI 流量为 3432 亿美元，全球占比 19.5%。中国将通过实施"一带一路"战略、自贸区战略、"走出去"战略等全面深化国际经贸合作，通过签订双边或区域投资协定等积极推动投资自由化和便利化，优化走出去的制度环境，中

---

① 以购买力平价统计的 GDP。

② 2010 年，博鳌亚洲论坛首次提出新兴经济体 11 国，即 E11，包括：阿根廷、巴西、中国、印度、印尼、韩国、墨西哥、俄罗斯、沙特阿拉伯、南非、土耳其，本文以此为准。

国企业将深度融入全球价值链成为拉动新一轮全球 FDI 增长的重要引擎。

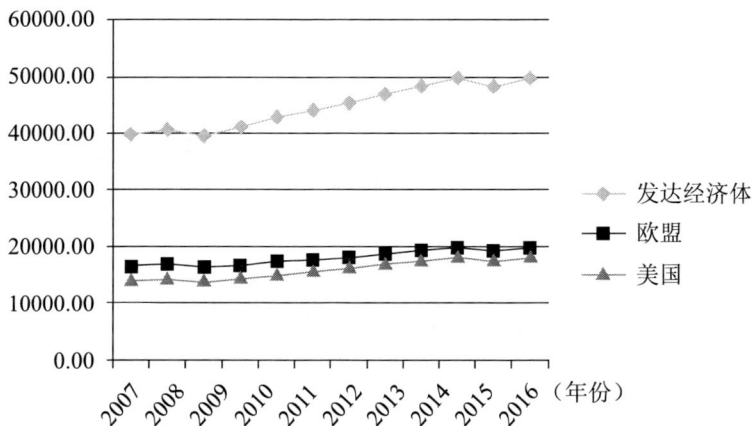

图 2－23　主要发达国家 GDP 增长情况（单位：10 亿美元）

注：根据 UNCTAD 数据库数据整理。

（二）区域投资流向趋势：亚洲持续增长、非洲潜力释放，欧美地区趋于平缓增长

1. 亚洲作为全球经济增长最快的区域，也是深受跨国直接投资青睐的地区

据 IMF 预测，东亚 GDP 全球占比由 2015 年的 24.1% 增至 2020 年的 25.8%，同期欧洲和北美 GDP 全球占比分别下降 1.1 和 1.4 个百分点，为 24.5% 和 26.8%。（图 2－24）。在引资方面，亚洲将稳居世界最大的 FDI 流入区域，占比达 1/3 以上。中国、印度和亚洲四小龙对 FDI 的吸引力短期内不会减弱。

2. 非洲地区投资环境日趋改善，吸收 FDI 有很大的增长空间

金融危机后非洲经济发展速度远高于世界平均水平，是一股不可忽视的新力量。按照 IMF 预测，到 2019 年全球增长率最高的 22 个国家中有 14 个是非洲国家。拉动非洲 FDI 增长的重要因素包括：丰富的能源矿产资源、旺盛的基础设施需求、大规模工业化体系建设需求、日益增长的消费需求等。除北非外，非洲政治经济局势相对稳定，对外开放及

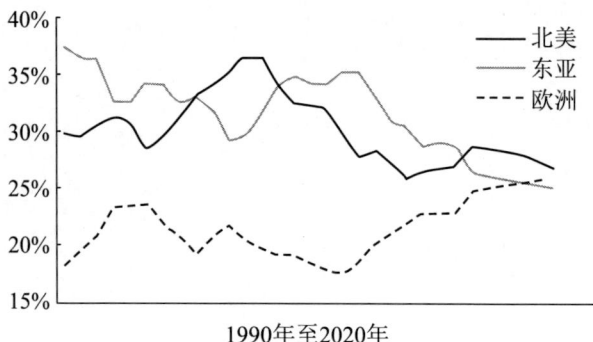

图 2-24　世界三大中心 GDP 占比图

注：数据来自 IMF 数据库。

法制化、市场化程度逐步提高，经济一体化进程快速推进，东非、西非、南非发展共同体已经形成，这些都为吸收 FDI 创造了有利条件。

3. 北美和欧盟投资环境优势明显，将保持对外资吸引力

北美、欧盟等发达国家由于基础设施完善、法制化市场化程度高、科学技术前沿、跨国公司优势明显等仍将成为 FDI 主要流向目的地。根据 UNCTAD 的预测，流向发达经济体的 FDI 在 2015 年—2017 年增速分别为 23.8%、13.9% 和 16.7%，高于同期全球 FDI 的增速（11.4%、8.4% 和 16.2%）和发展中经济体引资增速（3.3%、3.9% 和 15.8%）。

（三）产业投资流向趋势：全球新技术革命和产业革命推动 FDI 加速流向新兴产业和服务业

1. 世界投资重心逐渐回归实体经济

一是实体经济部门正成为世界各国产业政策支持的重点。美国、日本和德国等欧洲国家纷纷制订出台"再工业化"战略的相关措施，将劳动密集型、资源密集型为主的制造业向劳动力和资源价格低廉的发展中国家转移，将资本密集型和技术密集型的高端制造业引导回流，保持高端制造业的竞争优势并增加就业。二是各国政府将节能环保和可持续发展作为制定产业政策的出发点，大力支持以节能环保和高科技为核心的绿色产业，这些产业成为未来全球 FDI 的重点领域。三是随着新产业革命的发展，新能源、新材料、航空航天、电子信息、生态环保、生命

科学等战略性新兴产业领域将成为投资热点。

2. 服务业仍然是未来吸收 FDI 的主要领域

一方面，各国政府推动服务业自由化和便利化政策使服务业进入门槛和管制不断降低，新一代信息技术的广泛应用使服务业经营交易成本降低，效率不断提高；另一方面，随着制造业分工深化出现明显的制造服务化特征，服务创新能力成为跨国公司的核心竞争力，许多跨国公司通过在东道国投资设立研发设计中心、物流中心、资金结算中心等提高服务化水平，提高全球价值链盈利能力。据统计，全球 500 强企业所从事的 51 个行业中，有 28 个属于服务业，50% 以上的 500 强企业从事服务业。

（四）投资政策变化趋势：投资自由化改革加速与区域投资保护主义并存

1. 全球范围投资自由化、便利化制度改革是大势所趋

建立更加自由化、便利化的新一轮国际投资规则仍是全球未来投资规则制定的方向。未来各国出台的外资政策将继续朝着投资开放、投资促进及便利化方向发展。据 UNCTAD 统计，2014 年超过 80% 的外资政策涉及放宽外资准入条件、减少对外资的限制。2014 年有 50 个国家或地区在重审或修订其国际投资协定范本。

2. 保护主义抬头对投资的限制约束将有所增强

各国出于维护国家政治经济安全等自身利益的考虑，也将利用国家安全、扩大就业和培育幼稚产业等因素推动了保护主义，跨国投资者仍面临投资壁垒、歧视性待遇及东道国政策法规的不确定性等问题。各区域投资协定的规则冲突，可能导致跨国直接投资风险和国际投资摩擦加大。一些涉及国家安全、交通、能源等敏感产业领域的投资监管和限制政策将会增多。

3. 区域保护主义趋势将有所增强

越来越多的国家通过构建自贸区或区域投资协定谈判参与全球投资规则的制定。区域经济发展在推动全球跨国直接投资发展的同时，保护主义也将随之而来。随着区域性经济组织的增加，投资促进政策将向区域内国家和地区倾斜。表现为在区域内取消投资障碍，为缔约国企业创

造公平竞争的条件而增加投资机会,而区域外国家和地区的企业则由于
投资门槛限制而遭到排斥。

参考文献

[1] 联合国贸发会议.2016年世界投资报告 [R],2016,6.
[2] 联合国贸发会议.2015年全球投资趋势监测报告 [R],2016,1.

（执笔人：王晓红　谢兰兰）

专题三："十三五"时期我国对外直接投资面临的主要机遇与挑战

"十三五"时期我国对外直接投资进入重要的战略机遇期，同时也面临一些挑战。从国际环境层面来看，世界经济深度调整、各类自贸协定和投资协定不断增加、新兴市场国家和发展中国家利用外资政策持续优化，为我国企业对外投资带来重大机遇。新一轮国际投资规则兴起、国际投资保护主义抬头、发达经济体经济结盟、地缘政治风险增加给我国企业对外投资带来严峻的挑战。从国内环境层面看，中国经济和企业实力不断增强，"走出去""一带一路"和自贸区战略的深入实施，都为对外直接投资提供了重要支撑，但也面临法律制度不健全、企业负面影响不断显现和国际人才严重不足等问题。

一、国内环境

（一）我国进入对外直接投资快速发展的新阶段

根据国际经验，人均 GDP 超过 5000 美元的国家，将进入对外直接投资快速发展阶段，对外直接投资规模将明显扩大，对外直接投资净额往往表现为正值，并呈逐步扩大的趋势。2011 年，我国人均 GDP 超过5000 美元，对外投资呈现加速上涨的趋势，说明了对外投资发展阶段与经济发展阶段相匹配的规律。"十二五"期间，我国"走出去"战略加快推进，企业"走出去"水平不断提高，境外投资加快发展，主体多元、领域广泛、规模扩大、水平提高，对外直接投资取得了跨越式的发展。"十二五"期间，我国对外直接投资规模是"十一五"的 2.3 倍；2015 年，我国对外非金融类直接投资创下 1180 亿美元的历史最高值，实现中国对外直接投资连续 13 年增长，年均增幅高达 33.6%；2015 年年底，我国对外直接投资存量首次超过万亿美元大关。目前，我国人均 GDP 已超过 8000 美元，新一轮的对外直接投资正在开启，"十三五"期间我国对外直接投资将继续保持快速发展的态势。

（二）"十三五"时期国家更加重视企业走出去

党的十八大从微观层面提出加快走出去步伐，要求增强企业国际化经营能力，努力培育一批世界水平的跨国公司。党的十八届三中全会从培育参与和引领国际经济合作竞争新优势的角度提出，必须推动对内对外开放相互促进、引进来和走出去更好结合，才能适应经济全球化新形势。党的十八届五中全会从进一步融入世界经济的角度提出，支持企业扩大对外投资，推动装备、技术、标准、服务走出去，深度融入全球产业链、价值链、物流链，建设一批大宗商品境外生产基地，培育一批跨国企业。《中共中央国务院关于构建开放型经济新体制的若干意见》从建立促进走出去战略新体制的角度提出，确立并实施新时期走出去国家战略，加强对走出去的统筹谋划和指导，提供政策支持和投资促进，研究制定境外投资法规，放宽境外投资限制，简化境外投资管理，加快建立合格境内个人投资者制度，加快同有关国家和地区商签投资协定，推进引进外资与对外投资有机结合、相互配合，促进高铁、核电、航空、机械、电力、电信、轻工、纺织等优势行业走出去，支持我国重大技术标准走出去，鼓励企业制定中长期国际化发展战略。国家"十三五"规划纲要从发展更高层次的开放型经济角度提出，必须顺应我国经济深度融入世界经济的趋势，坚持引进来和走出去并重，完善境外投资发展规划和重点领域、区域、国别规划体系，健全备案为主、核准为辅的对外投资管理体制以及对外投资促进政策和服务体系，积极参与全球经济治理和公共产品供给，深入推进国际产能和装备制造合作，因地制宜建设境外产业集聚区、大宗商品境外生产基地及合作园区，支持企业扩大对外投资，引导企业集群式走出去。

（三）"一带一路"倡议为对外直接投资提供了战略支撑

目前，"一带一路"已经从倡议变成了实际行动，从理念和总体框架设计进入实质性合作阶段。从筹建亚投行到成立丝路基金，再到国家开发银行的近千个项目，"一带一路"倡议建设取得了明显进展，获得了多方积极响应，为各方在投资领域的深度合作奠定了坚实基础。中国积极统筹国内各种资源，加强与"一带一路"沿线各国的合作和对接，"政策沟通、设施联通、贸易畅通、资金融通、民心相通"等主要领域的合作进展顺利。中国与塔吉克斯坦、哈萨克斯坦、卡塔尔等国家签署了共建"一带一路"合作备忘录，与俄罗斯、老挝等毗邻国家签署了地区合作和边境合作备忘录以及经贸合作中长期发展规划。与哈萨克斯坦、吉尔吉斯斯坦等毗邻国家研究提出了中哈、中吉毗邻地区合作规划纲要。一批重大设施联通项目取得突破，中国与塔吉克斯坦启动中国—中亚天然气管道 D 线建设，开工建设中俄天然气管道东线，新亚欧大陆桥经济走廊项目正在加快推进，中缅铁路和公路、中老铁路、中巴公路、中吉乌铁路、缅甸皎漂港、柬埔寨西哈努克港等一批重大项目也取得突破。沿线各国的资金融通取得重大进展，发起建立亚洲基础设施投资银行，设立丝路基金，重点为"一带一路"沿线国家与互联互通有关的基础设施建设、资源开发、产业合作等项目提供投融资支持。"一带一路"建设有助于促进沿线国家互通互联，形成互补共赢的合作局面，进一步增强沿线国家在政治、文化等方面的交流，加速经济一体化进程。"一带一路"战略将成为亚洲经济一体化的"两翼"，有效连接中亚、西亚、南亚、东南亚、东北亚等地区，显著改善亚洲基础设施互联互通状况和营商环境。"一带一路"战略将打造互联互通的亚欧大陆，改变亚欧大陆长期封闭的状态，推动亚欧大陆各国进行更深层、更广泛、更多样的区域合作，为亚欧经济发展注入新动力。"一带一路"将通过促进沿线国家和地区的战略合作，促进政策沟通，共同打造开放、包容、均衡、普惠的区域经济合作新架构，促进经济要素自由流动、资源高效配置和市场深度融合，推动沿线区域开展更大范围、更高水平、更深层次的经济、教育、科技和金融合作。

（四）自由贸易区战略有利于促进对外投资加快发展

自由贸易区战略是我国新一轮对外开放的关键举措。党的十七大提出建设自由贸易区，党的十八大明确提出加快实施自由贸易区战略，自由贸易区战略成为深化对外开放、全面融入世界经济的新途径。党的十八届三中、五中全会提出自由贸易区战略的主要目标是形成面向全球的高标准自由贸易区网络。自由贸易区不仅包含区域贸易自由化内容，还包括推动区域内投资便利化。目前，我国已与22个国家和地区签署14个自贸协定，为促进对外直接投资创造了条件。近期，我国积极推动中日韩自贸区谈判、中美投资协定谈判和中欧投资协定谈判，推动建立亚太自贸区，这些双边和多边自贸协定是深化经贸合作的制度性安排，有助于全面推进双向开放，将极大便利对外直接投资，把加强相互投资合作带向更高的水平。

（五）国家积极推动国际产能合作

推进国际产能合作是我国顺应世界经济发展趋势和我国产业转型升级现实需求的战略举措，有利于充分发挥中国、发展中国家、新兴经济体和发达国家各自的比较优势。"十三五"时期，国家将大力推动国际产能合作，2016年3月发布的《中华人民共和国国民经济和社会发展第十三个五年规划纲要》全面部署了"十三五"期间推进国际产能合作的主要方向和重点领域，把中国的优质产能与发达国家的关键技术结合起来，把中国的优势装备同广大新兴经济体和发展中国家的工业化及城市化需求对接起来，推动我国企业走出去。中国积极推动开放、包容、互利、共赢的国际产能合作，得到了很多国家的积极呼应，部分领域取得了重要进展，释放了企业跨境经营的活力。我国将围绕"一带一路"战略，积极推进国际产能合作，加快构建利益共享的全球产业链，推动企业国际化发展，将中国的产能优势与国外的市场需求有机结合起来。

（六）中国企业具备了加大对外直接投资的实力

伴随中国经济和全球通讯技术的快速发展，近年来，一批批中国企业奔赴海外，正逐渐从本土企业发展为跨国企业，并朝着全球化企业跨越，基本上具备以全球化的视野进行战略布局，通过整合全球市场资源与国际资本要素积极参与全球竞争，逐渐成为对外投资的主体。随着国内加快经济结构调整和发展方式转变，企业"走出去"的愿望日益强烈，企业国际化经营步伐加快，对外直接投资已从传统的在境外设立贸易公司发展到积极融入全球创新网络，在境外建立研发中心或通过并购等方式开展高新技术和先进制造业投资，这些都成为推动对外直接投资快速发展的新动能。同时，民营企业成为中国对外直接投资的重要推动力，开始在科技研发、高端制造和现代服务业等高附加值行业进行投资，改变了以前主要靠国有企业"走出去"的局面，非国有企业对外直接投资占比已由 2006 年的 19% 升至 2014 年的 46.4%。

（七） 对外直接投资的法律制度不健全

尽管我国对外直接投资政策日益完善，但与发达国家相比，还存在较大差距。美国在 1948 年就制定了《经济合作法》《对外援助法》《税收法》和《共同安全法》，以法律保障私人对外直接投资。之后，随着美国经济日益强大，美国政府又出台了《美英贸易和金融协定》《肯希卢伯修正案》等系列法规，鼓励本土企业向全球投资。目前，美国签署的双边投资保护协定 1800 多个，避免双重征税协定 1900 多个，为美国企业开展对外直接投资提供了制度保障。欧盟制定了《多边投资协定》，不仅减少了企业对外直接投资的限制，还为企业对外直接投资提供了机制保障和各种便利。由于我国对外直接投资起步晚，对外直接投资政策法规体系化不够，尤其是缺乏一部统一的对外投资法。

（八） 中国企业对外直接投资的负面影响不断显现

随着中国企业对外直接投资步伐的加快，中国企业"走出去"的负面影响不断显现。特别是对外投资带来了一系列负面作用，如逃税、资本外逃、人民币套利、政治避险等。同时，一部分对外投资企业忽视企业社会责任，不重视安全生产，违法用工，破坏生态环境，令中国的国家形象产生了负面的影响。在与东道国政府交往的过程中，一些企业违反商业道德，通过贿赂等非正常手段争取项目和投资机会。中国企业对外直接投资产生负面影响的主要原因是，缺乏长期规划，追求短期利益，企业社会责任意识不强，经营管理能力较弱，不了解东道国的法律制度，不熟悉国际通行的做法，企业经营的随意性比较大。

（九）中国企业对外投资人才严重不足

对中国企业而言，对外直接投资的最大的挑战是国际人才严重不足。一方面，缺乏具备良好协调能力的海外投资人才。对外直接投资涉及不同国家和地区的法律规章、文化习俗和营商环境，比国内更为复杂，需要熟悉异域文化、法律体系、商业习惯的海外投资人才，开展协调与项目管理工作。另一方面，对外投资企业还没建立充分利用海外人才的用人机制。很多对外投资企业薪酬体制、经营理念、管理方式尚未与国际接轨，无法吸纳全球英才为企业所用。美国很多跨国公司都在享受国际人才红利，谷歌30%的员工是亚裔，其中大部分是华裔。

二、国际环境

（一）自贸协定和投资协定为对外直接投资创造良好的环境

截至 2016 年 1 月 6 日，我国已经与东盟、澳大利亚、巴基斯坦、秘鲁、冰岛、哥斯达黎加、韩国、瑞士、新加坡、新西兰、智利签署并实施 11 个自贸协定，涉及 19 个国家和地区，还签署并实施《内地与香港关于建立更紧密经贸关系的安排》《内地与澳门关于建立更紧密经贸关系的安排》，以及签署并实施大陆与台湾的《海峡两岸经济合作框架协议》。截至 2016 年 3 月 17 日，我国已经与全球 130 多个国家和地区签订了投资协定。这些已经签署的自贸协定和投资协定为我国企业对外投资创造了良好的外部环境。同时，当前已进行到关键阶段的中美双边投资协定（BIT）谈判，如果成功签署将为我国企业"走出去"带来重大利好。第一，签署中美 BIT 有利于推动国内外商投资体制改革。中美双边投资协定对资本项目进一步开放和金融体制改革等提出明确要求，有利于促进对外投资体制改革。第二，签署中美 BIT 有利于推动我国签署更多的 BIT。投资和服务贸易将取代货物贸易成为新一轮经济全球化的主要内容。中国如果与美国成功签署 BIT 就会起到良好的示范作用,推动中欧 BIT 以及各类自由贸易区谈判中的投资议题早日解决,进而促进中国进一步融入全球。加入世界贸易组织使中国在融入国际贸易规则体系中获得了对外贸易快速成长的机会,显著推动了中国的改革和经济高速增长。中美签署 BIT 以及促进中国与其他国家签署 BIT、完成相关自由贸易区投资议题的谈判,将使中国在投资高度自由化和便利化中获得投资快速增长的机会,推动中国经济进入第二个黄金期。第三,签署中美 BIT 有利于摆脱在新一轮全球化规则制定中的不利地位。与美国签署 BIT,可以缓解我国被 TTP 和 TTIP 边缘化的危险,深度融入经济全球化。第四,签署中美 BIT 有利于为我国企业对外投资提供制度保障。美国 BIT(2012)范本确立了投资协定的"准入前国民待遇 + 负面清单"模式,在很多国家所签署的自由贸易区协定中都包含"准入前国民待遇"和"负面清单"内容。2013 年 7 月举行的第五次中美战略与经济对话,同意在双边投资协议中采用"准入前国民待遇和负面清单"模式,消除了中美投资协定谈判中的最大障碍,有利于中美签订高水平的投资协定。第五,签署中美 BIT 有利于夯实中美关系。签署中美 BIT 有助于消减双方的投资壁垒,限制美国滥用投资安全审查,推动中国放开服务业的投资限制,促进中美两国经贸往来机制化。

(二)发达国家促进制造业回流为我国对外投资带来新机遇

在世界经济复杂多变、不确定性因素增加的形势下,发达国家纷纷促进制造业回流。国际金融危机使欧美发达经济体重新认识到制造业在推动技术进步、拉动就业方面的巨大作用,将再造制造业视作推动经济复苏、提升经济活力的关键,出台了一系列政策吸引制造企业回归,进而实现本国的"再工业化"。美国推出了《美国制造业促进法案》《重振美国制造业政策框架》《先进制造业伙伴计划》等一系列措施,将制造业放在核心地位,积极实施制造创新国家网络计划,引领新一轮技术革命,鼓励企业在美国建厂,为制造业回流本土创造更好的条件,使美国成为新的就业和制造业的增长极,以重新确立美国制造业在全球的领先地位。德国政府提出了"工业 4.0"战略,日本和韩国等国家也重新规划了相应的产业发展战略。发达国家吸引制造业回流本国，有利于促进我国制造企业开展对外直接投资。

（三）新兴市场国家和发展中国家利用外资政策不断优化

近些年，越来越多的新兴市场国家和发展中国认识到外资流入对东道国的积极作用，如弥补投资缺口、促进出口增长、带来先进技术、引入竞争机制等。为了更多利用外资，无论是新兴市场国家，还是发展中国家，都在加强国际投资合作，放宽外资准入限制，加大政策优惠力度，不断优化吸引外资政策。为了吸引到更多的 FDI，发展中国家采取了提供投资激励、实行投资自由化、改善投资环境、签订国际投资协议等不同的方式和手段。特别是，一些发展中国家为加大吸引外资力度竞相出台一些税收优惠措施，推动发展中国家不断提高对外资的优惠程度，很多发展中国家对外资企业征收的所得税率比发达国家低 1/3 左右。此外，很多新兴市场国家和发展中国家为外商投资企业提供免税期，一般为 5 年。泰国规定，"奖励"产业可免征 5 年所得税或 1 年消费税。印度尼西亚、巴西、墨西哥、加纳等国家都出台了类似的法律规定。除以上措施外，许多发展中国家还通过提供公有土地租赁费用减免等优惠措施，全方位吸引 FDI。同时，新兴市场国家和发展中国家近些年纷纷放宽对外国直接投资的限制。贸发会议指出，最积极吸引外国直接投资的是东亚、东南亚和南亚国家，这些国家出台的吸引外国直接投资的政策占发展中国家全部政策的 1/3 以上。具体来看，减少禁止与限制外资投资的行业部门数量是放宽对外国直接投资的主要举措，还包括降低外资投资股比的限制、允许外国公司对当地企业进行兼并、鼓励外国企业参与当地国有企业民营化改造等。2013 年 8 月，印度联邦内阁批准一项提案，放宽零售行业外商投资限制，以提振疲软的经济增长。许多发展中国家还借鉴中国发展模式并结合自身的发展需要，设立经济特区、经济技术开发区，给予外商更多的优惠投资政策和投资便利。总之，随着新兴市场国家和其他发展中国家投资环境的改善，为中国企业对外投资提供了更大的便利。

（四）新一轮国际投资规则给对外直接投资带来新挑战

国际金融危机后，以美国为代表的发达国家正积极谋求制定新一轮国际投资规则。新一轮国际投资规则的内涵正在发生质的变化，除了政策透明度、非歧视待遇、投资便利、税收政策、竞争政策、公司治理、财产权保护等内容外，新增加了企业社会责任、劳工标准、环境保护、投资者市场准入前国民待遇、国有企业和主权基金的投资行为规范等。目前，全球尚未建立统一、系统的多边投资规则体系，美国为了在新一轮经济全球化中占有主导权，积极推动建立高标准的国际投资规则。一方面，积极推动相关国家签署跨太平洋伙伴关系协定（TPP）与跨大西洋贸易和投资伙伴协定（TTIP），建立高标准的投资协议，推动区域投资自由化，引领后金融危机时代经济全球化的秩序安排。另一方面，积极推动签署高水平的双边投资协定，促进投资自由化，引领全球投资规则。面对美国在金融危机后全球经济战略的调整，中国等新兴市场国家存在被边缘化的风险。美国主导的 TPP 与 TTIP 对中国对外投资将带来一系列负面效应。第一，在国际投资规则体系中，排他性的双边和多边投资协定快速发展。国际金融危机爆发后，美国、欧洲等传统的投资输出大国纷纷着手建立排他性的双边和多边投资协定，降低相互间的准入门槛和投资限制，拓宽投资领域，进一步推动相互间的投资自由化。第二，在国际投资规则的内容上，加大对国外直接投资的安全审查。国际金融危机后，许多国家在制定国际投资规则中，引入多种措施扩大东道国对国际直接投资的监管权力，扩大东道国政府对国际直接投资事务的管辖范围，特别是通过引入国家安全、金融安全、环境保护等一般性例外措施，扩大东道国的监管范围。第三，在国际投资主体上，更加强调投资公司的社会责任。为了使投资公司更好地服务于本国经济发展的目标，许多国家开始在其签订的国际投资协定中加入投资企业的社会责任条款，要求投资公司在环境保护、人权发展、遵守劳工标准及反腐败等方面发挥作用。

（五）国际投资保护主义抬头增加了对外直接投资不确定性

国际金融危机引发了国际投资保护主义的抬头。美国、加拿大、澳大利亚等发达国家纷纷出台法律，对外资并购进行安全审查。澳大利亚政府于 2008 年公布了规范和审查外国政府对澳大利亚投资的六项措施，主要审查外国国有企业和主权财富基金对澳大利亚的投资是否损害其国家利益。由于我国境外投资主体以国有企业为主，主要投资领域又集中于高新技术和资源能源，这些投资保护措施直接影响到我国对外直接投资。二十国集团 2011 年发布的《国家贸易投资评估报告》认为：G20 成员国的投资政策既有积极的方面，也有消极的方面，整体而言近期投资的限制政策明显增多，导致全球对外直接投资放缓。尽管我国自改革开放以来，始终强调和平崛起的发展方针，但是一些西方发达国家仍有一部分政治势力坚持"冷战"思维，戴着有色眼镜看待中国的快速发展，频频以国家经济安全为由，阻止我国企业开展并购活动，这增加了中国境外投资面的不确定性。由于对外直接投资项目的规模都比较大，涉及的利益面比较广，投资保护主义极大地打击了国内投资者的积极性。美国的外国投资安全审查制度对我国企业赴美投资增加了障碍和不确定性。尽管美国对外国直接投资坚持自由政策，基本没有限制，也没有专门的外商投资法律制度，更没有外资审批制度，对外资实行的是登记制、申报制。近 20 年来美国的投资管理制度基本没有发生大的变化，外资管理法律体系包括《国际投资与服务贸易普查法》《外国农业投资披露法》《1920 年矿产租赁法》《1950 国防生产法》《1954 年原子能法》等，以及对外签订的与投资有关的协定。但是，美国对外资进入国防、航空、海运、通讯、金融、水力发电、自然资源开发、原子能开发等领域设有禁止或限制措施。同时，美国还基于国家安全等需要，制定了投资审查和报告制度，对某些投资有权进行审查，并在特定领域实行有限的国民待遇和市场准入。根据美国总统第 11858 号行政令，美国于 1975 年组建了美国外国投资委员会（CFIUS），着手建立美国外国投资安全审查制度。CFIUS 审查的重点是"关键性基础设施产业"和"关键技术"。"关键性基础设施产业"包括制造业、电信、能源、金融服务、水务、运输、信息等产业。中国与美国确定的"关键性基础设施行业"密切相关的行业主要是：制造业、电信业、能源业和金融业，其中制造业、电信业和能源业受到的影响最大。"关键技术"主要指与国防密切相关的关键元件、关键技术、关键技术项目。CFIUS 对"关键技术"的审查特别关注并购企业和政府之间是否存在战略协调，而中国国有企业的特殊性质使其成为该条款的重点应用主体。2005 年，美国国会以"战略产业安全"为依据否决了已被小布什政府所批准的中海油对美国石油企业优尼科的股权并购。2012 年，美国众院情报委员会在长达 11 个月调查后发表报告，以"可能对美国国家安全构成风险"为由，表示美国电信运营商不应和中国华为、中兴通讯两家公司进行合作。值得警惕的是，即使投资并购行为仅仅涉及经济安全问题，在 CFIUS 的审查过程中也可被政治化。主要是因为：收购对手希望以此获得更有利的谈判地位；或是被收购的美国公司想获得更高的要价；或是部分政治家希望以此表明对华立场、增加选票等。在中海油并购优尼科的过程中，并购案件被政治化是其最终失败的主要原因。同时，由于威胁国家安全在跨国投资审查中是一个比较难界定和衡量的，美国国会通过的外资监管相关法律授予总统和外国投资委员会一定的自由裁量权，外国投资委员会成为一个运作和审查过程都缺乏透明度的机构，其保密的特性使得相关信息公开程度非常有限，决策带有随意性并且缺少清晰的流程和文本说明，甚至一直未给出"国家安全"的准确定义。

专栏3.1　美国外国投资委员会法规经历的三次大变革

第一次变革以 1988 年通过的《埃克森—佛罗里奥修正案》为标志，确立了以 CFIUS 为中心的国家安全审查制度。第二次变革以 1992 年通过的《伯德修正案》为标志，主要是加强对有外国政府背景的收购案的审查。第三次变革以 2007 年通过的《2007 年外国投资与国家安全法》为标志，修改了 CFIUS 的立法依据—1950 年的《国防生产法》相关章节，重新规定了在国家安全审查案件中应当考虑的因素；其中就包含与国有企业直接相关的条款：是否是国有企业进行并购，该国有企业所属国是否有在防止核扩散、反恐、技术转移方面的不良记录。2008 年 12 月，美国财政部颁布了《外国人合并、收购和接管条例：最终规定》作为 2007 年外国投资与国家安全法的实施细则。

（六）发达经济体经济结盟不利于中国企业对外投资

长期以来发达国家一直是推动世界经济增长的最主要引擎，国际金融危机之后，为推动发达经济体经济快速复苏并继续主导世界经济，以美国为首的发达国家开始从军事、外交结盟转向经济结盟。经济结盟的主要策略是组建自由贸易区，以此形成发达经济体的自由贸易网络，对于非经济结盟的国家和地区形成战略挤压。美国的自由贸易区战略主要是"一体两翼"，一体就是北美自由贸易区，经过几十年的发展已经相当成熟；两翼就是美国正在努力推进的 TPP 和 TTIP。发达经济体经济结盟的突出特征是推行更高标准的自由贸易区，高标准的劳动条件、居住条件、福利条件等都将对我国对外投资造成影响。当前，以"准入前国民待遇＋负面清单"为核心的新一轮投资标准正在成为欧美主导国际投资格局的新手段。美国推动的最新版的双边投资协定成为范本，不仅包括以前国际投资协定中的最惠国待遇、税收转移、损失补偿、投资争端解决等传统议题，还增加了准入前国民待遇、国有企业、劳工、环境、业绩要求等新条款。美欧两大经济体正试图通过经济融合，联手将欧美标准拓展为全球标准，虽然有利于促进发达经济体相互投资，但是将在一定程度上遏制发展中国家的对外投资。

（七）政治风险成为对外直接投资的重要障碍

对于企业对外投资来说，政治风险是集中的、巨大的、不可抗的。特别是固定资产投入大、投资回报期限长的海外基建项目，对当地政府的履约能力依赖性更高，企业对外投资所在地执政政府一旦更迭或者政治环境发生变化，投资企业将遭受巨大损失。西亚、北非局势动荡时期，中国在利比亚有 70 多家企业投资基建和电信项目，其中 50 个大项目的合同金额近 190 亿美元；中资企业在利比亚的固定资产、原材料、工程垫付款等方面的损失以及撤离安置人员费超过 200 亿美元。2015 年的希腊比雷埃夫斯港事件凸显我国政府在对外投资政治风险担保等方面还存在巨大的提升空间，多数情况下，往往都是企业独自承担对外投资的政治风险，这无疑加大了企业对外直接投资的风险系数。当前，国际形势纷繁复杂，在欧洲，英国脱欧公投引发的地缘政治格局正在发生自冷战后最剧烈的变化，其外溢效应将传递到更多国家和地区；在亚洲，一些国家受狭隘的民族主义情绪推动，在岛屿争端和海洋权益问题上不断挑衅；在中东，"伊斯兰国"、"基地组织"等极端恐怖势力的异常活跃，不断影响中东政治版图与国际反恐格局；在西亚北非，政局持续动荡，埃及政局发生剧变，利比亚局势严重恶化。同时，中国周边地缘关系复杂，民族、宗教矛盾突出，价值观和战略诉求不同，一些国家发展基础薄弱，各种矛盾冲突突出，政局不稳，局部冲突时有发生，一些国家法制不健全，投资风险较大，这些因素导致少数国家在大国之间左右逢源，对我国抱以既合作又防范的矛盾心态，带来很多的不确定性，抬高了我国企业的投资门槛，增加了企业对外投资的难度和风险。

参考文献

［1］崔凡，赵忠秀．当前国际投资体制的新特点与中国的战略［J］．国际经济评论，2013（2）．

［2］裴长洪，樊瑛．中国企业对外直接投资的国家特定优势［J］．中国工业经济，2010（7）．

［3］桑百川，靳朝晖．国际投资规则新发展及对中国的影响［J］．山西大学学报，2012（3）．

［4］王金波．国际贸易投资规则发展趋势与中国的应对［J］．国际问题研究，2014（2）．

［5］王玉主，富录笋．当前亚太区域合作形势分析［J］．亚太经济，2013（4）．

［6］国务院．关于构建开放型经济新体制的若干意见［R/OL］．2015－09－17．［2018－01－08］．http：//www.xinhuanet.com.

［7］杨志琴．新形势下企业"走出去"：机遇、挑战与策略［J］．江苏商论，2012（10）．

［8］张建红，周朝鸿．中国企业走出去的制度障碍研究［J］．经济研究，2010（6）．

（执笔人：李锋）

专题四：我国企业对外直接投资现状及趋势分析

改革开放以来，我国企业对外直接投资经历了由小到大、由弱到强、由区域到全球逐步发展壮大的过程，"十三五"将进入一个加速发展、规模化发展和均衡发展的历史新时期。随着我国对外开放战略不断深化，深度融入经济全球化进程，尤其是综合国力不断增强、企业国际化经营水平不断提高、国内产业结构加快调整、政府投资促进政策不断完善等经济层面和政策层面的有利因素，将推动我国对外直接投资持续增长。

一、我国企业对外直接投资的主要发展阶段

我国对外直接投资大致经历了以下发展阶段。

（一）第一阶段：起步探索时期（1979年—1984年）

这一时期的主要特点是贸易企业设立国外机构，实体经济对外直接投资处于萌芽状态。1979年8月国务院颁布15项经济改革措施，其中第13项明确规定允许出国办企业，第一次把对外直接投资作为一项政策确定下来。1979年11月北京友谊商业服务公司与日本东京丸一商事株式会社在东京合作创办了"京和股份有限公司"，成为我国改革开放后在国外开办的第一家合资企业。这期间仅有少数外经贸公司从自身经营需要出发，开始在国外设立窗口企业，其主要目的是为贸易服务。20世纪80年代初，一些大企业开始探索对外直接投资。1979—1984年，我国企业在国外投资兴办非贸易性企业113家，总投资额2亿多美元。

对外投资主体主要是中央和地方外贸企业，如中国化工进出口总公司、中国五金矿产进出口总公司等。投资领域主要集中在餐饮、承包建筑工程、咨询服务、贸易等服务行业；投资主要分布在港澳地区和周边发展中国家。

（二）第二阶段：培育发展时期（1985 年—2001 年）

这一时期的主要特点是，投资领域由贸易向生产和服务领域大力拓展，对外直接投资主体多元化、投资市场多元化初见端倪。1985—1987 年我国出现了第一次对外直接投资高潮。1985 年我国企业对外直接投资额达 6.29 亿美元，同比增长 369.4%；在国外兴办企业达 124 家，协议投资金额 13 亿美元，是前 8 年的 3.19 倍，中方投资额为 3.5 亿美元，是前 8 年总和的 1.38 倍。1985—1991 年，我国海外投资的非贸易性企业 859 家，协议投资总额 29.44 亿美元，对外直接投资存量的复合增长率高达 35%。投资主体向大中型生产企业和综合金融企业扩展，如首都钢铁公司、中国国际信托投资公司等；投资领域逐步向资源开发、制造加工、交通运输等 20 多个行业延伸；投资区域已经扩展到部分发达国家。

1992—1998 年我国经济进入调整恢复期，开始对海外投资进行清理整顿，严格审批手续，这一阶段中方新增海外投资额 252.86 亿美元，对外直接投资存量的复合增长率下降为 16%。1998 年十五届二中全会明确指出，在积极扩大出口的同时，要有领导有步骤地组织和支持一批有实力有优势的国有企业走出去，到非洲、中亚、中东、中欧、南美等地投资办厂。1999 年 2 月国务院办公厅转发的外经贸部、国家经贸委、财政部《关于鼓励企业开展境外带料加工装配业务的意见》为我国"走出去"战略打下了基础，随后国务院各有关部门又分别制订了具体实施的配套文件，完善对外直接投资管理体制，对我国企业走出去起到了极大促进作用。

2001 年，我国企业海外投资呈现出加速增长态势，对外直接投资额达 68.85 亿美元，相当于 2000 年的 7.5 倍，相当于 1985 年的 11 倍。这一时期的海外投资获得了突破性进展，特别是境外加工贸易和资源开发成成效显著。万向集团、好孩子等一批民营企业逐步开始跨国经营的尝试，标志着对外直接投资主体开始多元化。1992 年我国在 120 多个国家和地区创办各类企业 4117 家。到 2001 年已经扩展到 160 多个国家和地区。投资行业从贸易服务向资源开发、生产制造等领域延伸，截至 2001 年 44% 的对外直接投资投向了生产性领域，改善了贸易型投资为主的结构。

（三）第三阶段：成长壮大时期（2002 年—2008 年）

这一时期的主要特点是国家大力推进海外投资战略，对外直接投资规模迅速扩张。"十五"期间我国加快实施"走出去"战略，鼓励和支持有条件的各种所有制企业开展跨国经营，主动参与国际经济技术合作，不断完善海外投资促进政策。为了推进对外投资便利化进程，2003 年商务部先后下发了《关于境外投资开办企业核准事项的规定》《关于内地企业赴香港、澳门投资开办企业核准事项的规定》等，下放了境外投资核准权限，简化手续，为企业境外投资创造了良好环境。同时还发布了《对外投资国别产业导向目录（一）》《在拉美地区开展纺织加工贸易类投资国别导向目录》《在亚洲地区开展纺织服装加工贸易类投资国别指导目录》等，引导企业的对外投资活动。政府部门还通过资金补贴、长期低息贷款等方式支持企业承接海外项目，在海外建立工业园区。这些举措都有利促进了企业对外直接投资活动。2008 年我国企业对外直接投资 559.1 亿美元，同比增速 110.9%，列全球第 12 位，截至 2008 年我国对外直接投资存量 1839.7 亿美元，列全球第 18 位。截至 2008 年我国设立境外企业 12000 家，投资国家达到 174 个，投资领域涵盖服务业、工业和农业，其中商务服务、批发零售、金融、采矿、交通运输和制造业吸收外资存量占 9 成以上。

（四）第四阶段：发展提速时期（2009 年至今）

这一时期的主要特点是，我国作为对外直接投资大国地位已经确立，对外开放已经进入"引进来"和"走出去"并重、利用外资与对外投资均衡发展的新阶段。2009 年我国对外直接投资额上升到 565.3

亿美元，由 2008 年的世界第 12 位首次进入世界前五强；2012 年首次进入世界前 3 位，对外直接投资额达 878 亿美元。2014 年我国对外直接投资额 1231.2 亿美元，首次超过吸收外资额成为资本净输出国，对外直接投资流量对全球 FDI 的贡献率达 19.9%，标志着我国已经成为全球 FDI 主要输出国家。

二、当前我国企业对外直接投资的主要特点

我国企业对外直接投资已经进入加速发展时期，在投资的产业结构、区域结构、投资主体、投资方式等方面都呈现出一些新特点。

（一）我国已经成为全球 FDI 主要输出国和对外直接投资最多的发展中国家

金融危机虽然导致全球跨国直接投资增长乏力，却使我国成为全球跨国直接投资增长的新动力。从投资流量来看，2015 年我国对外直接投资额 1456.7 亿美元，相当于 2009 年的 2.6 倍，相当于 2006 年的 6.9 倍，实现连续 13 年快速增长，位居世界第 2 位。从投资存量来看，我国与美、英、德、法、日等发达国家差距正在逐渐缩小。截至 2015 年我国对外直接投资存量 10978.6 亿美元，列世界第 8 位，全球占比由 2002 年的 0.4% 提高到 4.4%。截至 2015 年我国全行业对外直接投资存量已突破万亿美元关口（表 4 - 1、图 4 - 1、表 4 - 2），截至 2015 年，我国已有 2.02 万家境内投资者在全球 188 个国家和地区设立 3.08 万家境外投资企业。2016 年 1—8 月，我国境内投资者共对全球 158 个国家和地区的 5929 家境外企业进行了非金融类直接投资，累计实现投资 1180.6 亿美元，同比增长 53.3%。

表 4 - 1　2006—2015 年，中国对外直接投资状况

年份	流量			存量	
	金额（亿美元）	全球排名	同比增速（%）	金额（亿美元）	全球排名
2006	211.6	13	43.8	906.3	23
2007	265.1	17	25.3	1179.1	22

续表 4 - 1

年份	流量			存量	
	金额（亿美元）	全球排名	同比增速（%）	金额（亿美元）	全球排名
2008	559.1	12	110.9	1839.7	18
2009	565.3	5	1.1	2457.5	16
2010	688.1	5	21.7	3172.1	17
2011	746.5	6	8.5	4247.8	13
2012	878	3	17.6	5319.4	13
2013	1078.4	3	22.8	6604.8	11
2014	1231.2	3	14.2	8826.4	8
2015	1456.7	2	18.3	10978.6	8

注：数据来自《2015年度中国对外直接投资统计公报》①。

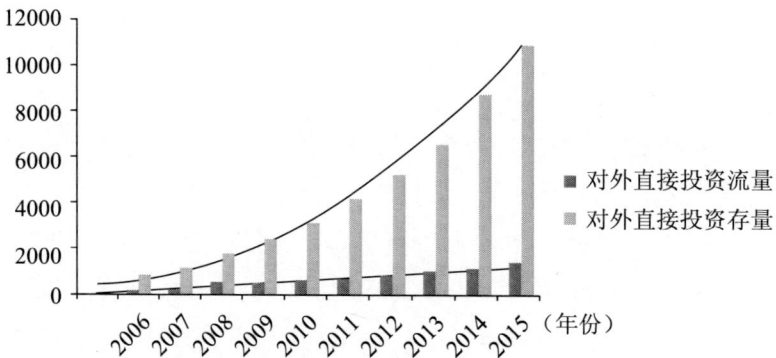

图 4 - 1　2006—2015 年我国对外直接投资状况（单位：亿美元）

注：根据《2015年度中国对外直接投资统计公报》整理。

表 4 - 2　2015 年全球对外直接投资存量排名前 10 位的国家和地区

位次	1	2	3	4	5	
国家/地区	美国	德国	英国	中国香港	法国	
存量（亿美元）	59828	18125	15381	14857	13142	合计
全球占比（%）	23.9	7.2	6.1	5.9	5.2	
位次	6	7	8	9	10	
国家/地区	日本	瑞士	中国	加拿大	荷兰	
全球占比（%）	4.9	4.5	4.4	4.3	4.3	70.9

注：数据来自《2015年度中国对外直接投资统计公报》，《2016年世界投资报告》。

---

① 我国自2003年建立《对外直接投资统计制度》统计对外直接投资活动，2002—2005年统计口径为非金融类对外直接投资，2006—2015年为全行业对外直接投资数据。

（二）我国企业对外直接投资产业结构的主要特点

1. 服务业在对外直接投资中占主导地位，制造业投资增长加速

2015 年，我国对外直接投资流量的 72.8%，存量的 74.9% 分布在服务业。服务业投资增速也是最快的，流量规模从 2006 年的 113.81 亿美元增长到 2015 年的 1059.84 亿美元，9 年时间增长 8.3 倍；存量规模从 2006 年的 623.7 亿美元增长到 2015 年的 8226.9 亿美元，9 年时间增长 12.2 倍。这一特征是我国参与分享服务全球化的红利与国内服务业国际化水平提高共同作用的结果。

"十二五"以来，我国第二产业对外直接投资规模呈下降态势。2006—2015 年，第二产业对外直接投资流量占比从 45.4% 下降到 25.5%，存量占比从 30.3% 下降到 24%，但流量规模增长 2.9 倍、存量规模增长 8.6 倍。由于近年来我国制造业加速海外转移，带动第二产业海外投资增长。2007—2010 年第二产业投资进入低谷，平均占比仅为 22.5%，但 2011—2013 年平均占比上升为 33%，这一特征反映出我国制造业海外投资具有很大潜力和增长空间。

此外，我国不断强化农业海外投资战略布局，农业走出去步伐加快，投资规模明显扩大。2006 年我国第一产业对外直接投资额仅为 1.85 亿美元，占比 0.87%；2011 年为 7.98 亿美元，占比 1.1%；2015 年为 25.7 亿美元，占比 1.8%，说明我国农业海外投资的优势和潜力已经开始释放（表 4 - 3、图 4 - 2、表 4 - 4、图 4 - 3）。

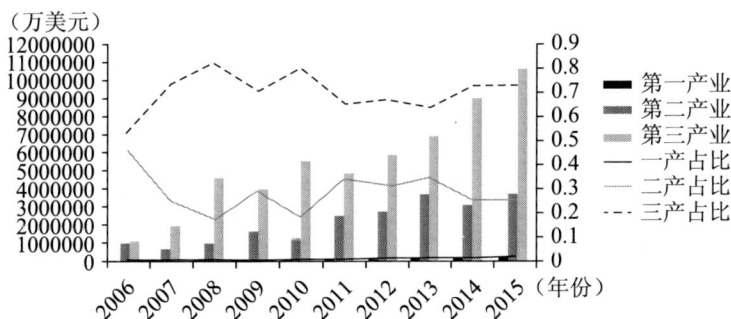

图 4 - 2　中国对外直接投资流量的产业分布状况

注：根据《2015 年度中国对外直接投资统计公报》整理。

表4-3 中国对外直接投资流量的产业分布状况

（单位：万美元）

产业/年份	2006	2007	2008	2009	2010	2011	2012	2013	2014	2015
第一产业	18504	27171	17183	34279	53398	79775	146138	181313	203543	257208
第二产业	959809	667008	963602	1641235	1301372	2501073	2739191	3704967	3129362	3710898
第三产业	1138083	1956430	4609932	3977385	5526361	4882748	5895024	6898091	8979081	10598448
一产占比	0.009	0.01	0.003	0.006	0.008	0.011	0.017	0.017	0.017	0.018
二产占比	0.454	0.252	0.172	0.29	0.189	0.335	0.312	0.344	0.254	0.255
三产占比	0.538	0.738	0.825	0.704	0.803	0.654	0.671	0.64	0.729	0.728

注：根据《2015年度中国对外直接投资统计公报》整理。

表4-4 中国对外直接投资存量的产业分布状况

（单位：万美元）

产业/年份	2006	2007	2008	2009	2010	2011	2012	2013	2014	2015
第一产业	81670	120605	146762	202844	261208	341664	496443	717912	969179	1147580
第二产业	2744710	2678779	3705774	5984007	7204626	10915146	13077241	17879010	21370132	26369679
第三产业	6236711	8991666	14544535	18388687	24255225	31221257	39620374	47450918	65924931	82269040
一产占比	0.009	0.01	0.008	0.008	0.008	0.008	0.009	0.011	0.011	0.01
二产占比	0.303	0.227	0.201	0.243	0.227	0.257	0.246	0.271	0.242	0.24
三产占比	0.688	0.763	0.791	0.748	0.765	0.735	0.745	0.718	0.747	0.749

注：根据《2015年度中国对外直接投资统计公报》整理。

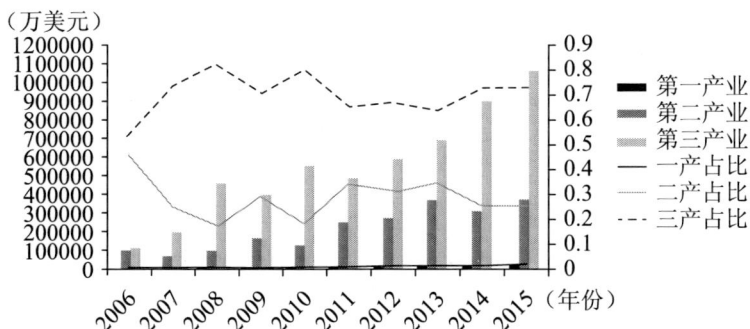

图4-3　中国对外直接投资存量的产业分布状况

注：根据《2015年度中国对外直接投资统计公报》整理。

2. 对外直接投资产业结构具有显著的集中性，尤其集中在三大生产性服务业领域

我国对外直接投资领域共涵盖三大产业19个行业大类（表4-5、表4-6），但主要集中在租赁和商务服务、金融、采矿、批发和零售、制造等五大行业，2015年这五大行业投资额共计1109.6亿美元，占总流量的76.2%，五大行业占比依次分别为24.9%、16.6%、7.8%、13.2%、13.7%；存量投资额为9120.8亿美元，占总存量的83.1%。

从增长情况来看，服务业表现明显好于第二产业。第二产业下降的主要因素源于采矿业。2006—2015年采矿业占比由40.3%下降为7.8%，2007年下降为15.3%后一直在低位区间徘徊，国际市场大幅萎缩；制造业占比由4.3%上升到13.7%。租赁和商务服务、金融、批发和零售三大生产性服务业呈现较好的增长态势。2006—2015年，租赁和商务服务业占比由21.4%增长到24.9%，其中2010年为最高年份达44%；批发和零售业占比由5.3%上升到13.2%，其中2012年为最高年份达14.9%；金融业基本保持平稳，其中2008年为最高年份占比达25.1%。说明近年来企业在构建全球营销网络渠道、全球服务体系以及金融国际化等方面进展较快（表4-7、图4-4、表4-8、图4-5）。

表 4-5 中国对外直接投资流量行业分布

(单位：万美元)

产业	行业分类/年份	2006	2007	2008	2009	2010	2011	2012	2013	2014	2015
第一产业	农林牧渔业	18504	27171	17183	34279	53398	79775	146138	181313	203543	257208
	小计	18504	27171	17183	34279	53398	79775	146138	181313	203543	257208
第二产业	采矿业	853951	406277	582351	1334309	571486	1444595	1354380	2480779	1654939	1125261
	制造业	90661	212650	176603	224097	466417	704118	866741	719715	958360	1998629
	电力、热力、燃气及水的生产和供应	11874	15138	131349	46807	100643	187543	193534	68043	176463	213507
	建筑业	3323	32943	73299	360252	162826	164817	324536	436430	339600	373501
	小计	959809	667008	963602	1641235	1301372	2501073	2739191	3704967	3129362	3710898
第三产业	批发和零售业	111391	660418	651413	613575	672878	1032412	1304854	1464682	1829071	1921785
	交通运输、仓储和邮政业	137639	406548	265574	206752	565545	256392	298814	330723	417472	272682
	住宿和餐饮业	251	955	2950	7487	21820	11693	13663	8216	24474	72319
	信息传输、软件和信息技术服务业	4802	30384	29875	27813	50612	77646	124014	140088	316965	682037
	金融业	352999	166780	1404800	873374	862739	607050	1007084	1510532	1591782	2424553
	房地产业	38376	90852	33901	93814	161308	197442	201813	395251	660457	778656
	租赁和商务服务业	452166	560734	2171723	2047378	3028070	2559726	2674080	2705617	3683059	3625788
	科学研究和技术服务业	28161	30390	16681	77573	101886	70658	147850	179221	166879	334540
	水利、环境和公共设施管理业	825	271	14145	434	7198	25529	3357	14489	55139	136773
	居民服务、修理和其他服务业	11151	7621	16536	26773	32105	32863	89040	112918	165175	159948
	教育	228	892	154	245	200	200	10283	3566	1355	6229
	卫生和社会工作	18	75	0	191	3352	639	538	1703	15338	8387
	文化体育和娱乐业	76	510	2180	1976	18648	10498	19634	31085	51915	174751
	小计	1138083	1956430	4609932	3977385	5526361	4882748	5895024	6898091	8979081	10598448
合计		2116396	2650609	5590717	5652899	6881131	7463596	8780353	1.1E+07	1.2E+07	14566554

注：根据《2015 年度中国对外直接投资统计公报》整理。

106

表 4－6 中国对外直接投资存量行业分布

（单位：万美元）

产业	行业分类/年份	2006	2007	2008	2009	2010	2011	2012	2013	2014	2015
第一产业	农林牧渔业	81670	120605	146762	202844	261208	341664	496443	717912	969179	1147580
	小计	81670	120605	146762	202844	261208	341664	496443	717912	969179	1147580
第二产业	采矿业	1790162	1501381	2286840	4057969	4466064	6699573	7478420	10617092	12372524	14238131
	制造业	752962	954425	966188	1359155	1780166	2696443	3414007	4197684	5235194	7852826
	电力热力、燃气及水的生产和供应	44554	59539	184676	225561	341068	714056	899210	1119660	1504089	1566310
	建筑业	157032	163434	268070	341322	617328	805110	1285604	1944574	2258325	2712412
	小计	2744710	2677779	3705774	5984007	7214026	10915182	13077241	17879010	21370132	26369675
第三产业	批发零售业	1295520	2023288	2985866	3569499	4200645	4909363	6821188	8764768	10295680	12194086
	交通运输、仓储和邮政业	756819	1205904	1452002	1663133	2318780	2526131	2922653	3222778	3468163	3990552
	住宿和餐饮业	6118	12067	13669	24329	44986	60386	76325	94743	130704	223334
	信息传输、软件和信息技术服务业	144988	190089	166696	196724	840624	955324	481971	738440	1232599	2092752
	金融业	1560537	1671991	3669388	4599403	5525321	6739329	9645337	11707938	13762485	15966010
	房地产业	201858	451386	409814	534343	726642	898616	958141	1542126	2464903	3349305
	租赁商务服务业	1946360	3051503	5458303	7294900	9724605	14229002	17569795	19573354	32244391	40956771
	科学研究和技术服务业	112129	152103	198189	287413	396712	438838	679276	866973	1087324	1443083
	水利、环境和公共设施管理业	91839	92121	106289	106580	113343	240196	7056	34242	133365	254191
	居民服务、修理和其他服务	117420	129885	71468	96137	322974	161558	358142	768855	904271	1427660
	教育	228	1740	1749	2123	2394	6657	16479	20105	18464	28662
	卫生和社会工作	281	369	369	610	3616	1715	4676	6484	23060	17536
	文化体育和娱乐业	2614	9220	10733	13565	34583	54142	79351	110067	159522	325098
	小计	6236711	8991666	14544535	18388687	24255225	31221257	39620374	47450918	65924931	82269040
	合计	9063091	11791050	18397071	24575538	31721059	42478067	53194058	66047840	88264242	109786299

注：根据《2015 年度中国对外直接投资统计公报》整理。

表 4 – 7　2015 年中国对外直接投资的主要产业构成

（单位：万美元）

行业/年份	2006	2007	2008	2009	2010	2011	2012	2013	2014	2015
采矿业	853951	406277	582351	1334309	571486	1444595	1354380	2480779	1654939	1125261
制造业	90661	212650	176603	224097	466417	704118	866741	719715	958360	1998629
批发零售业	111391	663418	651413	613575	672878	1032412	1304854	146682	1829071	1921785
金融业	352999	166780	1404800	873374	862739	607050	1007084	151532	1591782	2121553
租赁和商务服务业	452166	560734	2171723	2047378	3028070	2559726	2674080	2705617	3683059	3625788
总计	2116396	2650609	5590717	5652899	6881131	7463596	8780353	10784371	12311986	11096016
采矿业比重	0.403	0.153	0.104	0.236	0.083	0.194	0.154	0.23	0.134	0.101
制造业比重	0.043	0.08	0.032	0.04	0.068	0.094	0.099	0.067	0.078	0.18
批发零售业比重	0.053	0.249	0.117	0.109	0.098	0.138	0.149	0.136	0.149	0.173
金融业比重发	0.167	0.063	0.251	0.155	0.125	0.081	0.115	0.14	0.129	0.219
租赁和商务服务业比重	0.214	0.212	0.388	0.362	0.44	0.343	0.305	0.251	0.299	0.327

注：根据《2015 年度中国对外直接投资统计公报》整理。

表 4 – 8　五大行业对外直接投资存量增长情况

（单位：万美元）

行业/年份	2006	2007	2008	2009	2010	2011	2012	2013	2014	2015
采矿业	1790162	1501381	2286840	4057969	4466064	6659937	7478420	1061092	12372524	14238131
制造业	752962	954425	966188	1359155	1780166	2696443	3414007	4197684	5235194	7852826
批发零售业	1295520	2023288	2985866	3569499	4200645	4909363	6821188	8764768	10295680	12194086
金融业	1560573	1671991	3669388	4599403	5525321	6739329	9645337	1107938	13762485	1596601
租赁和商务服务业	1946360	3051503	5458303	7294900	9724605	1422002	17569795	19573354	32244391	40596771
合计	9063091	11791050	18397071	24575538	31721059	42478067	53194058	66047840	88264242	91207824

注：根据《2015 年度中国对外直接投资统计公报》整理。

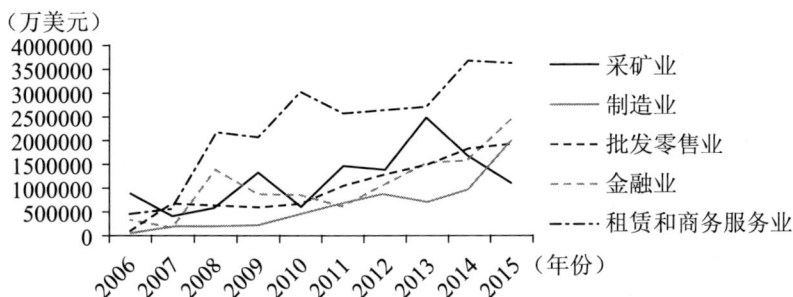

图 4 – 4　五大行业对外直接投资流量增长情况

注：根据《2015 年度中国对外直接投资统计公报》整理。

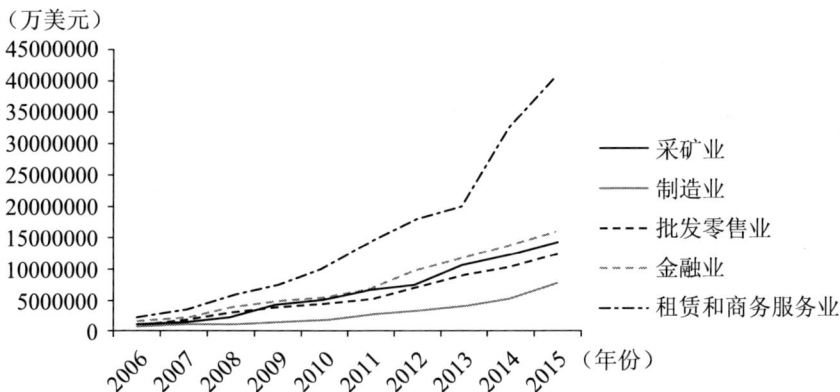

图 4 – 5　五大行业对外直接投资存量增长情况

注：根据《2015 年度中国对外直接投资统计公报》整理。

3. 第二产业内部呈现出采矿业比重下降，先进制造业投资增速加快态势

首先，目前采矿业在第二产业对外投资中占比仍然最高，但由 2006 年占第二产业对外直接投资额比重的 89% 下降到 2015 年的 30.3%，且投资规模一直处于波动式增长（见图 4 – 4、图 4 – 5）。由于我国新型工业化大力推进及制造业为主的产业结构产生对矿能资源的强大需求，因此，鼓励矿能资源企业走出去，通过海外投资获取资源以弥补国内资源缺口成为海外投资的重要战略，其中大型国企在海外战略布局中始终发挥领军作用。

　　其次，制造业虽占比不高但增速快，尤其是先进制造业走出去步伐加快。近年来我国制造企业规模快速壮大、创新能力日益增强、国际化经营水平显著提高，尤其是涌现出一批华为、中兴、海尔等具有世界先进水平的优秀跨国企业，推动了制造业加速海外投资步伐。与此同时，国内产能过剩、出口壁垒增多等因素也增加了制造业海外投资的紧迫感，尤其是"一带一路"战略下的国际产能合作和装备制造合作，不断推动优势产能向沿线国家转移，大大拓展了制造业的投资空间。在全球战略布局上，许多制造企业从过去设立境外贸易公司到在国外设立研发中心、设计中心、运营中心、物流中心等，不断完善全球产业链、供应链布局，推动价值链不断迈向高端水平；在投资方式上，企业通过绿地投资、跨国并购等方式向高新技术和先进制造业领域拓展。2015年流向制造业的对外直接投资199.9亿美元，同比增长108.5%；其中流向装备制造业的投资100.5亿美元，同比增长158.4%，占制造业投资比重的50.3%。2016年1—8月，我国非金融类对外直接投资额1180.6亿美元，制造业投资额211.1亿美元，增长209.6%，占17.9%；其中装备制造业投资额140.8亿美元，相当于2015年同期的4.7倍，占制造业投资比重的15.7%。

　　4. 第三产业内部投资结构优化，金融和信息服务业国际化步伐加快

　　截至2015年我国对外金融类直接投资存量为1596.6亿美元（表4-9），其中银行业对外直接投资971.3亿美元，占比最高达60.8%；证券业68亿美元，占比4.3%；保险业21.9亿美元，占比1.4%。国有商业银行一直是我国企业海外投资的主力军，截至2015年，国有商业银行在世界42个国家（地区）开设分行79家，附属机构57家。金融危机导致欧美金融企业资产大幅缩水，为我国金融企业海外并购优质金融资产提供了机遇，此轮出海主力从银行业为主转为券商和保险资本为主，在投资规模和数量上增速迅猛。如安邦保险集团股份有限公司一年多时间已经完成全球6次大额并购（表4-10）。

　　此外，信息服务业成为对外投资增速最快的领域。2015年信息传输、软件和信息技术服务业对外投资占比为6.4%，增速为115.2%。我国

表 4 - 9　2015 年我国金融类和非金融类对外直接投资情况

分类	流量			存量	
	金额（亿美元）	同比（%）	比重（%）	金额（亿美元）	比重（%）
合计	1456.7	18.3	100	10978.6	100
金融类	242.5	52.3	16.6	15966	14.5
非金融类	1214.2	13.3	83.4	9382	85.5

注：数据来自《2015 年度中国对外直接投资统计公报》。

表 4 - 10　2014—2015 年，安邦海外并购

时间	项目	涉及金额
2015.11.10	美国信保人寿	16 亿美元
2015.02.16	荷兰 VIVAT 保险公司	1.5 亿欧元
2015.02.17	韩国东洋人寿	63 亿元
2014.12.16	比利时德尔塔·劳埃德银行	2.19 亿欧元
2014.10.13	比利时 Fidea 保险公司	2.2 亿欧元
2014.10.06	纽约华尔道夫酒店	19.5 亿美元

房地产业对外投资一直保持良好态势，尤其是近年来金融保险业进军海外房地产势头很猛。2014 年，中国人寿保险股份有限公司和主权财富基金卡塔尔控股以 7.95 亿英镑收购了伦敦金丝雀码头办公楼，阳光保险集团以 4.63 亿澳元收购澳大利亚悉尼的喜来登公园酒店。2015 年阳光保险集团以 2.3 亿美元完成对曼哈顿六星级酒店 Baccarat 的收购。我国物流业投资主要集中在水上运输、装卸搬运、航空运输等贸易服务型行业，跨境电商海外建仓等也扩大了物流业对外投资（表 4 - 11）。

表 4 - 11　信息技术、物流、房地产业对外直接投资增长情况

行业/增速	2013 年		2014 年		2015 年	
	占比（%）	增速（%）	占比（%）	增速（%）	占比（%）	增速（%）
信息传输、软件和信息技术服务业	20.3	13.0	3.5	126.3	6.4	115.2
交通运输、仓储和邮政业	4.8	10.7	4.6	26.2	2.6	-34.5
房地产业	5.7	95.9	7.4	67.1	7.3	17.9

注：数据根据《2015 年度中国对外直接投资统计公报》计算整理。

5. 对外投资有效带动国内产业发展，增强了国际国内产业联动效应

对外直接投资促进了国际产能和装备制造业合作稳步推进，有效实现了国内传统产业转移，吸收了国际先进技术，促进了产业结构优化。与此同时，通过国际产能合作带动了国内装备、技术、服务、标准和品牌走出去，对拉动外贸出口、促进产业转型升级发挥了重要作用。截至2015 年，制造业累计对外直接投资额 785.3 亿美元，设立境外制造业企业 6186 家，在计算机和通信、汽车、通用设备、纺织等领域与东道国开展了广泛合作。采矿、能源、制造、交通运输、信息技术等领域都是我国对外直接投资的主要行业。目前我国已与 22 个国家签署协议，在轻工、装备制造、钢铁等领域开展机制化的产能合作。据统计，糖业、乳业等轻工业国际产能合作遍及亚洲、非洲、欧洲、美洲和澳洲的数十个国家和地区。钢铁业境外投资发展迅速，仅 2015 年钢铁企业境外投资就达 15 起（表 4 – 12）。

表 4 – 12 2015 年中国钢铁产业海外投资情况

企业名称	项目名称
河北钢铁集团邯钢	伊拉克 MASS 钢厂项目一期工程
首钢	马来西亚东钢公司一期
青拓实业	印尼不锈钢项目
河北新亚金属制品有限公司	印尼 20 万吨家具钢管生产线
河北毕氏集团	印尼钢厂投建
青山集团	印尼瑞浦不锈钢轧钢项目设计建设
德龙钢铁有限公司	泰国热轧带钢项目建成投产
武钢与泰富重装	西非合作投资运营西非钢厂
中国罕王与鞍钢建设	印尼合作建设高炉及相关配套设施
中国进出口银行广东省分行	关丹钢铁项目银团组建工作
江苏常宝钢管	拟于阿曼苏丹国苏哈尔自贸区设立石油油气管材深加工厂
大丰港（印尼）和顺镍业	大丰港印尼镍铁项目开工
江苏德龙镍业	印尼镍铁合金一期工程
玉龙钢管	尼日利亚项目
印尼青山工业园区	印尼二期镍铁项目

　　境外经贸合作区已经成为国内企业境外集聚发展的重要平台和产业转移的重要载体。截至 2015 年 11 月，我国在建境外经贸合作区 75 个，已通过国家认定的境外经贸合作区 13 个，主导产业涉及有色金属、轻纺、服装、汽配、建材、家电等产业（表 4 - 13）。75 个合作区累计投资 179.5 亿美元，入区企业 1151 家（其中中资企业控股企业 723 家），建区企业和入区企业总产值 419.3 亿美元[①]。

表 4 - 13　国家认定的境外经贸合作区

合作区名称	境内实施企业名称	合作区内主要产业
柬埔寨西哈努克港经济特区	江苏太湖柬埔寨国际经济合作区投资有限公司	纺织服装、机械电子、高新技术等
泰国泰中罗勇工业园	华立产业集团有限公司	汽配、机械、建材、家电、电子等
越南龙江工业园	前江投资管理有限责任公司	轻工、纺织、建材、化工、食品等
巴基斯坦海尔—鲁巴经济区	海尔集团电器产业有限公司	家电、纺织、建材、化工等
赞比亚中国经贸合作区	中国有色矿业集团有限公司	谦比希园区：铜钴开采、冶炼、加工为主，卢萨卡园区以商贸服务、现代物流、房地产、加工制造和新技术为主
埃及苏伊士经贸合作区	中非泰达投资股份有限公司	纺织服装、通用机械、汽车、高低压电器、配套服务等
尼日利亚莱基自由贸易区（中尼经贸合作区）	中非莱基投资有限公司	加工制造、商贸物流、石油仓储等
俄罗斯乌苏里斯克经贸合作区	康吉国际投资有限公司	轻工、机电、木业等
俄罗斯中俄托木斯克木材工贸合作区	中航林业有限公司	木材加工、销售、建筑材料销售服务等
埃塞俄比亚东方工业园	江苏永元投资有限公司	轻工、纺织、冶金、建材、机电等
中俄（滨海边疆区）农业产业合作区	黑龙江东宁华信经济贸易有限责任公司	农产品生产加工、仓储服务、农业生产配套等

---

　　① 数据引自《中国对外投资合作发展报告 2015》

合作区名称	境内实施企业名称	合作区内主要产业
俄罗斯龙跃林业经贸合作区	黑龙江省牡丹江龙跃经贸有限公司	森林采伐、木材初加工和精深加工等
匈牙利中欧商贸物流园	山东帝豪国际投资有限公司	商贸、物流等

注：资料引自商务部网站。

（三）我国企业对外直接投资区域布局的主要特点

1. 我国已经形成覆盖亚洲、辐射全球的区域投资布局

截至 2015 年，我国共有 2.02 万家境内投资者①在国外设立对外直接投资企业 3.08 万家，分布在 188 个国家（地区），覆盖率为 80.3%，其中亚洲境外企业的覆盖率高达 97.9%，其余依次为欧洲（87.8%）、非洲（85%）、北美洲（75%）、拉丁美洲（67.3%），大洋洲（50%）（表2.14）。截至 2015 年，我国境外企业在各洲分布占比分别为：亚洲55.5%、北美洲 14.4%、欧洲 11.5%、非洲 9.6%、拉丁美洲 5.7%、大洋洲 3.3%。截至 2015 年，我国在亚洲设立境外企业共计 1.7 万家，其中在中国香港地区设立境外投资企业达 9000 多家。在北美洲设立境外企业超过 4000 家，主要分布在美国和加拿大，美国是除香港之外我国设立境外企业数量最多的地区。在欧洲设立境外企业 3500 余家，主要分布在俄罗斯、德国、英国、荷兰、法国等地。在非洲设立境外企业超过 3000 家，主要分布在尼日利亚、赞比亚、南非等地。在拉丁美洲设立境外企业1700 余家，主要分布在英属维尔京群岛、开曼群岛、巴西、墨西哥等地。在大洋洲设立境外企业 1000 多家，主要分布在澳大利亚和新西兰。

表 4 - 14   2015 年中国对外直接投资企业在全球的地区分布

洲别/数量	国家（地区）总数量（个）	中国境外投资企业覆盖国家（地区）数量（个）	覆盖率（%）
亚洲	48	46	97.9
欧洲	49	43	87.8
非洲	60	51	85.0

---

① 按境内一级投资主体（即母公司）作为统计单位的数量。

洲别/数量	国家（地区）总数量（个）	中国境外投资企业覆盖国家（地区）数量（个）	覆盖率（%）
北美洲	4	3	75
拉丁美洲	49	33	67.3
大洋洲	24	12	50
总数	234	188	80.3

注：根据《2015 年度中国对外直接投资统计公报》整理而来。

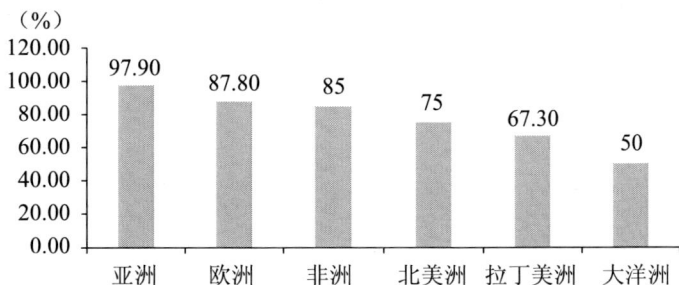

图 4 - 6　2015 年中国境外企业在全球各洲覆盖率

注：根据《2015 年度中国对外直接投资统计公报》整理。

2. 对外直接投资额以亚洲为主，欧洲、北美和拉美已成为主要投资目的地

从投资流量来看，我国对外直接投资主要流向亚洲、欧洲、北美和拉丁美洲（图 4 - 7）。亚洲投资地主要在中国香港，2015 年大陆对香港地区投资流量为 897.9 亿美元，占流量总额的 61.6%[①]。其次分别为：新加坡（104.5 亿美元）、印尼（14.5 亿美元）、韩国（13.2 亿美元）、阿联酋（12.7 亿美元）。我国对欧洲投资主要集中在欧盟区域内，2015 年我国对欧盟投资额为 54.8 亿美元，占对欧洲投资流量的 77%，荷兰、英国、德国列前三位。目前我国在欧盟设立的境外企业 2300 家，覆盖欧盟 28 个成员国。美国一直是我国在北美地区对外直接投资的主要目的国，2015 年对美投资占北美地区比重达 74.9%，主要投资领域是制造、房地产、采矿和金融业。

---

① 这里需要说明的是，大陆企业对香港投资其中多数是以香港为投资平台而流入最终目的地国家。

115

从对直接投资增速来看，北美洲是我国对外直接投资增速最快的地区，2009—2015 年 7 年间我国对北美地区投资增长 6 倍，而这一时期对欧洲投资增长 1 倍，对亚洲投资增长 1.7 倍，对非洲投资仅增长 1 倍（而 2006—2008 年增长了 9.5 倍）。可以看出，我国对发达经济体投资增速明显快于发展中经济体，反映出投资环境依然是我国企业海外投资的重要考量因素。

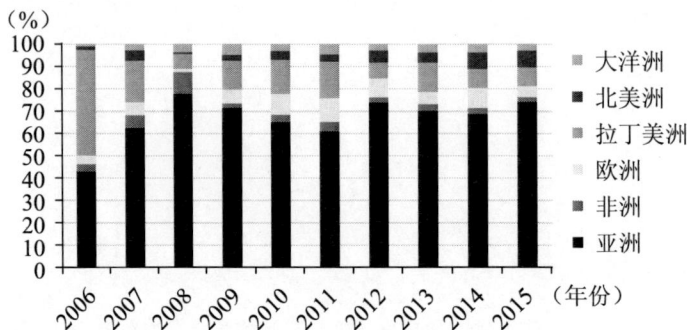

图 4-7　中国对外直接投资流量区域比重

注：根据《2015 年度中国对外直接投资统计公报》整理。

从投资存量来看，亚洲、拉丁美洲和欧洲最高，占我国总投资存量的 89.2%（表 4-16）。截至 2015 年，我国在亚洲投资存量为 7689 亿美元，占总量的 70%，主要分布在中国香港（6568.6 亿美元）、新加坡（319.8 亿美元）、印尼（81.3 亿美元），中国澳门（57.4 亿美元），以及泰国、越南、韩国和日本等，其中香港占亚洲投资存量的 85.4%；对拉丁美洲投资存量 1263.2 亿美元，占总量的 11.5%，其中 90.3% 集中在英属维尔京群岛和开曼群岛（935.6 亿美元）①。我国在北美洲投资存量为 521.8 亿美元，其中对美国存量为 408 亿美元，占北美地区存量的 78%，主要投资领域集中在制造业 107.19 亿美元、金融业 103.15 亿美元、租赁和商务服务业 37.16 亿美元，分别占存量的 26.3%、25.3% 和 9.1%，其次是批发和零售业占比 8.4%，采矿业占比 7.1%。

_____

① 这里需要说明的是，维尔京群岛、开曼群岛主要是国内企业对外投资通过在这两个离岸金融中心设立公司而对目的地国家进行投资。

表 4－15　中国对外直接投资流量区域分布

（单位：亿美元）

地区/年份	2006	2007	2008	2009	2010	2011	2012	2013	2014	2015
总计	176.34	265.06	559.07	565.29	688.11	746.54	878.04	1074.44	1231.2	14756.7
亚洲	76.63	165.93	435.48	404.08	448.9	454.94	647.85	756.04	849.89	1083.7
非洲	5.2	15.74	54.91	14.39	21.12	31.73	25.17	33.71	32.02	29.8
欧洲	5.98	15.4	8.76	33.53	67.6	82.51	70.35	59.49	108.38	71.2
拉丁美洲	84.69	49.02	36.77	73.28	105.38	119.36	61.7	143.59	126.1	
北美洲	2.58	11.56	3.64	15.22	26.21	24.81	48.82	49.01	92.08	107.2
大洋洲	1.26	7.7	19.52	24.8	18.89	33.18	24.15	36.6	43.37	38.7

注：根据《2015 年度中国对外直接投资统计公报》整理。

表 4－16　中国对外直接投资存量区域分布

（单位：亿美元）

地区/年份	2006	2007	2008	2009	2010	2011	2012	2013	2014	2015
总计	750.26	1179.11	1839.71	2457.55	3172.11	4247.81	5319.41	6604.78	8823.42	10978.6
亚洲	479.78	792.18	1313.17	2281.46	3034.35	3644.07	4474.08	6009.66	7689	
非洲	25.57	44.62	78.04	93.32	130.42	162.44	217.3	261.86	323.5	346.9
欧洲	22.7	44.59	51.34	86.77	157.1	244.5	369.75	513.62	694	836.8
拉丁美洲	196.94	247.01	322.4	305.95	438.76	551.72	682.12	860.96	1061.11	1263.2
北美洲	15.87	32.41	36.6	51.85	78.28	134.72	255.03	286.1	479.51	521.8
大洋洲	9.39	18.3	38.16	64.19	86.07	120.07	151.14	190.17	258.64	320.9

注：根据《2015 年度中国对外直接投资统计公报》整理。

3. 对外直接投资主要分布在发展中经济体，对"一带一路"沿线国家投资较快增长

截至 2015 年，我国对外直接投资存量 10978.6 亿美元，其中发展中经济体为 9208.87 亿美元，占比达 83.9%；发达经济体为 1536.52 亿美元，占比仅为 14%；转型期经济体为 233.21 亿美元，占比 2.1%。随着"一带一路"建设互联互通、产能合作、装备合作及自贸区建设等重大战略实施，我国在沿线国家的投资空间日益广阔，沿线国家在我国对外投资中的地位也日益重要。2015 年我国对外直接投资前 20 位国家和地区中，有 7 个是"一带一路"沿线国（表 4 – 17），2015 年我国企业共对"一带一路"沿线的 49 个国家进行了直接投资，投资额 189.3 亿美元，同比增长 38.6%。截至 2015 年年底，我国对"一带一路"沿线国家直接投资存量为 1156.8 亿美元，占总量的 10.5%。随着与沿线国家经贸合作不断深化，投资潜力也将释放。2016 年 1—8 月，我国企业对"一带一路"沿线 51 个国家非金融类直接投资 95 亿美元，主要投向新加坡、印尼、马来西亚、老挝、俄罗斯等国家地区。

表 4 – 17　2015 年中国对外直接投资流量排名前 20 名的国家和地区①

序号	1	2	3	4	5	6	7
国家（地区）	中国香港	荷兰	新加坡	开曼群岛	美国	澳大利亚	俄罗斯
流量（亿美元）	897.89	134.63	104.52	102.13	80.29	34	29.6
比重（%）	61.6	9.2	7.2	7	5.5	2.3	2
序号	8	9	10	11	12	13	14
国家（地区）	英属维尔京群岛	英国	加拿大	印尼	韩国	阿联酋	百慕大群岛
流量（亿美元）	18.49	18.48	15.63	14.5	13.25	12.69	11.27
比重（%）	1.3	1.3	1.1	1	0.9	0.9	0.8
序号	15	16	17	18	19	20	合计
国家（地区）	澳门	印度	土耳其	老挝	马来西亚	柬埔寨	
流量（亿美元）	10.8	7.05	6.28	5.17	4.89	4.2	1456.7
比重（%）	0.7	0.5	0.4	0.4	0.3	0.3	

注：数据来自《2015 年度中国对外直接投资统计公报》。

---

① 2015 年中国在卢森堡投资撤销并转至荷兰，使得当年对荷兰投资增长 12 倍之多，占当年对欧洲投资流量的 189.1%

（四）我国企业对外直接投资方式的主要特点

1. 跨境并购已成为我国企业高水平参与国际分工的重要方式

金融危机爆发导致发达国家优质资产贬值，使我国企业迎来了新一轮跨境并购机遇。2008年，我国跨境并购全额大幅回升达到302亿美元，占比达54%，同比增长379.4%；2015年达到544亿美元，占比为25.6%（表4-18、图4-8）。新一轮跨境并购在规模、质量、战略性资源获取能力等方面都具有显著提高。一是跨境并购具有项目大、金额大、领域宽等特点，体现出我国企业国际化运营能力、国际竞争力大幅提高。二是跨国并购对于提高全球要素配置能力、获取研发、核心关键技术、领军人才、国际品牌、营销渠道、服务网络等高端要素资源和重要战略性资产，深化与东道国互利共赢关系发挥着重要作用，逐步提高了我国企业在全球价值链、产业链和供应链的地位，有效改变了我国企业在国际分工中长期低端锁定的被动格局。三是跨国并购主要发生在发达经济体。2015年我国企业海外并购项目主要分布在全球62个国家和地区，从实际并购金额上看，排名前10位的依次为：美国、开曼群岛、意大利、中国香港、澳大利亚、荷兰、以色列、百慕大、哈萨克斯坦、英国，这10个经济体的并购金额占我国海外并购额的70%以上（图4-9）。

表4-18 中国跨境并购金额及比重

年份	2004	2005	2006	2007	2008	2009
并购金额（亿美元）	30	65	82.5	63	302	192
同比（%）	—	116.7	26.9	-23.6	379.4	-36.4
比重（%）	54.5	53	39	23.8	54	34
年份	2010年	2011年	2012年	2013年	2014年	2015
并购金额（亿美元）	297	272	434	529	569	544
同比（%）	54.7	-8.4	—	21.9	7.6	-4.3
比重（%）	43.2	36.4	31.4	31.3	26.4	25.6

注：（1）数据来自《2015年度中国对外直接投资统计公报》；
（2）2012—2015年，跨境并购包括境外融资。

119

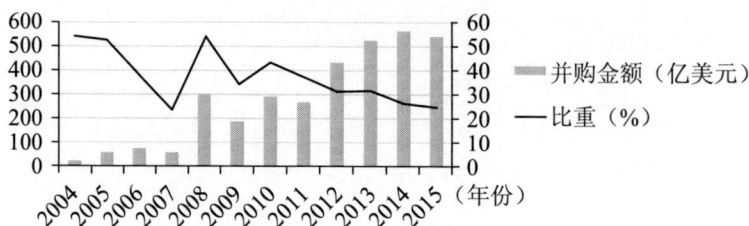

图 4 - 8　中国对外直接投资中并购金额及比重

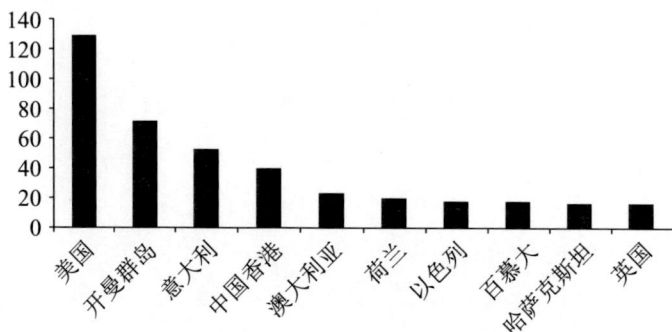

图 4 - 9　2015 年中国企业海外并购金额最大的十大目的地（单位：亿美元）

表 4 - 19　2015 年中国 10 大海外并购案

买方	标的	金额
中国化工	意大利倍耐力大部分股权	77 亿美元
中国广核集团	马来西亚埃德拉全球能源公司	39 亿美元
紫光集团	西部数据 15% 已发行普通股	38 亿美元
长江三峡集团	两巴西水电站 30 年特许经营权	36.6 亿美元
中国财团	飞利浦 lumileds 照明业务 80% 股权	33 亿美元
海航集团	瑞士空港	28 亿美元
渤海租赁	Avolon100% 股权	25.55 亿美元
中国民生投资股份有限公司	思诺国际保险集团 100% 股权	25 亿美元
复兴国际	分两次收购美国 Ironshore100% 股权	23 亿美元
光明集团	以色列 Tnuva77.7% 股权	21.67 亿美元

2. 绿地投资仍然是我国企业对外直接投资的主要方式

我国企业绿地投资比重一直高于跨境并购（图 4 - 10）。我国企业绿地投资主要集中于亚洲、拉丁美洲和非洲等欠发达经济体，因为绿地投资需要投入大量劳动力和资源，一般会选择成本低的发展中国家，这些国家的政府也倾向于通过新建企业的方式促进就业，拉动经济增长。

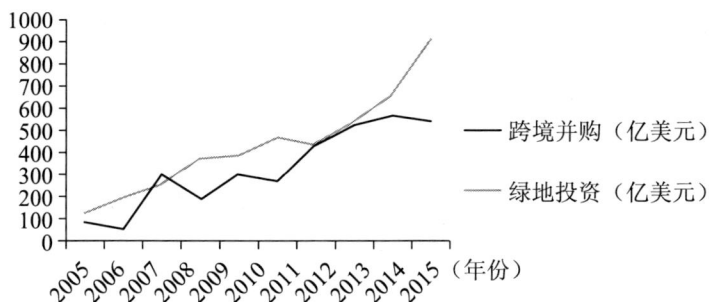

图 4 - 10 2006—2015 年，跨境并购与绿地投资状况

注：根据《2015 年度中国对外直接投资统计公报》整理。

（五）我国对外直接投资企业结构的主要特点

我国企业对外投资实力显著增强。2015 年，《财富》杂志发布的世界 500 强企业中，大陆上榜企业数量居世界第二，共有 94 家企业上榜，仅次于美国（128 家），2016 年这一数字增至 97 家①，这些企业涉及能源、通信、制造、建筑等行业，品牌知名度不断提高，已经成为参与国际竞争的骨干力量。

1. 基本形成国企与民企双轮驱动的格局，国有企业仍在发挥主力军作用

在我国对外直接投资企业布局中，国企比重逐年下降，民企逐渐成为半壁江山。截至 2014 年，我国对外非金融类直接投资存量 7450.2 亿美元，国企占比从 2006 年的 81% 逐步下降到 2014 年的 53.6%。说明过去国企一枝独大的局面基本结束，投资主体多元化格局已经形成（图 4 - 11），但国企由于集聚了资源、资金、政策等方面的优势，仍在发挥主导作用。2015 年《财富》杂志发布的世界 500 强企业中，我国上榜企业 88 家为国企，排名前 10 位的 3 家均为国企：中国石油化工集团公司（第 2 位）、中国石油天然气集团公司（第 4 位）和国家电网公司（第 7 位）。

---

① 2015 年台湾、香港共计 12 家企业上榜；2016 年台湾、香港共计 13 家企业上榜。

2016年世界500强企业中，大陆国企上榜共计86家，国家电网公司（第2位）、中国石油天然气集团公司（第3位）、中国石油化工集团公司（第4位）仍排名前10位。在商务部按照对外直接投资存量、境外企业资产总额、年度境外企业销售收入情况公布的"中国非金融类跨国经营企业100强"中（表4-20），其中位于前10强的全部为国企。

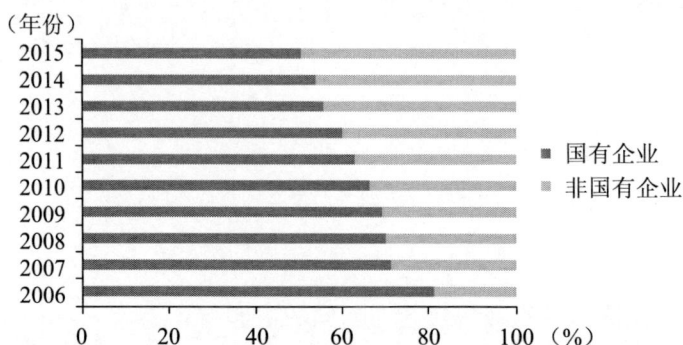

图4-11　我国国有企业与非国有企业对外直接投资存量比例

注：引自《2015年度中国对外直接投资统计公报》，此统计数据以非金融类对外直接投资为准。

表4-20　2015年中国非金融类跨国经营企业前10强

次序	对外直接投资存量	境外企业资产总额	境外企业销售收入
1	中国移动通信集团公司	中国移动通信集团公司	中国石油化工集团公司
2	中国石油天然气集团公司	中国石油化工集团公司	中国石油天然气集团公司
3	中国海洋石油总公司	华润（集团）公司	中国移动通信集团公司
4	中国石油化工集团公司	中国海洋石油总公司	华润（集团）公司
5	华润（集团）公司	中国联合网络通信集团有限公司	中国海洋石油总公司
6	中国远洋运输（集团）总公司	招商局集团有限公司	中国中化集团公司
7	招商局集团有限公司	中国建筑工程总公司	联想控股有限公司
8	中国建筑工程总公司	中国中化集团公司	中国建筑工程总公司
9	中国化工集团公司	中国五矿集团公司	中国化工集团公司
10	中国五矿集团公司	广州越秀集团有限公司	上海吉利兆圆国际投资有限公司

注：根据商务部《2015年度中国对外直接投资统计公报》整理。

2. 民营企业异军突起，成为走出去的中坚力量

我国民营企业海外投资的表现正在引起世界关注。民企海外投资实力和国际化水平显著增强。2016 年我国共有 11 家民企入选世界 500 强企业分别是，太平洋建设、华为、联想、山东魏桥创业、正威国际集团、万科、京东、万达、吉利、美的、恒大地产等 11 家。2015 年在"中国企业 500 强"排行榜中，民企占 207 个席位，占比达 41.4%。截至 2014 年，在中国非金融类跨境投资企业存量前 100 强中，民企已达 34 家。按照投资存量统计，非国企所占份额逐年提高，到 2014 年已达 46.4%（图 2 - 11）。近年来，民企在高技术、新能源、电力、军工等战略性新兴产业海外投资快速发展。其次，大规模、先进技术型国际并购实力增强。如，吉利集团 2010 年以 18 亿美元并购沃尔沃成功实现国产化；2010—2015 年，万向集团在美国先后收购汽车电池生产商 EN-ER1、A123 电池系统公司、电动汽车生产商菲斯克公司，实现技术合作；2016 年年初，海航以 60 亿美元收购全球 IT 最大分销商美国英迈公司，将获得国际领先 IT 和电信品牌、物流渠道、领军人才、客户资源等。

三、我国企业对外直接投资中存在的主要问题

（一）企业海外投资面临的国际政治经济风险因素加大

金融危机以来，由于全球政治、经济、外交形势变幻动荡，导致企业海外投资面临的风险和不确定性增加、困难和挑战增多。企业向"一带一路"沿线发展中国家投资，通常面临东道国政局不稳、汇率大幅波动、重大突发事件干扰、法制环境和市场环境差等问题；在向欧美发达国家投资则通常面临保护主义严重等问题，尤其是美国大选后，特朗普政府表示为提高本国就业率而控制跨国公司岗位海外转移，严格外资审查以及退出 TPP 区域自贸协定等倾向，将加剧全球投资规则的不确定性。2014 年由于泰国政变导致部分赴泰投资企业推迟或取消了投资计划，对罗勇工业园区招商造成影响；越南龙江工业园因当地发生针对中资企业的暴力事件导致招商工作受到影响；乌苏里斯克经贸合作区

内企业受卢布贬值冲击经营困难，导致部分入驻企业离开合作区。此外，由于国际经济形势剧烈震荡使汇率风险成为企业海外投资的主要风险之一。部分国家货币如俄罗斯卢布、巴西雷亚尔、墨西哥比索等都出现了断崖式下跌，导致企业遭受巨大损失。

（二）对外直接投资体制创新不足，相关政策不适应形势发展的需要

1. 投资便利化仍存在较大障碍

一是备案制程序复杂。海外投资项目审批制虽已改为备案制，但需报送的材料并未减少，3亿美元以上重大投资项目仍需经国家有关部门备案。如，某企业并购项目走完部手续需花费3个月时间，因程序繁琐、时间较长导致项目商机延误。许多并购项目需要在短时间支出保证金并派出专业项目团队，但由于手续不完备、购汇、出入境审批不及时等错过良机。二是境外企业返程投资面临较大障碍。企业将海外利润进行返程投资，在国内设立企业时视同外资，而无法享受内资企业的政策。三是个人境外投资有关规定不明朗。虽然个人境外投资试点工作已经获国务院批准，但在用汇、备案、服务等方面并没有相应支持政策。四是签证问题影响人员往来。国内人员出境签证手续繁杂等造成企业内部人员往来不便，同时国外员工入境培训存在签证难问题。目前越来越多的企业在"一带一路"沿线国家设立生产基地需要对东道国员工进行培训，但因未设置研修人员签证而导致东道国受训员工无法入境。

2. 相关法律和保障措施建设滞后

一是缺少海外投资立法。目前对外投资管理政策主要由各部门的规章或规范性文件构成，没有统一立法可循，对外投资备案程序复杂、事后管理比较薄弱。二是海外投资保险制度不完善。如汇率断崖式下跌给企业经营活动带来的损失目前中信保并未纳入承保范围，由于东道国政策调整或经济、社会震荡导致的损失无法得到保障。三是国家为纳税人在投资国提供税收收益保障方面和境外投资的税收服务体系不健全。

（三）国有企业投资效益低，金融风险增加

由于国企对海外投资风险预估不足，在投资的方向性、战略性上出现重大失误。美国传统基金会曾对我国 1000 万美元以上的海外投资项目进行分析结果显示，与发达国家跨国公司相比较，我国企业向高风险地区投资趋向非常明显。首先，有些企业偏好风险型投资，认为高风险等于高收益，一些国企领导人出于追求"政绩"偏向投资高风险地区，在高风险偏好下，企业海外投资亏损难以避免。2016 年 1—9 月，我国境外并购项目协议投资额 1044.6 亿美元，较 2015 年同期增长 380.5%。这种短期对外投资增长过快带来的金融风险和经营风险也不容忽视。其次，国企投资行为并非以盈利作为主要考量，还有诸多政治层面的需要。如援助项目大多由国企来执行导致牺牲经济利益。此外，由于对国企海外资产和投资行为的约束和监管不足、亏损追责不利，对央企境外资产的审计制度还不完善等，导致海外投资项目作为国企领导者的政绩工程滋生权力寻租行为，一些驻外企业管理人员通过贪污受贿、非法交易、以私人名义注册公司等方式，隐匿、侵占、转移、挪用、私分国有资产，造成国家财产损失。

（四）民营企业在对外直接投资中仍存在政策歧视和体制约束

民营企业在海外投资和并购中，仍存在融资难、购汇难、资质"玻璃门"等政策歧视。融资方面，由于政策性银行融资门槛过高、商业银行融资产品缺乏，融资贷款主要向国企倾斜，导致民企海外投资融资困难。重大海外并购项目民企融资渠道狭窄，主要依靠自有资金，且担保体系不健全。企业海外项目在国内融资时只能以国内资产抵押，境外资产无法抵押。目前我国民企融资成本比国企高 10% ~ 30%，许多中小型民营企业很难获得境内外的大额银行贷款。用汇方面，在实际业务操作过程中仍存在对民营企业的歧视。如配额优先供应国企，非国企无法通过正常途径获得。民企在援外项目资质上还遭遇"玻璃门"问题等。

（五）对外投资服务保障体系和平台不完善

一是相关信息系统不完善。由于对东道国的投资环境、市场状况、文化习俗、法制规范、投资政策等方面的信息搜集缺乏及时性、准确性和有效性，导致企业对外投资完全依靠自身力量收集所需信息，成本高、难度大、信息可靠性差。二是各类技术专业咨询服务不完善。尤其是为企业投资和并购活动提供国际化、专业化服务的金融、信息、法律、财务、技术等专业服务机构严重不足。三是政府支持力度不够。由于我国外交使馆缺乏有力支持，导致一些企业与东道国政府沟通困难、谈判受挫、项目拖延搁置等问题。

四、"十三五"时期发展我国对外直接投资的战略选择

积极实施走出去战略，优化对外直接投资战略布局，及时防范对外投资风险，是"十三五"时期构建开放型经济新体制的重要任务。我国已经具备了大规模对外直接投资的基础条件。从微观层面看，我国企业经过 30 多年国际化经营实践的探索，综合实力、所有权优势明显提升，尤其是民间资本实力雄厚，有境外投资的强烈需求；从宏观层面，2015 年，我国 GDP 总量 676708 亿元，截至 2016 年 9 月，我国外汇储备余额 3.17 万亿美元。强大的综合国力为企业海外投资提供了有力保障。随着"一带一路"建设、实施自贸区战略、双边和多边投资协定等稳步推进，将为企业海外发展提供有利的外部环境。

（一）投资产业和区位选择应做到传统产业与战略性新兴产业并重，发展中国家与发达国家并重

根据比较优势原则确定对外直接投资的产业和区位选择是决定企业海外投资成败的关键因素。欧美等发达国家经验表明，一国对外直接投资的方向与其国内产业在全球价值链中的位置密切相关，应根据我国产业优势、全球价值链定位等合理选择投资产业和区位。一方面目前我国传统产业已经具备转移条件，应根据比较优势原则向成本更低、产业结构层次更低的发展中国家进行投资，以利于调整国内产业结构；另一方面是向位于全球价值链高端的发达国家进行学习型投资，以获取先进技术、管理方式、服务模式等外溢效应，带动国内技术创新和产业升级。应积极探索向发达国家投资的路径和政策。在投资方式上，应以获取战略性资源为主要目标鼓励企业海外并购，选择经济基础雄厚、技术先进、投资环境好的发达国家和地区，收购优质企业的核心技术、品牌、

研发中心和销售渠道，快速实现技术和品牌跃升；在经济欠发达的国家和地区选择绿地投资，充分利用当地劳动力、资源能源、土地等低廉生产要素，积极开拓国际市场。

（二）强化投资战略布局，以"一带一路"倡议为重点重塑对外直接投资新格局

"一带一路"建设为我国企业对外直接投资带来了新的机遇和新的市场空间。"一带一路"横跨欧亚大陆桥，覆盖中亚、东南亚、南亚、西亚、东非、欧洲的 65 个国家和地区，人口和 GDP 分别占世界比重的 47.4% 和 27%，投资市场空间巨大。一是加大沿线国家基础设施投资，通过建设国际大通道中的通路、通讯、通航和通商等"主干道"，加快轨道交通、信息通信、能源电力、装备等制造和服务走出去步伐。二是逐步形成面向"一带一路"、辐射全球的境外经贸合作园区网络，为企业投资搭建重要平台。通过积极商谈我与沿线国家双边投资协定、自贸区建设等推进区域经济一体化进程。三是推动制造业过剩产能和优势产能向沿线国家转移。重点支持国内机械制造、汽车、钢铁、化工、有色金属、纺织等传统产业转移，力争在资源富集、劳动力密集、市场需求大、国内政局稳定的国家建立生产基地。四是利用中亚、俄罗斯、缅甸、印度、孟加拉、越南等沿线国家能源、矿产、农业、海洋等自然资源丰富的优势，加强沿线国家能源资源投资开发。

（三）优化投资产业结构，加快构建以我主导的全球产业体系

1. 推动制造业投资，构建全球生产网络体系

一方面大力推动钢铁、纺织、电子消费品、工程机械、机械加工、食品加工等传统制造业投资，加快国内过剩产能向东盟、非洲、拉美等发展中国家投资建立工业园区和生产基地，形成以我主导的全球产业链和创新链，加速形成覆盖全球的生产网络体系。另一方面，积极推动核电、通信、航天、飞机、汽车、高端装备等一批具有技术优势的产业加快全球布局。

2. 推动服务业投资，构建全球营销网络体系和研发创新体系

鼓励企业在美国、欧洲、日本等发达国家设立研发总部、设计中心及科技园区，获取世界前沿技术创新成果与科研信息。在我国制造业投资的重点国家建立研发、设计、金融、物流等服务体系，支撑制造业当地化发展。加快培育软件、通信、互联网、大数据等信息技术企业的国际市场开拓能力，并向具有较大市场需求的发展中国家投资，扩大服务贸易规模。推动国内具有自主知识产权的技术标准在境外推广应用。鼓励科技型企业与国际知名高校、实验室、跨国公司等机构开展国际研发合作，建立海外研发基地和产业化基地，拓展国家创新体系建设的全球化发展空间。

3. 挖掘农业投资潜力，积极开拓海外农业资源和市场

我国农业对外直接投资仍有巨大潜力。应充分发掘和利用国外土地、水等资源和农作物资源，深入研究各国土地和农业投资制度，尤其是加强与印度、缅甸、孟加拉、泰国、澳大利亚、新西兰等农业资源丰富的国家投资合作。

（四）加快培育一批拥有核心技术、自主品牌的跨国企业

利用我国已经形成的技术竞争优势，引导企业从单纯产品输出向资本、技术、品牌、标准输出转变，培育一批具有较强国际竞争力的跨国公司。鼓励国内企业与跨国公司结成战略联盟共同携手开拓国际市场，寻求海外资源、技术和市场，推动我国大企业向研发设计、品牌营销等服务型、创新型制造企业发展，形成具有自主知识产权、自主品牌的跨国企业。

（五）推动民营企业对外直接投资

民营企业正在成为我国对外投资的主力军，并在"一带一路"倡议及关键性领域中发挥重要作用。尤其在对高新技术、能源资源、军工等敏感行业投资及重大海外并购上，民企拥有国企不可替代的优势。当前来自以美国为首的西方保护主义势力增强，许多国家对国企投资表现敏感，为此，应消除思想认识误区、政策歧视和体制障碍，为民企海外投资创造良好环境保障。一要放宽民营企业海外投资限制。逐步探索对民企境外投资项目采取登记制，对于重大投资并购项目要简化程序，切实提高效率。国家在重大项目、金融支持等政策方面应做到国企与民企

一视同仁；二要加强金融保险政策支持。适度扩大中国进出口银行、国家开发银行对民企海外投资优惠贷款规模，完善海外投资贷款风险补偿金和贴息制度。创新金融产品和融资模式，通过发展产业基金、投资基金和探索 PPP 方式设立海外产业投资合作股权投资基金等方式解决民企融资问题；三要加快民企在"一带一路"重点行业、重点区域战略布局。鼓励民企投资高新技术、基础设施、海洋、能源资源、军工、农业等领域构建全球产业链。加快推动高技术企业对欧洲国家投资，支持民企设立或收购海外研发中心获取外溢效应。

（六）加强海外投资平台建设，完善投资服务援助体系

加强海外投资大数据建设，为企业提供各类相关资讯服务支持；加快发展金融保险、信息服务及相关法律、财务、技术等咨询服务机构，为企业"走出去"提供国际化、专业化服务；加强境外工业园区基础、服务平台建设，发挥各级商会、贸促会、行业协会及中介服务机构作用。要发挥好驻外使领馆作用，完善政府预警援助机制，利用政府外交渠道为境外投资企业协调东道国关系和事务，增强突发事件应急处置能力。同时发挥当地商会、侨团等民间组织力量，畅通企业海外维权投诉救助渠道，建立投资争端解决机制，切实维护企业合法权益。

参考文献

[1] 王晓红，李自杰，李耀辉. 改革开放 30 年我国对外直接投资的回顾与展望 [J]. 国际贸易，2008（9）.

[2] 王晓红，徐占忱，高凌云，郭周明. "十三五"时期扩大对外开放的战略思路 [J]. 国际贸易，2015（9）.

[3] 王晓红. 跨国公司发展与战略竞争 [M]. 北京：人民出版社，2004.

[4] 中华人民共和国商务部. 2015 年度中国对外直接投资统计公报 [R]. 2016.

[5] 中华人民共和国商务部. 中国对外投资合作发展报告 2015 [R]. 2015.

[6] 联合国贸发会议. 2016 年世界投资报告 [R]. 2016（6）.

（执笔人：王晓红　谢兰兰）

专题五：我国制造业国际产能合作

当前，全球产业结构加速调整，基础设施建设方兴未艾，发展中国家尤其是"一带一路"沿线国家加快推进工业化进程，国际产能合作潜力巨大。经过近 40 年的改革开放，中国制造业基础厚实，产业配套能力强，在国际市场形成了较强的竞争能力，近年来已进入对外直接投资的快车道，开展国际产能合作恰逢其时。作为新兴发展中大国，中国制造业对外直接投资符合国际投资的一般性特征，具有跨国经营的共性优势，但也存在全球产业链、价值链中高端参与度不高，供应链运营管理能力相对较弱等问题。为此，中国制造业对外投资开展国际产能合作，既要积极稳健，扬长避短，发挥自身的产能优势，通过在全球范围实现要素的优化配置，又要克服自身局限，边干边学，学习国外的先进技术和管理运营经验，形成互补效应，逐步提高在全球价值链的地位，实现对外产能合作的稳健可持续发展。

一、中国制造业国际产能合作主要特点

（一）对外直接投资是中国制造业国际产能合作的主要形式

境外投资办厂实现将境内产能转移到境外，以及境内关联设备制造业产能利用率提升，是这一形式的基本特征。就本国企业开展对外直接投资而言，如果投资过程是在境外建造企业主业领域的制造基地，则实现生产能力转移到境外；如果使用本国国内新生产设备在境外投资，意味着新增产能转移。2016 年 1—9 月，中国非金融类对外直接投资

1342.2亿美元，同比增长53.7%；流向制造业的对外直接投资243.9亿美元，增长168.1%，占对外直接投资总额的18.2%，其中流向装备制造业150.6亿美元，是上年同期的3.5倍，占制造业对外投资的61.7%。

海外办厂是对外直接投资的重要方式。受国内要素成本增加、产能过剩、贸易争端风险等因素影响，近年来越来越多的纺织服装、家电、轻工、机械、原料药等行业的制造业企业走出去办厂，投资集中在亚、非、拉和前苏联东欧国家等发展中国家与地区。也有一些有实力的企业到市场空间大、研发设计资源多的发达国家建厂。以光伏产业为例，从2011年起，中国太阳能光伏企业在美国开始建设工厂，打造自己的新能源品牌，整合世界各地新能源最前端的技术资源与企业，打造美国首家集产、研、展、销为一体的综合性大型太阳能产业基地，更深度地进入美国市场，实现从"Made in China"到"Made in USA"的跨越。

跨国并购呈现快速增长的态势。近年来，中国制造业企业通过并购方式进行产能合作的案例明显增加，成为企业主动获取海外优质资源的重要途径。并购项目投资总额由2011年的272亿美元增长至2015年的338亿美元。以汽车产业为例，截至2015年9月，中国汽车及其零部件制造业企业海外并购案件在50起左右。从国内并购主体上看，大部分都发生在浙江省，例如，浙江青年乘用车集团有限公司收购瑞典萨博汽车开发公司、浙江吉利并购瑞典沃尔沃等等。随着中国国内汽车市场的持续火爆，部分有实力的汽车及其零部件企业仍然将对利用海外并购方式推进国际产能合作保持较高热情。近几年，船舶、通讯等制造业一些企业抓住机遇，收购、兼并海外设计研究公司和品牌，也取得一定成绩。2011年，四川锦江电子科技有限公司花了8000万元左右，成功收购美国加州卡迪马（Cardima）医疗器械公司。

（二）民营企业成为中国制造业国际产能合作的生力军

改革开放以来，中国民营经济发展成长快、外向型程度高，尤其是近年来，民营企业积极扩大海外投资，发挥自身优势，利用自有品牌、自主知识产权和自主营销渠道，进行全球采购、生产、销售，成为制造业对外投资，开展国际产能合作的生力军。根据 2004 年至 2010 年度《中国对外直接投资统计公报》统计，从 2003 年到 2009 年，62.2% 的企业数量和 64% 的投资额由民营企业贡献。截至 2013 年年底，民营企业占中国对外直接投资总额的 45%，且保持上升趋势。中国民营企业对外直接投资不仅有量的增长，也有质的提升。比如，积极融入全球创新网络，在境外建立研发中心、设计中心，或通过并购、合资等方式开展境外高新技术和先进制造业投资合作，不断向产业价值链高端迈进，有效促进了国内传统产业产能对外转移。

（三）境外经贸园区成为中国制造业国际产能合作的重要平台

境外经贸园区是指由中国企业在境外投资设立和开发的经济贸易园区，主要吸引中国企业入驻。目前，除了通过资质论证，成为获得中国政府政策支持的境外经贸园区之外，还有部分企业投资的园区。境外经贸园区鼓励企业集群式入驻，通过精细化分工，使每个入驻企业专注于产业链上各自擅长的一环，团队合作，合理分配，最大限度利用各类资源，形成产业配套和集聚效应。近年来，中国制造业在境外形成了一批基础设施完备、主导产业明确、公共服务功能健全、具有聚集和辐射效应的产业聚集园区，成为国际产能与装备制造合作的有效平台。截至 2015 年年底，中国企业境外在建的国家级合作区 75 个，累计投资额 181.8 亿美元，吸引入区企业 1154 家，累计创造总产值 419.7 亿美元。在建 75 个合作区中，有一半以上是与国际产能合作相关的加工类项目，主导产业涉及有色、轻纺、服装、汽配、建材、家电等优势产业。以光伏产业为例，通过在海外设立光伏产业工业园，联合国内光伏产业链各环节有优势的企业，集群式入驻园区，进行产品生产，有效实现了国内产能的对外转移。中国纺织制造业天虹、申州等龙头企业在越南兴建产业园，带动了纺纱、织布、染整、绣花、裁剪等配套产业的产能转移与合作。

专栏5.1　我国光伏产业对外投资开展国际产能合作案例

　　随着出口受到的限制不断增多，越来越多的企业选择在海外直接设立光伏工厂，从而解决产品销售受阻的问题。目前，我国生产的光伏组件95%销往海外，国外政府出于振兴经济的考虑，纷纷要求中国光伏企业在当地建厂，而为扩大销量，不少中国光伏组件企业开始在海外投建新工厂，投资遍布多个国家和地区。据商务部统计，截至目前，国内光伏企业已有超过100家在海外设立有办事机构和制造厂，在德国的企业最多，占比达到20%以上，其次还包括意大利、西班牙、加拿大、美国等地，其中，在海外设有制造厂的有20余家，这些企业中有中电光伏、无锡尚德、阿特斯等在海外的工厂规模较大。无锡尚德早在2010年就在美国亚利桑那州凤凰城建造了工厂，目前的产能在50兆瓦左右。同为第一梯队的阿特斯目前在加拿大的工厂产能则为400兆瓦，阿特斯选择海外建厂是因为加拿大当地新出台的能源政策，规定如要在当地做光伏项目，那么成本中的60%附加值需要在加拿大获得，这就意味着作为光伏产品的销售者，必须通过在当地投资建厂而达到这一目的。

　　通过在海外设立光伏产业工业园，联合国内光伏产业链各环节有优势的企业，集群式入驻园区，进行产品生产，能够有效实现过剩产能的对外转移。集群式入驻能够实现精细化分工，使每个入驻企业专注于产业链上各自擅长的一环，团队合作，合理分配，从而最大限度利用各类资源，实现产业链的优化。以美国达拉斯的太阳城项目为例，美国作为我国光伏企业的出口重要市场，几家国内光伏企业从2009年起就已开始谋划设立产业园，从而在美国打造自己的新能源品牌，整合世界各地新能源最前端的技术资源与企业，打造美国首家集产、研、展、销为一体的综合性大型太阳能产业基地。更深度的进入美国市场，实现从"Made in China"到"Made in USA"的跨越，同时彻底规避贸易壁垒。据了解，该园区占地1400余亩土地，投资达 5000 万美元，园区为各入驻企业提供了法律、渠道、政策补贴等各方面的帮助，同时与美国花旗银行达成协议，为入驻太阳城的新能源企业提供低息贷款服务，从而有效规避了中小型企业在美国经营销售中遇到的资金问题。从单纯出口到"走出去"，从设厂到"建园"，从贸易壁垒到主动邀请，中国光伏企业成功实现了产能转移，保证了公司的持续运营。

（四）"一带一路"沿线国家成为中国制造业国际产能合作的重点东道国

中国提出"一带一路"倡议，着力于与沿线国家实现互联互通，共商、共建、共享发展成果，受到沿线国家的普遍欢迎。目前，中国已与"一带一路"沿线 11 个国家签署了自贸区协定，与 56 个沿线国家签署了双边投资协定，为中国与沿线国家的制造产业合作实现优势互补、互利共赢提供了制度保障。中国制造业界普遍看好与沿线国家投资合作的前景。根据《2015 年度中国对外直接投资统计公报》，2015 年，中国对"一带一路"相关国家投资占当年流量总额的 13%，达 189.3 亿美元，同比增长 38.6%。当前，中国在"一带一路"沿线开展跨国产能合作的产业，既有以轻工、家电、纺织服装为主的传统优势产业，有以钢铁、电解铝、水泥、平板玻璃为主的富余产能优势产业，也有以电力设备、工程机械、通信设备、高铁和轨道交通为主的装备制造优势产业。

（五）重点制造业推进国际产能合作发展不平衡

中国重点制造业国际竞争能力强弱不一，参与全球产业链、供应链和价值链的广度和深度不一，开展国际产能合作的基础与条件存在较大差异。总体来看，中国工业制成品制造企业海外投资办厂业绩，消费品制造企业要好于投资品制造企业。中国钢铁行业对外投资合作主要集中在越南、印尼、俄罗斯等 22 个国家，境外设立企业或分支机构约 200 家，多数企业集中在上游环节，一批龙头企业已在海外铁矿石资源丰富地区建立了资源基地，中游冶炼环节和下游深加工环节投资相对较少。在通信设备制造业，已超过300家企业在海外开展各种投资活动，主要以设立研发、营销、培训机构为主，对消化产能过剩有重大贡献的境外制造企业相对较少。中国船舶企业大都从事国际海上船舶运输及相关船舶代理，船舶修造，船舶居间买卖服务等，受制于国际产能过剩、国内成本相对较低等因素，对外直接投资建设修造船厂的时机、条件尚不成熟。相比之下，中国水泥行业利用出口、承包工程和对外投资多条腿走路方式，带动了水泥、水泥设备产能的全球转移，并且使得中国水泥制造技术不断迈上新台阶。

专栏5.2　我国部分水泥企业对外产能合作案例

截至2015年年底，我国水泥企业在境外投资设立的企业大约100家左右，主要分布在东南亚、中亚、非洲等34个国家（地区）。老挝、越南、缅甸、蒙古等亚洲国家基础设施建设需求旺盛，非洲国家埃塞俄比亚、莫桑比克、尼日利亚、坦桑尼亚、赞比亚、布基纳法索、南非等水泥消费量大，自身产能难以满足需求，我国企业对这些国家投资力度较大。

2010年，郑州仓西实业开发有限公司在尼日利亚、埃塞俄比亚投资5298万美元兴建的两个水泥厂、三条生产线，已带动设备出口2000多万美元。

2011年8月，华新水泥的控股子公司——华新中亚投资（武汉）有限公司与塔吉克斯坦亚湾水泥有限公司就合作建设年产100万吨新型干法水泥生产线项目签署协议。这是华新向海外拓展的第一个项目，标志着华新国际化战略由此正式启动。同年6月海螺集团发布消息，计划在印尼建设四家水泥厂，投资规模为23.5亿美元，现正在等待印尼政府的最终批准。目前，海螺集团也在探索巴西和蒙古的其他海外投资项目。还有许多大企业或企业集团跃跃欲试，酝酿到海外进行投资活动。

2013 年 1 月，中国建材集团所属两家企业中国建材国际工程有限公司与中国联合水泥集团有限公司在上海签署了在蒙古国建设年产 100 万吨水泥项目的 EPC 总承包合同。以中国联合水泥旗下的乌兰察布市蒙中水泥有限公司为平台，在蒙古国注册成立蒙欣巴音嘎拉有限责任公司，并兴建年产 100 万吨的水泥生产线。

2014 年，河北省冀东发展集团和中非发展基金通过中非冀东建材，与南非本地合作伙伴合资建设的日产 2800 吨熟料水泥生产线，目前已签署近 50 个项目相关协议和近 30 个融资相关协议。该项目既可以享受南非丰富的原料资源，又拥有相对成熟稳定的当地市场。同时，由于采用先进的节能减排技术，南非贸易工业发展部还批准了总额达 1.3 亿兰特的新建项目政府减免税补助，鼓励该项目在当地加大引进新技术，降低当地单位水泥生产能耗。

（六）市场因素成为中国制造业国际产能合作的重要动因

中国制造业对外投资开展国际产能合作的动因是多方面的，经济层面往往兼有生产成本、技术、资源、市场、汇率预期、贸易壁垒等多种因素的考量。根据对若干制造行业的考察分析，国际金融危机以来，受国内外需求不振、贸易下滑的影响，通过对外投资拓展境外市场，成为许多制造业企业开展国际产能合作的重要动因。以水泥行业为例，非洲国家埃塞俄比亚、莫桑比克、尼日利亚、坦桑尼亚、赞比亚、布基纳法索、南非等水泥消费量大，老挝、越南、缅甸、蒙古等亚洲国家基础设施建设需求旺盛，自身产能难以满足需求，中国企业对这些国家投资力度较大。截至 2015 年年底，中国水泥企业在境外投资设立的企业大约 100 家，主要分布在东南亚、中亚、非洲等 34 个国家（地区）。光伏产业中，中国生产的光伏组件 95% 销往海外。一些国家政府出于振兴经济的考虑，纷纷要求中国光伏企业在当地建厂。为扩大销量，不少中国光伏组件企业开始在海外投建新工厂，投资遍布多个国家和地区。截至 2015 年年底，中国光伏企业已有超过 100 家在海外设立有办事机构和制造厂，其中在德国的企业最多，占比达到 20% 以上。

二、中国制造业国际产能合作的主要问题

（一）部分产业存在全球性产能过剩

由于产业发展阶段和全球市场需求等因素，各产业推进国际产能合作面临不同条件。对部分产业而言，盲目利用国际市场甚至可能加剧过剩。以钢铁行业为例，当前，全球钢铁行业陷入了前所未有的困境，欧洲、亚洲及北美等地区的钢厂均举步维艰。根据国际钢协发布的数据，2015 年全球钢铁需求为 15.1 亿吨，同比下降 1.7%。据法国经济研究所《全球钢铁产业研究报告》，2013 年世界钢铁产量 15 亿吨，过剩的产能将近 3.3 亿吨。在 2013 年全球产能中，中国占 48.6%。从 2006 年到 2013 年，全球钢铁产量增长了 25%，而中国则增长了 75%。在新兴国家中，印度产量增长了 60%，巴西增长了 10%，俄罗斯减少了 2%。在这种背景下，全球都面临化解钢铁过剩产能的问题，并且预计不会很快发生转向。从船舶业看，根据中国船舶工业协会的调研，目前全球造船产能为 6120 万修正总吨（CGT），中日韩三大造船国产能占全球90%。从 2013 年到 2015 年，船舶全球年均成交量超过 3200 万修正总吨（CGT），全球产能过剩将超过 50%，船舶企业普遍面临订单不足的局面。从电解铝产业看，目前全球电解铝的产能仍在增长，但消费量保持稳定。据估计 2014—2015 年中东新增 100 万吨的电解铝产能，而中国在 2014 年新增超过 500 万吨的电解铝产能，全球铝市场在长期将维持供应过剩。

国际市场产能普遍过剩，以及价格波动、市场需求等因素，也影响中国制造业企业投资项目收益。国际市场能源资源价格波动以及部分新兴经济体经济增速回落，为我国投资项目收益带来不确定性。境外安全风险上升，国际安全形势依然严峻复杂，各种地区冲突和局部战争此起彼伏，部分国家和地区安全局势恶化，恐怖活动频繁，对境外中国企业的人员和资产安全构成威胁，这些因素都将影响我国国际产能合作的效益。总体来看，2014 年约有 25% 的中国企业在海外投资项目出现了亏

损，实现盈利的企业主要集中在服务业。制造业通过海外投资规模性地
实现国际产能合作实现明显盈利，短期内还存在较大压力。

（二）制造业企业竞争力相对不足

中国制造业的许多企业在全球产业链中的中高端环节难以与国际先
进跨国公司匹敌，关键技术、设备及零部件对外依赖程度高，经营绩效
受到制约。以多晶硅行业为例，中国在产能、产量方面已经是世界上最
大的多晶硅生产国，但企业普遍竞争能力不足，技术水平参差不齐。我
国多晶硅企业生产成本在 120 元/千克以内的企业有一两家，产能占总
产能的 40%；成本 120 元~180 元/千克的企业有 8~12 家，总产能占
比约为 30%；其余数量上占 70% 的多晶硅企业，生产成本在 180 元/千
克以上，部分企业的生产成本仍在 200 元~300 元/千克之间。中国多
晶硅企业仍以小企业为主，产能在 3000 吨/年（含 3000 吨/年）以内的
企业数量约占 60%，产能占比 18%；5000 吨/年以上的企业数量约占
20%，产能占比 70%。近年来中国多晶硅产业技术进步十分明显，产
品价格也有所下降，但即使是这样，仍难以和发达国家企业相抗衡。在
钢铁行业，由于境外投资门槛较高、资金需求较大，企业走出去进行国
际产能合作的能力较弱。如用海外销售收入比重、海外资产比重和海外
子公司比重三个指标衡量，中国钢铁企业国际化水平远低于卢森堡安赛
乐米塔尔、印度塔塔钢铁等跨国公司。在智能制造领域，美国谷歌、
IBM、微软等企业正在开辟机器人新时代，而且布局已经基本完成。而
中国目前还处在谋求伺服电机、控制器、减速器领域的自主化。比之外
企，国内企业要以高出近 4 倍的价格购买减速器，以近 2 倍的价格购买
伺服驱动器。

（三）企业组织化水平相对较低

提高国际产能合作的效率和效益，必须树立全球供应链管理思维，
根据各产业、业态发展规律及特征，培育全球经济分工条件下的供应链
管理模式，增强企业的运营管理能力和组织化水平，这是制造业开展国
际产能合作必须迈过的坎。当前中国制造业对外直接投资企业构成，中
小企业数量较多，海外运营管理的经验和能力相对欠缺，组织化水平还

远远不能适应在境外开展产能合作的需要。一是从发展阶段看，中国企业成长过程中整体组织化水平仍然较低，运营管理经验等先天不足，提升产业组织化水平和管理运营能力需要有一个爬坡追赶的过程。二是从环境适应性看，海外运营环境复杂多变，部分国家依然存在政治壁垒，各国法律环境差异较大，合法经营要求高，但部分企业国际产能合作中不能做到充分了解并严格遵守东道国的各项法律规定，合法经营，注意法律风险，常常形成错误一犯再犯。三是从行业经营秩序看，部分行业在开展国际产能合作过程中，企业同质竞争、无序竞争现象仍然存在。企业"一窝蜂"式的无序化对外投资，势必造成经营风险增加，境外经营秩序仍需进一步规范。

（四）产业配套服务滞后

从国际投资合作的普遍规律看，企业对外投资应该根据东道国的资源禀赋、配套能力、市场条件等因素，合理布局产能和装备制造合作的方向和重点。由于中国制造业存在产业配套能力较弱的短板，大大制约了中国制造业的对外产能合作。中国钢铁、水泥、平板玻璃、轻纺等传统制造业和优势产业，在境外产业链延伸不够，国际产能合作项目普遍存在配套基础设施投资大、运距长、建设成本高、采选成本高等因素影响，项目成本普遍偏高，竞争优势较弱。国际原材料价格一旦大幅度下跌，部分项目或将面临亏损。在一些国家，基础设施薄弱，道路设施落后，电力设施等长期缺乏应有维护，严重影响企业在当地正常生产运营。

（五）工业标准和商业规则不衔接

具体表现在：一是产能合作标准不对接。比如，部分中东、南美的发展中国家，虽然自身技术能力较弱，但是推崇欧美的工业技术和标准，中资企业进入面临巨大观念压力。一些国家长期执行欧洲标准，特别是电力、石油炼化、交通运输及其他基础设施建设领域，已经形成固定渠道来源的欧洲技术标准体系和庞大既得利益集团。二是市场差异明显。一些国家推行大型投资项目多采取企业为主、市场运作模式，政府财政有限，不愿借债，较少介入项目运营。一些国家推行大型投资项目多采取企业为主、市场运作模式，政府财政有限，不愿借债，较少介入项目运营；部分国家市场容量较小，消费能力不足，加上近年来国际油价大幅下跌导致国际支付能力下降，基础设施建设市场明显萎缩。三是合作领域有限制。部分发展中国家为保护本国产业而对外资做出一定的限制。如电力领域，巴西要求风电设备及其他电力设备中的60%需要在本地生产；汽车工业领域，巴西要求在本国市场销售的汽车，其配件国产率必须达65%以上。一些国家，如阿尔及利亚，禁止进口二手设备，这相当于封堵了国外企业整体迁入该国的可能性。四是产能合作合同不规范。有些东道国不使用国际上通行的FIDIC条款（《土木工程施工合同条件》），发包企业制定合同随意性大，增加我企业执行合同的风险。

（六）企业履行社会责任不够

履行企业社会责任能力是一个综合性的概念，它是渠道品牌整合能力、组织文化整合能力以及应对各种外部风险能力的一个综合能力。履行企业应尽的社会责任，不仅有利于化解中国制造业企业在产能国际合作中面临的各种矛盾，而且关系到中国企业能否以负责任的形象立足于全球经济舞台，在东道国获得可持续发展。随着企业社会责任运动在全球范围内的开展，东道国的社会责任意识越来越强，不履行社会责任不仅影响企业社会声誉，而且可能会造成重大经济损失，甚至可能被逐出市场。总体来看，由于中国制造业产能国际合作企业在国内大多已是行业龙头企业，相对于其他多数更小规模企业的投资合作，其在海外的经营总体上较为规范，不少制造业企业已成为产能国际合作中履行社会责任的典范。比如吉利在收购沃尔沃轿车公司的过程中，在问及会把"生产能力保持在欧洲多久"，"未来将在中国建几家工厂、何时建厂"等问题时，吉利高层表示瑞典、比利时的工厂永久保留；在中国建厂也要考虑欧洲工厂的利益；至于何时建厂，吉利表示要先请沃尔沃方面来中国考察后再确定。这显示出吉利对被并购方利益的保护，这种保护避免出现大规模裁员，也体现了吉利公司作为我国汽车企业在产能国际合作过程中履行社会责任的能力。但相对于国际标杆企业，中国制造业企业还存在一定差距。比如，全球企业中有超过半数面向全球发布了企业社会责任报告，而反观主要从事境外产能合作的中国企业，则仅有少数发布企业海外社会责任报告。中国一些制造业企业在产能国际合作中对履行企业社会责任的重要性认识不够，习惯性将国内许多不合理的做法应用于跨国经营中，比如，不谨慎地大规模裁员。

（七）专业中介资源支持不够

经验表明，产能国际合作的关键因素之一是少不了专业机构的协助。由于产能国际合作涉及法律、财务、融资、估值、员工、谈判等众多因素，因此买方和卖方通常都会聘请一些中介提供顾问业务。在企业进行海外拓展的过程中，专业咨询机构的提示和引导在事前、事中、事后都无时无刻不在发挥着关键作用。利用这些专业机构可以提高效率，少走弯路，有助于项目科学规范的进行。一是运用政府公共信息服务能力不强。商务主管部门提供了大量针对民营企业的对外投资合作公共信息服务，每年都更新全球160多个国家和地区的投资指南信息，企业可以到商务部的网站上免费下载，但是"走出去"企业知道和尚用这一武器的企业并不多。二是运用投资银行、律所、会计师事务所等专业机构的能力不强。多数企业开展国际产能合作过程中不擅长使用会计、律师事务所等专业服务业机构。事实上，产能国际合作顾问业务主要依赖人工成本，资本消耗极小，一般项目需4—7人，工作周期大约为半年，而交易佣金一般为项目成交额的1%～5%。产能国际合作顾问业务还会同时撬动公司其他业务，如融资、结算、外汇、投资等，能够发挥公司统筹战略发展，延长服务链，提高综合收益率，对于企业而言，无疑是一项低成本高回报的业务。三是外部聘请人才使用问题始终是困扰企业的难题。企业在产能国际合作过程中，缺少精通东道国语言文化、风俗习惯、法律法规和人文精神，能够在企业与社区之间开展跨文化交流的外交型专业人才；缺少具备全球视野、掌握国际惯例和相关专业标准规范，能够深邃洞察企业海外发展过程中的问题和机遇从而趋利避害的领军型人才；缺少懂国际法体系和国际财务运作的商务型人才；缺少能够以最人性化的方式管理企业并使企业自身效益最大化管理精英；缺少国际制造业方面阅历丰富的专家型人才。一些企业反映，即便有些依靠自身培养起来的人才，也由于缺乏有效的管理和约束，极容易被同行高薪挖走，造成信任危机，在境外聘请当地人当企业管理人员，也由于种种原因不能让企业放心。

三、促进中国制造业国际产能合作的对策

（一）统筹协调，突出重点，有序合作

第一，研究制定重点领域和产业的合作规划，有序推进重点产业合作。根据目前我国在重点国别投资合作的情况，筛选和确定条件成熟、经济和社会效益好、对方关注度高的重点项目进行重点推动，集中两国优势予以促成，发挥重大项目在产能合作中带动装备、技术、服务出口和实现产能转移的引领和示范效应。推动与有关国家已签署的共同行动计划、自贸协定、重点领域合作谅解备忘录等双边共识的尽快落实。在此基础上，研究制定通信、电力、轨道交通等基础设施，汽车生产制造，农业深加工等重点领域和产业的合作规划，发挥规划统领作用，有序推进重点产业合作。第二，坚持企业为主、政府推动、市场化运作。受制于全球市场，部分产业利用对外投资合作大规模地推进国际产能合作将面临较大压力，政府必须坚持科学分类对待，不可不顾实际情况强行推动国际产能合作。对于钢铁冶炼、电解铝冶炼、船舶制造等总体表现出全球供给过剩特点行业，要充分认识到利用投资合作来实施产能合作的压力，政府在推动产能合作中，尽可能遵循客观市场机制，更多注重从产品的结构去实现转移，防止"投资合作"方式对原有"国际贸易"方式消化国内产能的负面替代性。要形成一批有示范和带动效应的项目。第三，协调国际产能合作秩序。加大对装备和产能"走出去"重大项目的协调，充分发挥行业组织、驻外使领馆经商机构、境外中资企业商会的自律和监管作用，防止无序竞争，规范经营秩序。推进对外投资合作安全权益保护体系建设，加强境外安全管理与突发事件应急处置，保障企业和人员安全。

（二）因业制宜，针对不同行业采取相应策略

对国内企业竞争力明显不如发达国家，低端产能过剩严重，由此导致进口额大幅超过出口额的产品，如多晶硅、轿车等，应将工作重心放在提升国内产业和企业素质上。对那些全球市场占有率相对较高的消费品，如家电、电信设备、纺织服装等，应引导企业同时充分发掘国内中西部、国外发展中经济的建厂机会，继续提升本企业品牌产品的全球市场占有率。对全球产能过剩相对严重，但本国出口市场占有率目前已达到较高水平的生产资料产业，如造船、钢铁、铝锭等，应充分调动企业积极性，由企业自主审慎决策，避免同类项目投资扎堆。比如，根据市场需求导向，鼓励国内钢铁企业到钢铁需求量比较大的国家，通过投资设厂或并购重组建立钢铁生产基地，重点发展中游的钢铁冶炼和下游的深加工环节，并以对外承包工程为依托向工程建设等钢铁应用领域拓展。对通讯设备制造等具有比较优势的行业，鼓励其将非核心生产环节布局到其他发展中国家，推进中国制造标准体系和系统的应用普及。对船舶工业、高端数控机床等相对劣势行业，国际产能合作的重点工作依旧是以获得技术、品牌、人才资源，提高营销水平，通过自建、并购、合资、合作等多种方式，在海外布局设立研发中心、建立营销维修网络等。充分发挥我国资金、技术和管理经验等优势，对有条件的境外项目鼓励采用 BOT、PPP 等方式，大力开拓国际市场，带动装备制造合作，全面推动我国技术标准、通讯软件、机械装备和建设力量"走出去"，推动对外投资产能合作向项目融资、设计咨询、运营管理等高附加值领域拓展，形成综合优势。

（三）发挥企业主体作用，拓展制造业国际合作链条

第一，着力区域链，围绕实施"一带一路"倡议，加强同沿线国家和地区的基础设施投资合作、能源开发合作和产能合作，设立海上丝绸之路产业基金，在海上丝绸之路沿线国家，建立石化冶炼、仓储基地及远洋运输经济合作区，扩大海外市场空间，既实现向沿线国家有序转移部分制造业产能，深化与重点国家国际产能合作，又有助于降低国内相关行业的资源密集度，实现集约式发展。第二，延伸产业链，通过跨境并购、参股和合作等方式，开展研发、设计、品牌和渠道合作，设立或并购研发中心，获取知名品牌、营销网络和先进技术，融入全球创新网络，提升中国产业国际竞争力；有针对性地支持有实力、有条件的企业在资源富集国和地区开展资源能源合作，开发建设境外大宗原材料供给基地，稳定大宗产品长期价格；有序引导劳动密集型企业向境外转移，寻找用工价值洼地，开展境外生产加工装配。第三，提升供应链，指导国有企业加快对外投资供给侧结构性改革，积极鼓励民营企业走出去对外投资合作，提升竞争实力、产品质量和服务水平，努力向价值链高端环节转移，带动装备、技术、标准和服务"走出去"。以支持装备制造走出去为重点，鼓励企业提升跟随性服务水平，在境外设立加工组装、境外分销、售后服务基地和全球维修体系，带动装备和服务向外输出。

（四）整合资源，发挥好各类国际经贸平台的促进作用

密切关注和监控各类国际经贸平台的工作动态和经贸促进效应，采取切实可行措施，扩充各类中介平台的种类和规模，引导境内外专业市场、经贸合作区、经贸合作联盟，乃至各种境内外经贸展会、推介会等国际经贸平台有序、健康发展，为制造业国际产能合作拓展市场空间。首先，制订出台境外经贸合作区发展布局规划，引导境外经贸区合理布局，形成一批国际产能合作示范基地。结合"一带一路"关键节点，完善"一带一路"沿线国家和地区的境外经贸合作区布局，提升已建合作区层次和水平，积极发挥合作区资源优势，开发潜力市场。其次，加快拓展多双边产能合作机制，积极与发达国家合作共同开拓第三方市场，同时推动与有条件、有意愿的国家共建新的境外经贸合作区，积极建设以钢铁、建材、化工、轻纺、汽车、通信、工程机械等主导产业的加工制造园区。最后，加大财税支持力度，建立企业、金融机构、地方政府、商协会等共同参与的统筹协调和对接机制，发挥好政策性银行、丝路基金等金融机构的作用，设立人民币海外合作基金，用好双边产能合作基金，鼓励商业银行、保险、信托等创新金融产品和服务，为各类经贸平台建设提供融资支持。

（五）完善体制机制，维护中国制造业海外权益

第一，建立健全投资保险制度。在完善境外投资保险制度的基础上，实行差别境外投资保险政策，优化我国国际产能合作国别地区分布、产业分布和行业分布。对不同投资国，甚至同一投资国的不同行业，实行不同的境外投资保险政策。差别的境外投资保险政策通过承保范围、保险费率和保险额度不同来表现。第二，更好发挥领事保护作用。建立健全领事保护预警机制，重点保证投资旅行指南等常态信息、及时公布危机信息、适时公布警告信息等；重点提升领事保护应急保障能力，进一步完善领事保护信息共享机制；进一步打造领事保护应急管理平台；进一步建立健全紧急时刻寻求国外紧急救援的机制；更加注重发挥媒体的导向作用等等；重点提升领事保护在危机恢复过程中所发挥的效能，重点提升心理恢复、常态恢复等方面的能力。第三，补充修订投资保护协定和双边所得税减免协定。未来，应加强国际投资协调，运用双边、多边协议与公约，保护对外投资合作利益等。我国已缔结的双边投资保护协定有些已不适应现阶段国际投资的发展实际，未来应进一步补充和完善关于代位求偿权的有关规定，进一步规范解决投资争议的程序性规定。中国目前已经签订123个投资保护协定，在与资本输入国签订、修改投资保护协定时，应充分利用双边投资担保协定这一平台，逐步规定、补充和完善关于代位求偿权、解决投资争议的程序性规定，使得代位求偿权由双边投资保护协定加以确认，具有国际法效力的保证，以确保我国代位求偿权的顺利实现。不断完善双边税收协定。不断完善我国双重所得税协定方面，要在具体操作中可进一步切实考虑企业实际情况，比如，进一步明确企业所得确认办法、适当采用综合限额抵免法、完善超限或不足抵免额结转规定、实施全面的税收饶让、将CFC规则纳入新签订双边协定条款以及进一步拓展税收协定的签订范围等等。第四，探索成立海外保安公司。作为中国公司踏出国门所需的局部安全保障，可以探索建立类似黑水一样的保安公司，向海外输出安保服务。在形式上还可多样化，比如可以采取物流公司的形式，但其实际上承担"国际保镖"业务等等。可以探讨在某小国注册一个类似提供现

代海上保镖服务的公司，由该公司出面采购一批退役的带舰载直升机的护卫舰及所需的配套武器，吸收退役精兵为员工即可提供服务，再由国内公司聘请其承担经济安全保卫工作。该保安公司的业务可以不断扩展至为中国在世界各地的战略资源重点企业提供安全保卫服务。

（六）履行社会责任，推动国际产能合作可持续发展

中国制造业企业要成功"走出去"推进国际产能合作，就既要做合格的中国企业公民，更要做合格的全球企业公民，遵循更高标准的CSR 规则。从政府层面看，要加强与国际 CSR 机构的交流合作，遵循国际规范和惯例，在完善企业社会责任法规之外，制定相应的企业社会责任标准、指导原则和行为指南，帮助国内企业不断向国际标准靠拢。完善法律法规，对企业应承担的社会责任范围、权利，以及企业不履行社会责任所应承担的法律责任给出明确的规定。尽管中国政府出台了诸多涉及企业社会责任的法律法规，但尚未形成完整和系统的法律体系，在相关法规的具体实施上仍缺乏系统的监控和执法标准。因此，与企业社会责任相关的法律需要对企业应承担的社会责任范围、权利，以及企业不履行社会责任所应承担的法律责任给出明确的规定。从企业层面看，中国制造业企业国际产能合作推进到哪里，企业的社会责任就应该延伸到哪里。制造业企业必须考虑到东道国政府和民众的关切，在为中国、为企业自身谋利益、谋发展的同时，要保护好当地的自然环境，尊重东道国人民的风俗习惯，提供就业机会，帮助消除贫困，促进教育和卫生事业发展，将商业活动和企业社会责任有机结合起来，树立中国企业的良好形象。

参考文献

［1］商务部，国家统计局，国家外汇管理局 . 2014 年度中国对外直接投资统计公报［M］. 北京：中国统计出版社，2015.

［2］商务部 . 中国对外投资合作发展报告［R］，2015.

［3］金碚 . 世界分工体系中的中国制造业［J］. 中国工业经济，2003（5）.

［4］王志乐 . 2012 走向世界的中国跨国公司［M］. 北京：中国经济出版社，2012.

［5］李文锋. 寻找中国企业国际化的切入点［J］. 国际经济合作, 1999（11）.

［6］李文锋. 中国跨国公司现状、问题及对策［M］. 改革, 2001（5）.

［7］李志鹏, 徐强, 闫实强. 利用国际市场调节富余产能的效果和策略分析［J］. 宏观经济研究, 2015（6）.

［8］邢厚媛, 李志鹏. 走出去营造新优势［M］. 北京：中国商务出版社, 2011, 7.

［9］黄益平, 何帆, 张永生. 中国对外直接投资研究［M］. 北京：北京大学出版社, 2013, 10.

［10］王晓红, 李自杰, 李耀辉. 改革开放 30 年中国对外直接投资的回顾与展望［J］. 国际贸易, 2008, 9.

［11］李自杰, 高璙崚. 双元并进战略选择：行为逻辑与路径分析［J］. 中国工业经济, 2016（7）.

［12］中国与全球化智库. 企业国际化蓝皮书：中国企业全球化报告 2015［M］. 北京：社会科学文献出版社, 2015（11）.

［13］王碧珺, 王永中. 中国对外投资季度报告：2015 年第 4 季度及全年回顾与展望［M］. 北京：中国社会科学出版社, 2016（3）.

（执笔人：李文锋　李志鹏）

专题六：中国矿产资源对外
直接投资研究

中国是一个处于工业化后期、人口众多且人均资源贫乏的发展中国家，中国经济的快速发展使得许多矿产资源的消费增速接近或超过国民经济的发展速度，导致矿产资源的供需矛盾日益尖锐，对境外矿产资源的依赖越来越强。鼓励企业"走出去"，充分利用"两种资源、两个市场"，通过对外投资获取石油、金属矿产等重要战略资源，是中国经济发展的必然选择。

一、中国矿产资源对外投资现状

全球金融危机后，中国矿产资源企业加快了"走出去"战略的步伐，中国已成为国际矿产资源投资市场上重要的资本输出国。"十二五"期间，我国境外矿产资源领域投资成绩斐然。具体而言，呈现出如下特征。

（一）矿产资源投资净额持续扩大

投资净额反映了投资方对于被投资方的资本投入净数量，也表明了投资方自身的经济实力。伴随着大型矿产资源类企业，如中石油、中石化、中海油、三一重工、鞍钢、宝钢等境外投资的快速增长，我国在矿产资源方面对外投资的净额得以持续快速扩大。图 6 – 1 显示，2003—2014 年，我国矿产资源投资净额①实现了 15.4% 的年均增速。其中，

---

① 由于数据限制，此处仅包括非金融类的"采矿业"、"电力、燃气及水的生产与供应"。

148

2003—2005 年，我国矿产资源企业对外投资的初步发展期，对外投资净额分别为 14 亿美元、18.8 亿美元和 16.8 亿美元。全球金融危机后的 2009—2014 年，属于快速增长期，这六年累计净额达到了 961.4 亿美元，年均约为 160.2 亿美元。

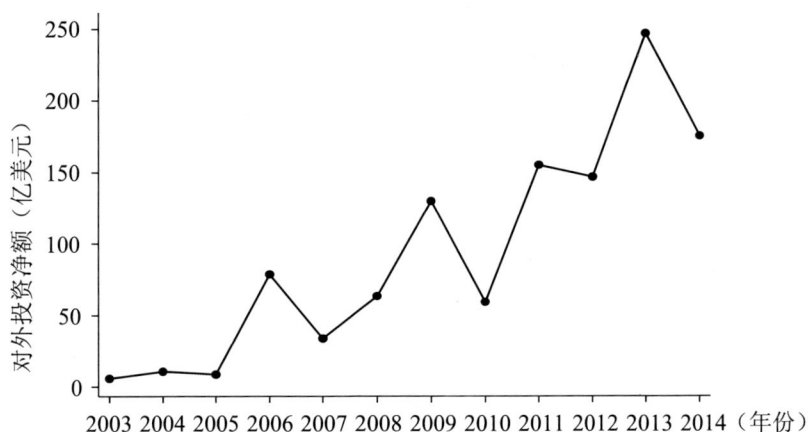

图 6 - 1 矿产资源对外直接投资净额变动

资料来源：国家统计局对外投资公报。

（二）矿产资源投资领域不断拓展

我国矿产资源对外投资，已从最初局限于煤矿、石油、天然气等传统能源工业，到逐步延伸到页岩气开采、风力潮汐发电以及稀有金属冶炼等众多新兴行业，领域不断拓展。根据国际数据调研公司发布的《2005—2014 中国能源企业对外投资调查报告》，2005—2014 年十年间，中国矿产资源类企业对外直接投资领域的拓展增长率分别为 13.5%、22.6%、31.7%、42.4%、56.9%、62.1%、69.8%、73.8%、74.6% 和 75.9%，递增的趋势非常平稳。另外，在这一时间段内，中国矿产资源类企业的对外投资还呈现了从被动接纳到主动筛选的重要转变。如 2010—2011 年，中海油主动收购了美国切撒匹克能源公司页岩气项目的部分股权，由此中海油获得了页岩气这一新石化能源的开采技术。

（三）矿产资源投资以国有大型企业为主

过去十多年中，以中石油、中石化、中海油及中国铝业、宝钢集团等为代表的大型国企越来越频繁地在向境外投资，尤其是近年来有越来越多的项目因其投资规模巨大，日益引起国际社会的广泛关注。根据《2014年度中国对外直接投资统计公报》，2005—2013年我国能源行业对外投资的主体，前十位分别是：中石化、中石油、中海油、中国机械、中国水电、国家电网、三峡集团、华电集团、中投公司以及中化集团。前十位企业的投资额占全能源行业超过70%，集中度较高，且均为国有企业，这其中，中石化、中石油和中海油组成的"三桶油"的投资额占全部投资额超过45%。

（四）矿产资源投资目的地日益多元

2005—2014年，我国能源行业对外投资的国家（地区）共计95个。从分布情况来看，前20位的国家（地区）分别是：加拿大、澳大利亚、巴西、美国、伊朗、哈萨克斯坦、印度尼西亚、俄罗斯、越南、尼日利亚、瑞士、伊朗、法国、厄瓜多尔、阿根廷、新加坡、尼日尔、英国、哥伦比亚和委内瑞拉，占能源行业总投资量的63%。这其中，既有加拿大、澳大利亚、巴西、伊朗等矿产资源储量丰富的国家，又有美国、瑞士、法国、新加坡、英国等经济、金融服务业发达的国家。

（五）投资模式与项目的契合度稳步提升

中国境外矿产资源投资可划分为以资金为主的合资开发、购买产能和股权并购模式，以技术为主的风险勘探模式，以管理为主的租赁经营和工程换资源模式，资金、技术和管理'三位一体'的综合开发模式（表6-1）。因企业的战略定位、核心竞争能力、资金实力、知识人才储备、技术实力、对外投资经验和偏好等方面不同，其选择的项目种类、目标国、投资额大小等会有所不同。如五矿、中钢等矿产外贸型企业，矿产是其主营业务，投资起步较早，采用收购、并购和购买产能投资模式比较多。中冶、中国有色等矿山基建型企业早期采用工程换资源模式，获得基础承包工程；后期将矿业投资生产运营作为主体。中铁、中水等基建工程承包型企业在工程垫资过程中采用了工程换矿产资源和项目换矿产资源的投资模式。而国家开发银行和中国进出口银行是中国的政策性银行，有雄厚的资金以及政府的支持，采用贷款换矿产资源模式发放贷款，通过抵押资源降低风险和回收贷款资金，不参与具体的生产经营活动，只管控资金。

表6-1 我国矿产资源型企业境外矿产资源开发合作模式

要素	投资模式	投资主体	优势	劣势	最佳应用条件
资金	合资开发	贸易公司生产公司	出资方式灵活；风险相对较小	前期投资较大；资金回收周期长	适用新建资源项目的开发
	购买产能	贸易公司生产公司	操作简单、方式灵活、可更换合作伙伴	需支付大量资金；运输费用高	适用于有生产能力的大型企业的投资
	贷款换资源股权并购	政府、银行或公司	可通过资本市场或协议方式购买股权，操作简单；可避免项目实际运作风险	前期尽职调查和资产估值存在信息风险；后期存在整合风险	适用于成熟资本市场或成熟项目的投资
技术	风险勘探	地勘公司资源投资公司	监理境外资源储备基地；方式灵活，可独资或合营	存在勘探风险；前期投资有回收风险	适用于投资规模较小的项目
管理	租赁经营	生产公司	可避免跨国并购风险；目标选择较为灵活	前期投资很大；后期经营有一定风险	适用于与矿业相对落后国家的合作
	工程换资源	建筑公司	可直接获得资源；易成为长期合作伙伴	合作期长，投资大；存在信息不对称风险	适用于我国大型企业境外投资，资本要求高
综合	安哥拉模式项目换资源	建筑公司、银行、政府、生产公司	四方互利共赢；企业较容易获得信任	四方合作有难度；地勘单位力量薄弱	适用于政府、银行、企业和担保方四方合作

资料来源：雷岩、郑镐、郭振华（2015）和饶振宾、蔡嗣经（2016）。

二、中国矿产资源对外投资存在的问题

中国境外矿产资源对外投资之路并不是一帆风顺的。按照国家发展与改革委员会的数据，2005—2014年间，中国能源和电力行业对外直接投资失败项目金额最多，累计高达893亿美元，占同期全部失败项目金额的36.3%；其次为金属矿企业，失败项目金额占比为27%。总结起来，大致包括以下原因。

（一）缺乏明确的战略实施主体来统一指导、管理与协调

在境外开发矿产资源是一项非常巨大的工程，国家必须做好统一规划，同时制定一系列的扶持措施。发达国家如日本、韩国、澳大利亚等国，在境外矿产资源的开发利用方面都有明确的国家战略，并建立了专门的机构来实施这一战略，协调国内外各方关系，效果非常显著。我国政府虽然提出了"走出去"的战略，但并未就境外矿产资源的开发与利用提出详细的、具有可操作性的战略构想和配套服务体系。从中国境外矿产资源投资的管理体制及政策来看，中国境外矿产资源投资主要受到国资委、发改委和商务部等六个部委的监督和管理，投资项目的批准和实施都离不开这些部委的支持。但是，中国现行的分块式部门管理制度，实践中已经对境外矿产资源投资的发展产生了一定的影响。另外，境外投资管理政策对境外上市、兼并、收购等国际通行的投资方式没有明确的导向性政策，对于投资的后期管理和监管也没有出台相应的条例。

（二）矿产资源境外投资面临较大的风险

矿产资源企业投资对象都是战略性物资，与国家利益、民族主义、地缘政治等复杂因素紧密相连。对于矿产资源企业而言，其前期资金投入巨大，回收周期较长，因此面临的政治风险极高；而且，当前的政治风险已由战争、征收、国有化等传统型风险向更为复杂而隐蔽的风险演变，主要表现为东道国政策的变化、区域保护、经济和政治报复、第三国的干预、民族主义和宗教矛盾、各国内部的利益集团和非政府组织的政治参与等。同时，在进行境外投资过程中，必然还面临着来自国际同行的日趋激烈的国际竞争，他们日益将中石油、中国铝业等中国企业视为正在崛起的对手，在一些重大国际项目中，频繁出手与中国企业进行竞争。

（三）经济周期变化易对矿产资源投资项目造成较大的影响

目前，中国的矿产资源境外投资仍然难以左右国际矿产资源产品的价格，这使得中国虽然可以在一定程度上通过投资保障矿产资源供应的稳定，但在价格上还是无法获得话语权。早先，随着世界经济走向复

苏，在超低利率水平和宽松货币政策背景下，投机炒作和美元汇率走低等因素推动大宗商品价格上涨；但全球金融危机和欧盟地区主权债务危机之后，因需求萎缩等原因，又导致大宗商品价格再急剧下跌。价格如此剧烈的波动，必然使得企业经营风险大大增加。

（四）国有企业作为投资主体必然招致各方压力

进入矿产资源的外资与其他行业对外直接投资相比，在创造就业、产业结构优化等方面，并不具备显著的正向效应，甚至会在一定程度上挤出其他行业投资；而且，还会造成地表植被的破坏及污水的产生，如果处理不当，将可能恶化生态环境，对经济增长造成一定损害。因此，不可避免地会遭到东道国政府及民众的反对。更关键的是，由于我国进行矿产资源境外投资的主体多为国有企业，而国企的对外投资经常被认为是政府行为；同时，国际上散布的"资源掠夺论"，又进一步导致我国企业在境外矿产资源投资时面临来自投资所在国政府、企业、社区民众以及媒体的各种压力。再加上，我国部分资源型企业在获取东道国资源的同时，对东道国就业、环境等方面造成的关联效应缺少足够关注。

（五）企业尚未形成良好的协同发展模式

近年来，我国企业纷纷"走出去"投资境外矿产资源项目，常常遇到几家企业同时竞标同一个境外项目的情况。因为相互抬价的缘故，虽然最终获得了项目，但是投资收益受到了较大的影响。另外，矿产资源企业在对外投资时，大多采取孤军奋战的模式，信息技术的内部合作与共享机制并不完善。其实，对于好的矿业项目，如果一家企业的投资成本较高，完全可以由多家企业共同合作投资该项目，如投资机构、地质勘查机构、钢铁等下游制造业企业等，通过合作来降低境外投资风险。

（六）缺少熟悉国际规则的复合型人才

在实际的对外经营过程中，我国矿产资源企业通常对矿产资源国际惯例和运行模式不甚了解或缺乏研究。虽然企业已经认识到对外合作中，涉外资源评估、商务信息、法律咨询、仲裁调解的重要性，必须在标准、规范、矿业权评估、资源评价、独立勘查、矿业经纪、劳务合同等领域与国际惯例接轨，但是我国矿产资源企业大多数缺乏了解国际社会经济环境、精通国际市场规则、熟悉国际法与投资地法律的复合型人才，以至于在与外商的商谈过程中，会出现提出部分背离国际惯例和矿业运行模式的要求和条款的情况。

三、完善矿产资源企业境外投资的政策建议

矿产资源是人类赖以生存的物质基础，是国家安全与经济发展的重要保证。众多发达国家和发展中国家以及经济转型国家对矿产资源的争夺日益激烈，发达国家已经占据了主导地位。在这种形势下，中国矿产资源企业必需"走出去"参与全球矿产资源开发利用。但如何在全球激烈的矿业竞争中占领一席之地，为我国的经济发展提供长期、稳定、经济的国外矿产资源供应保障呢？为此提出以下建议。

（一）建立国家层面的统筹协调机制，争取竞争主动权

由于矿产资源的战略重要性和分布不均衡性，矿产资源的争夺早已经突破了企业层面的争夺。针对我国企业境外矿产资源投资遇到的问题，建议建立权威的矿产资源联合开发机制，由国家相关政府部门统筹协调，行业协会、企业和金融机构共同参与，整合勘查管理、探矿技术和融资渠道。联合开发机制旨在从国家的层面协调境外矿产资源开发战略的实施，促使政府、企业和金融机构各方形成合力。首先，我国政府应充分运用政治、经济、外交等各种方式使东道国政府、企业以及民众增强对中国的了解和认识，解除其警惕和防范心理，为矿产资源企业的对外投资创造一个良好的国际环境。其次，要进行矿产资源投资环境评价，为企业跨国经营提供宏观规划指导。例如：组织相关部门对拟进行矿产资源投资的地区与国家进行政治风险、经济风险以及投资风险的评估，评估结果应及时发布；组织相关科研力量对拟进行矿产资源投资的地区与国家的法律和政策进行研究，并发布相关的研究成果；发挥驻外机构的作用，及时调解投资企业在外国投资所遇到的问题。再次，应充分利用国家外交渠道积极拓展境外资源，获取矿产资源开发的优先权。

尽管世界上的矿产资源大部分被发达国家跨国公司控制，但我们在发展中国家仍有大量的机遇。我国作为一个发展中大国，与其他发展中国家同属第三世界国家，有着共同的利益和长期友好的双边关系，这使我国企业在这些国家的发展具备了独特的战略优势。近年来，中国矿产资源企业与亚非拉国家不断成功合作资源开发项目，固然与这些国家资源丰富但缺乏开发能力有关系，但更与我国在这些国家发展良好的外交关系密不可分。最后，政府有关部门应该建立对外援助与资源获取的协调机制，在向能源资源国提供优惠贷款、援外工程、减免债务以及技术援助的同时，尽可能将能源资源的获取作为一项重要条件，全方位推进能源企业在境外的能源合作。

（二）确立投资"多元化"的方针，降低潜在风险

自然资源关系到一个国家长期稳定的经济发展，加上它的稀缺性和分布的不均衡，使它成为各国争夺的对象。由于我国的政治体制和发达国家之间存在巨大的差别以及快速的经济发展速度，已经威胁到了以美国为首的发达国家的地位，所以，他们常常会动用法律武器或者政治干预的方式，设置很高的进入门槛，来限制我国企业开采他们的矿产资源。而对一些发展中国家进行投资时，由于政局的动荡以及法律体系的不完善，也常常会使我国企业遭受损失。为此，企业应确立"多元化"方针来应对这些风险。其一，在目标区域的选择上，要既有发展中国家，也有发达国家，既有周边国家，也有非周边国家。其二，国内矿产资源企业要将投资重心转移到新兴产业上来，逐步减少对于煤炭、石油、钢铁、天然气等传统消耗型能源产业的巨额投入，尝试朝阳产业，合理分配资金的投放，避免形成对于某一类型矿产资源的过度依赖。其三，除矿产资源企业外，也要鼓励其他相关联的优势企业走出去。其四，在投资方式方面，除了独资外，可以根据项目采取合资、合作、控股、参股、收购兼并、技术转让、特许经营等多种方式。其五，要参照国外先进同行的管理模式，创设能源投资风险预防与处理机制，通过自主组建或聘用代理等途径，合理分析投资地区的经济发展水准、能源消费市场动态以及行政政策趋向，强化对投资集中的能源产业的监控，即

时调整资金投放的总额、频度，从而稳步降低潜在的风险。

（三）国企与民企相结合，走"优势互补"的联合之路

目前，国际上到处充斥"中国经济威胁论"或"中国资源掠夺论"等舆论偏见，以国有企业作为对外矿产资源投资主体经常被国外认为是政府行为，易遭到东道国的抵制，面临较大的社会、政治风险。要想打消外国政府和民众的顾虑，就必须弱化国有企业的政府背景。首先，在投资过程中民营企业在前，淡化国家色彩，展现商业形象，同时强化企业自身的市场经济主体地位，切实落实企业对外投资自主权。政府背景较少的中国民营企业，相比拥有政府背景的国有企业，具有更为自主的投资灵活性，可规避更多的政策风险。其次，将民营企业高效的机制与国有企业强大的政策、资金支持和管理背景相结合。随着项目的不断深入，后续开发矿产资源和管理经营等程序仍需耗资数以亿计的资金，且矿产资源投资本身就有很多固有风险，如矿产资源估算风险、矿产资源开发配套设施风险、矿山开发事故风险等，单凭民营资本将很难运作；而国有企业在资本、人力、技术等方面拥有较为明显的资源优势，因此项目在进入实质性投产阶段，民营资本可根据产业链关系，通过兼并、收购或战略联盟的形式，与国有资本组建大型矿业集团公司，通过形成利益共同体，实现中国企业在矿产资源产业链上的纵深发展。这种合作方式既降低了国有资本境外矿产资源投资的困难程度，也保证了项目运作过程的连续性和规范性。

（四）增强社会责任意识，改善与当地政府、民众的关系

我国矿产资源型企业一旦在境外投资，就与东道国其他社会成员共享同一个经济、社会环境，因此，有义务处理对其他社会成员产生的影响，以获得社会的普遍认可。根据资源导向型对外直接投资的特点，我国矿产资源型跨国公司应该做到以下几点：首先，要切实重视产业关联和就业方面的问题。在境外投资开始阶段，可以考虑与当地企业建立合资公司，雇用当地劳动力，增加对当地投入品的购买，提高其本地化含量的水平，从而使投资项目在当地具有较高的产业关联系数。其次，由于资源导向型对外投资具有污染密集的性质，矿产资源型企业要对保护

东道国的自然环境加以足够的重视，建议按照国际标准化组织的《ISO14001——环境管理体系：规范及使用指南》要求，为环境管理体系的实施与控制提供必要的资源，包括人力资源、专项技能和技术、财务资源。最后，积极开发与传播环境友好技术。解决环境问题必须依靠先进的科学技术，开发与采用先进的环保技术，如清洁生产工艺技术、污染物"末端"处理技术等。

（五）培养国际化人才，强化企业的"当地形象"

目前，缺乏国际化人才是中资企业进行境外矿产资源投资的最大短板之一。与欧美企业相比，中国企业员工对项目所在国的公司法规相当生疏，这使得整个公司在境外投资的竞争中处于劣势。一个企业的员工素质是这个企业构建国际竞争力的基础，矿产资源企业要加快全球拓展的步伐，提高企业的国际竞争力，就必须实施人才强企战略，培养一支国际化的人才队伍。我们不仅需要水平过硬的生产技术人才，更需要熟悉投资地法律，了解投资地文化，又具备国际经营管理能力的复合型人才。具体而言，首先，中国矿产资源企业应着重加强对企业经营管理人员的培养，完善他们的知识结构，形成一支通晓国际规则、外语、熟悉他国文化、善于跨国经营的国际化人才队伍，以提升跨国运营管理能力，从而提高对外投资的成功性。其次，企业可以更多的聘用当地的人员，减少本国的外派人员，这既可以有效地降低企业的经营成本，也可在很大程度上减少与周边环境的摩擦，促进跨国企业和东道国的良好互动，从而开启双赢模式。

（六）完善金融机构支持体系，破解"融资约束"瓶颈

矿产资源企业"走出去"通常具有资金投入巨大、回收周期较长的特征，在矿产资源企业"走出去"寻求境外并购机会的过程中，金融服务需求将不再局限于单纯的授信和国际结算业务。为此，要引导金融机构加强以下方面工作。首先，鼓励金融机构加大针对矿产资源企业"走出去"的产品创新力度。随着矿产资源企业的"走出去"，股本融资、项目融资、结构商品融资、东道国本地货币融资、出口信贷以及设备的租赁融资等新型金融产品都是矿产资源企业"走出去"及境外并购业务中所需要的。金融机构要加强在这些领域的产品研发和创新,结合中国矿产资源企业"走出去"的实际需要为企业提供量身定制的产品。其次,引导具备条件的金融机构加强海内外业务的联动。中国矿产资源企业"走出去"及境外并购往往需要中资金融机构境外分支机构的大力支持。实践证明,中资金融机构通过海内外分支机构联动提供的一体化服务,对企业成功完成境外矿产资源开发项目会起到非常关键的作用。

四、重点领域研究:金属矿产境外投资

根据中国矿业联合会的研究,到 2020 年中国所需的 45 种主要矿产划可以基本划分为四类:可以保证、基本保证、短缺、严重短缺。其中短缺的矿产有:石油、铀、铁、锰、铝土矿、锡、铅、镍、锑、金 10种;严重短缺的矿产有:铬、铜、锌、钴、铂族元素、锶、钾、硼、金刚石 9 种,短缺和严重短缺的大部分是金属矿。因此,在矿产资源领域,金属矿企业是第一批"走出去"的实践者。

(一) 我国金属矿企业对外投资的发展与新变化

中国金属矿企业"走出去"大致分四个阶段:第一阶段(二十世纪 80 年代中期—二十世纪 90 年代中期),为探索起步、积累经验、培养人才、熟悉环境阶段。当时总体的"走出去"政策还是以限制为主,"走出去"的方式以没有实质投资的考察类项目为主。第二阶段(二十世纪 90 年代后期—2005 年前后),为巩固既有成果阶段。上世纪 90 年代中后期以后,全球陷入经济危机,尤其是 1997 年到 2005 年,全球金属矿企业经历了低迷萧条期,国内外金属矿企业都很不景气。当时,国内金属矿企业境外投资步伐有所放缓。在第一阶段广泛探索的基础上,包括中钢集团、上海宝钢等大型国有企业,在全面开展国外项目的同时,逐步聚焦了一些项目,进行实质投资,进入巩固既有项目的阶段。第三阶段(2005—2011 年),为快速发展阶段。从 2005 年开始,中国金属矿企业"走出去"步伐加快。这一阶段的主要特点是:从投资主

体上看，除大型国有企业外，很多民营企业进入到境外金属矿企业投资领域，民营企业在境外金属矿产投资中的比例增加到40%。同时，有很多跨行业企业进入到金属矿企业领域，来自贸易、制造业、建筑和地产等行业的企业在境外矿业投资中的比例增加至50%左右。第四阶段（2012年—现在），为矛盾凸显和转型发展期，金属矿产投资进入平稳发展期。前期诸多盲目和不理性的投资在大量投入后无法继续，金属矿企业面临一轮新的周期，中国境外矿业投资处于一个新的节点，出现了一些新的变化，如投资波动增长、金属矿产投资占比上升、投资地域进一步集中、并购方式占主导地位、民营企业投资比例增加等特点。

1. 金属矿产投资波动增长

近十多年，随着我国对金属矿产资源需求的快速增加和国际矿业市场的跌宕起伏，中国金属矿企业境外投资规模总体呈现波动上升趋势。从对外直接投资净额上来看，2003年，我国金属矿企业对外投资净额仅为13.8亿美元，到2014年达165.5亿美元，增长近12倍。2013年最高达到了248.1亿美元，比2003年增长了近18倍。

2. 金属矿产投资占比上升

2014年，我国企业境外投资的主要矿种依次为：铜、油气、铁、金，其中，能源投资出现大幅下滑，金属矿投资历史上第一次超过油气投资。2014年，对外投资由2013年的248.1亿美元减少到165.5亿美元，同比减少55%；其中，境外油气并购投资由2013年的186.4亿美元减少到38.67亿美元，大幅减少82%，金属矿产协议投资额由2013年的51.7亿美元增加到108.3亿美元，同比增加109.6%（并购同比增加254.84%）。这与2014年国际油气价格大幅走低、国内油气企业领导层大幅变动相关；煤炭投资下滑较多，主要受煤炭产能持续过剩、价格下跌幅度较大、对煤炭需求悲观预期的影响，企业境外投资热情度明显降低。而铜矿投资大幅增长，源于铜价相对稳定，未来预期乐观，短期价格调整引发抄底并购；铁矿石价格出现持续大幅调整，相关资产价值严重缩水，出现抄底机遇（图6-2）。

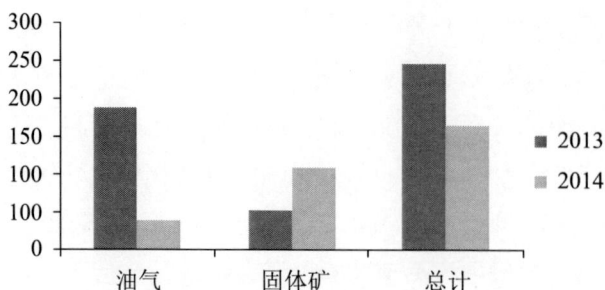

图 6 - 2　2013—2014 金属矿产对外投资变动（单位：亿美元）

数据来源：2014 年中国企业境外金属矿产投资报告。

3. 投资地域集中

我国企业境外金属矿投资的主要目的地分布广泛，虽然在拉美、澳大利亚、加拿大、南部非洲、东北亚、东盟、西非等均有项目，但主要集中在拉美、澳大利亚和南部非洲。其中在拉美的投资持续增长，在南部非洲和澳大利亚的投资相对稳定；而在西非、加拿大、东盟的投资则呈现明显下降趋势。2014 年在拉美投资的巨幅增长主要原因是中国五矿并购拉斯邦巴斯（Las Bambas）铜矿，西非投资的减少与对铁矿石投资的减少有密切关系。加拿大、东盟投资的减少则主要源于东道国政策、投资环境的变化。

4. 境外金属矿产投资中并购方式占主导地位

近三年，金属矿产项目并购的金额在整个境外金属矿产投资额中所占的比重较大（图 6 - 3），占据了主导地位。随着包括铁矿石、铜矿、铝土矿等在内的大宗矿产价格的持续走低，境外矿业资产的估价变低，矿业并购机会增多，中国企业境外矿业资产并购也变得活跃。

5. 民营企业投资增加

近年来，国有企业仍然为境外矿业的主力军，但民营企业在境外矿业投资中的力量不可小觑。剔除 2014 年五矿并购拉斯邦巴斯（Las Bambas）铜矿个案的影响，民营企业在境外矿业投资额均占据半壁以上江山。2014 年，在我国境外非能源矿业投资中，民营企业投资额由 2013 年的 35.3 亿美元增加到 2014 年的 58.42 亿美元。

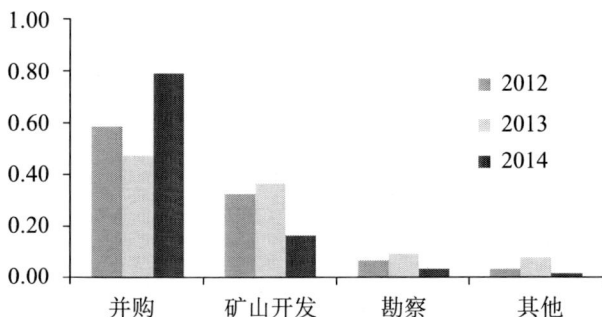

图 6 - 3　2012—2014 年，金属矿对外投资方式变动

（二）我国金属矿对外投资存在的问题

1. 投资目标不明确

自 2008 年开始，大批中国金属矿企业一窝蜂似地"走出去"到矿产资源丰富的国家如澳大利亚、加拿大等地进行投资，但是几年过去了，很多投资被长时间占用而无法收回。说明中国企业"走出去"的投资目的，是要产品包销还是矿山经营权，是参与项目建设还是要资产的控制权，一直不是十分明确，这也说明中国企业投资境外金属矿产很大程度上具有人云亦云、跟风而上的盲目性。

2. 对外投资经验不足

投资是一个系统且复杂的过程，金属矿企业投资又具有投资周期长、投资金额高的特点，境外投资更是高风险行为；我国金属矿企大多缺乏对外投资经验，对国外商业规则不熟悉，对东道国国情文化和法律等了解不足，缺乏对市场的战略理解和把握能力，造成部分对外投资失败或运作艰难。另外，中国公司处理交叉文化的能力明显不足，在与外方公司接洽谈判的过程中过于中国化而不够"国际化"，对异国文化的处理能力不足也给中国企业进行境外矿业投资带来了不利影响。最后，投资之后资源整合和管理能力的不足也成为中国公司在境外金属矿产投资过程中的一大难题，一些中资企业习惯于与政府协商，认为"搞定当地政府就搞定了一切"，事实上很多国家，尤其是西方国家，法律、工会、社区、公共监督组织、媒体的作用和影响很可能超过政府。

3. 民营企业大多资金不充裕

金属矿产投资具有高风险，高投入，技术性强，周期长，难度较大等特点，特别在境外进行勘探开发，没有雄厚的资金实力，根本无法承担开发中的风险。一旦投资失败，将给企业带来巨大的损失，这无疑加重了企业到境外投资的恐惧心理。我国民营金属矿企业与国外的跨国公司相比，普遍实力较弱，缺乏资金。正是由于这种原因，中国民营企业在境外投资的规模一般都不太大，因而获得的矿产资源量较少，收益能力也较低。同时，由于缺少资金，融资渠道狭窄，我国金属矿企业在承包境外工程贷款以及开具保函等方面存在困难，有时不得不放弃一些很好的项目。

4. 抵御投资风险的能力不强

境外金属矿企业投资是一项专业性强而且周期比较长的工作，在整个投资过程中会遇到各种各样的风险，同时处于不同开发阶段的项目面临的风险种类和大小也不同。但是，数年的金属矿企业繁荣使得中国企业普遍忽视了风险控制，想当然地将在国内开发的信心应用到境外矿业投资领域。这导致中国矿业企业在进行境外投资时识别和控制投资风险的能力普遍不足。究其原因主要有以下三个方面：第一，企业控制不灵活，境外金属矿企业遇到的一个很大障碍就是没有完全的自主经营权，不能因时因地根据自身情况灵活做出对策，而上级主管部门又或多或少有一些官僚作风，这在很大程度上影响了企业抵御风险的能力。第二，我国金属矿境外投资的规模普遍偏小，没有雄厚的资金实力作为保证，使得企业在国际市场的抗风险能力偏低。第三，对风险的认识程度不够，准备不足。境外金属矿企业开发风险的对策，需要对项目进行综合评价来进行总体安排。

5. 矿业企业整体国际竞争力不强

国内金属矿企在资金实力、信息化管理能力、国外经营能力、抗风险能力等方面与国外大型金属矿企比较存在一定差距。而我国金属矿企中有能力对外投资的只是少数实力相对较强的国企，民营金属矿企实力更是弱小。我国金属矿企"走出去"后将与发达国家具有多年经营历史的跨国金属矿企竞争，这些企业资金充足、管理及技术实力雄厚，例如在铁矿石方而，世界三大铁矿巨头生产了全球约 1/3 铁矿，控制了全球约 70% 的铁矿石贸易，中国目前很难有金属矿企能与如此雄厚实力的矿企竞争。加上国内非大型国有金属矿企也存在融资难、融资成本高等问题，导致我国金属矿企在与国外矿企竞争中往往处于弱势地位。

6. 国际化人才储备不足

一个公司或行业的发展状况和人力资源有很大的关系，拥有高质量的人才会使得这个公司乃至行业的寿命更长。我国金属矿企业"走出去"历史较短，企业普遍不太熟悉国外金属矿产资源勘查开发运作规则，缺少跨国经营能力的专业队伍和人才队伍，多数并购项目在整合过程中都遇到政治、经济和文化差异带来的障碍，这些障碍将最终影响境外投资项目的成败。

7. 顺周期并购较多

从 2005 年开始，受国际金属矿产品价格持续上涨的影响，中国金属矿企业"走出去"步伐加快，此时收购成本大大提高；而且由于国际上低成本的大型矿山多被西方跨国金属矿企业公司掌握，可供中国企业选择的资源质量普遍不高，加上来自印度、日本、韩国等资源消费国的竞争加剧，中国企业获得的优质项目不多。出于"控制资源"的目的，中国境外项目多数为成熟度普遍较低的项目，需要自主开发，且由中方控股和管理，这类项目周期比较长，需要完全承担经营风险，加上中国企业国际化经验不足，导致学习成本较高，项目波折较多，风险难以掌控，抵御周期波动的能力偏低。

8. 项目可行性判定标准与西方存在差异

中国企业由于进入境外金属矿企业投资市场的时间较短，对一些国际通用的勘探、投资标准不够熟悉，更多的还是凭借国内传统的标准，较为看重资源本身的条件，比如储量、金属矿石品位，开采条件等等。而境外投资者更看重长期投资收益，衡量的标准不仅仅是资源的质量，还包括一些收益指标，例如投资回收期、长期市场走势，等等。还有一些中国企业到境外投资是随大流，盲目找矿，很少进行尽职调查或可行性研究,投资之后才发现资产存在各种问题。或者未能选对投资的最佳时机,出现由于金属市场价格下跌而造成的资产大幅缩水,只能暂缓开发。

(三) 促进我国金属矿企业"走出去"的政策建议

1. 确立境外金属矿企业投资的总体战略

长期以来,西方发达国家都把安全放在对外贸易和对外交往的首位,高度重视境外矿产资源的勘探和开发。我国政府应进一步加强对这一领域的参与和介入,从国家经济安全的战略高度制定具体的长期发展计划并付诸实施。首先,政府可以组建专门机构,专门负责资源行业的对外投资战略,鼓励和保护我国企业进行国际化经营的动力与利益,为本国企业的跨国经营提供技术,经济,外交等全方位的支持,并通过"以合作求发展"的战略,促使企业在境外互相合作,相互扶持,提高整体竞争能力。其次,积极开展矿产资源外交战略,与资源国建立良好的政府关系和合作关系,争取签订政府间的合作开发协议与贸易协议,并运用包括经济、外交手段在内的相关的一些可行的措施,加强政府之间的高层往来,带动两国政府间企业的往来,影响有关国家政府的资源政策。

2. 完善境外矿业投资管理体制

境外金属矿投资项目投资金额通常非常大,导致近年来金属矿企业境外投资发展非常迅速,企业和个人境外资产规模日益增长。但目前对金属矿境外投资的管理服务、对境外企业和个人资产的保障维护主要依托规范性文件,尚无专门的法律或行政法规。《中共中央、国务院关于构建开放型经济新体制的若干意见》特别指出,要研究制定境外投资法规。我们建议:首先,在制定整个金属矿境外投资中长期发展规划、重点领域和区域规划时,应注重上下游、国内外统筹兼顾。其次,由于金属矿境外投资金额巨大,建议在这一领域加快落实国有资本、国有企业境外投资审计制度,健全境外经营业绩考核和责任追究制度。最后,在矿产境外投资方面也要强调有退有进。一方面,对持续亏损的"僵尸企业",要按照国家要求尽早关停;对没有可持续发展前景的、处在产能过剩行业的且不符合战略导向的亏损企业，也必须制定明确的处置方案。另一方面，要突出战略重点业务。要在铜、铅、锌等国内紧缺的基本金属资源开发等方面加大投入。

3. 鼓励企业规模化经营

国际资源开发属于一项技术工作，其开发不仅依赖技术水平还包括以技术为核心的综合实力。矿业的繁荣不仅需要矿业企业之间的深入合作，还需要国家或地区之间的经济开发，包括深度共享矿业合作机构的先进技术，以开放合作的姿态发挥集聚优势，积极与相关地缘国家合作。在参与境外企业生产与经营的过程中，应鼓励那些有意在境外进行矿业投资并且有一定实力的企业之间兼并重组，以形成一批资金实力雄厚、技术领先的大型跨国公司；同时，鼓励已经在境外投资的企业与当地有实力的企业进行兼并重组，特别是工贸联合。另外，我国企业应当学习境外企业先进的管理经验和开采技术，充分利用发达国家共享的技术资源，从而有利于促进我国技术的进步和管理水平的提高。"中方资本、西方管理"的模式目前来看较为成功，这种模式下，往往收购或与国际巨头合作投资成熟项目，并由外方具体运营，特点在于充分利用西方管理团队，开发风险小、见效快，能保证生产的运行，甚至马上可以得到矿产品且供应稳定。

4. 促进项目规范运行

境外金属矿企业投资从项目启动到开采运营的每一个环节都可能隐藏着风险，主要包括东道国矿业和外商投资法规、东道国勘探和开发招标对外资的政策、东道国对用工和物流控制的规定、矿权许可证的有效性和延期或收回的规定、公司可能未公开的补偿或者赔偿协议、矿区归属登记的瑕疵等等。中国企业在投资前要做好充分的准备工作，包括对拟投资领域、投资目的地和目标企业等各方面情况进行充分调研；对全球资源产品的价格周期有所预判；对全球经济和金融形势、国际政治关系、中国国内经济发展和政策走向等有较为全面的了解；结合企业发展战略在正确的时间以合理的价格并购符合自身战略发展需要的企业。建议设立第三方项目技术资金监理组，监理组的职责、规模、结构、人员组成等必须结合国外项目的实际情况，以保障项目规范运行和资金规范使用为宗旨，以追求项目取得最大成效为目标，加大监管力度，严抓落实监督管理职责。灵活运用对外投资方式，降低投资风险。并购是我国矿业对外投资的重要方式，随着全球化的深入和经济一体化的加深，单一的投资方式已经不能满足时代的要求，需要丰富对外投资方式，以并购和新建相结合，灵活运用独资、合资、合作、非股权的技术转让、委托加工等多种形式，特别是对于敏感区域和矿种的投资，要权衡利弊，选择合适的投资方式，以降低投资风险。

5. 注重人文因素和社区建设

中国企业投资境外金属矿不仅要关注金属矿产的储量和矿区潜力，也必须认真研究和遵守国际游戏规则，关心可持续发展、环保和人文等问题。首先，中国企业尤其是国有企业要学会与当地媒体和社区进行有效的沟通宣传，要淡化投资项目的政治色彩；避免使用投资东道国民众不喜欢的口号；在与外方交流时不要宣扬企业"走出去"的动机是响应政府号召、"为中国经济发展提供资源保障"、"以贯彻国家能源政策战略为己任"等；不要渲染国内各级政府或领导对企业的关心和支持；不要对外宣称中资银行可以提供低息贷款，以免外方误认为中国企业存在不公平竞争。其次，企业在获利的同时要特别注重环保和社区建设，要兼顾东道国的利益，促进所在社区的发展，善于占领舆论和道德制高点，树立共同开发、互利共赢的形象，争取做合格的本地化公司公民。采用先进的技术方法，合理开发利用矿产资源，严格矿山生态环境恢复治理，发展绿色矿业，避免开采过程中损坏植被、破坏地表结构等对环境有害的行为；加强社会责任的投入，主动采取资金援助、食物派发、房屋补修等手段帮助当地社区民众，建设与矿业发展相关的援助设施，培训当地社区居民成为矿工，解决劳工供需关系，降低酬劳成本，解决当地矿工的医疗问题，提高矿工福利。

6. 以"一带一路"为契机，拓展矿产国际开发利用空间

"一带一路"区域成矿条件优良，覆盖了全球四大成矿域的 10 个重要成矿带，分别为冈瓦纳成矿区域——印度成矿区、特提斯成矿

域——地中海成矿带、西亚成矿带、喜马拉雅成矿带、中南半岛成矿带、劳亚成矿域——欧洲成矿区、乌拉尔—蒙古成矿带及西伯利亚成矿区、环太平洋成矿域——东亚成矿带及楚科奇—鄂霍茨克成矿带。矿产种类齐全，资源丰富，具有很大的开发潜力。在全球矿业持续低迷的背景下，"一带一路"必将进一步拓展矿产国际合作的空间，为我国矿业对外投资发展带来新机遇。"一带一路"矿产资源合作，首先需要关注的是增强文化包容与合作意识，有的放矢地制定矿业投资政策。"一带一路"沿线国家有四种文明、上百种语言，在矿业企业"走出去"过程中，必须从目标国的角度出发，承诺在不对当地文化和生态环境造成影响的情况下，将矿业投资与推进资源丰富国家工业化进程、提高当地生活水平和就业机会等联系起来，为我国矿业企业"走出去"、"一带一路"战略实施奠定基础。其次是在做好"一带一路"区域地质构造研究工作的基础上，加快研究该区域的矿产资源赋存特征和分布规律，有效发挥地质工作对"走出去"的先行和推动作用，引导和支持矿业企业勘查开发境外矿产资源，推动建立境外资源基地。另一方面，集成整合各类地质信息资源，统筹建立面向"一带一路"的地质基础数据库，加强信息资源积累与更新。建设和运行服务于"一带一路"的地质信息服务平台，组成地质调查数据服务网、全国地质资料信息网等网站群，实现互联互通、全球共享。最后是加强"一带一路"沿线矿业风险监测评价，搭建矿业合作的稳定平台。"一带一路"沿线国家找矿潜力巨大，应建立境外资源丰富国家的矿业政策法律库，及时关注其能源资源政策变动情况。同时，持续开展矿产资源领域"走出去"风险监测评价，识别矿业投资面临的主要风险，建立风险监测评价体系，研判境外投资地区存在的风险及其等级，进行风险提示和预警。在此基础上，充分利用中国国际矿业大会、中国—东盟矿业合作论坛等重要矿业项目交流平台，加快国内外企业矿业投资与经贸合作的推介和对接，促进实质性项目的交易合作。

参考文献

［1］关秀丽，陈龙桂. 对外开放新阶段矿产资源类企业"走出去"战略研究［J］.

国际贸易, 2012, (11): 22—26.

　　[2] 张金杰. 中国能源与资源对外投资 [J]. 中国金融, 2013, (1): 53—55.

　　[3] 张建刚. 中国能源行业对外直接投资发展对策与建议 [J]. 国际贸易, 2011, (4): 17—20.

　　[4] 申万, 柴玮, 张广军. 中国对外化石能源投资特征和现状分析 [J]. 亚太经济, 2014, (7): 105—109.

　　[5] 裴露露, 朱菲菲. 资源型企业境外资源开发合作模式分类研究 [J]. 中国集体经济, 2011, (11): 87—88.

　　[6] 张友先, 马欣. 促进我国企业进行境外矿产资源开发利用的若干建议 [J]. 国际金融, 2011, (3): 75—78.

　　[7] 刘天宇. 加快我国矿产资源企业境外拓展之策略 [J]. 当代经济, 2008, (8): 10—11.

　　[8] 杨先明, 黄宁. 我国资源型对外直接投资面临的挑战与对策 [J]. 经济界, 2010, (11): 20—24.

　　[9] 陈琳, 陈云. 矿产资源境外投资的国际经验借鉴及我国的战略选择 [J]. 战略决策研究, 2012, (1): 81—88.

　　[10] 袁颖, 焦小伟. 我国企业境外资源开发存在的问题及对策 [J]. 中国国土资源经济, 2012, (5): 43—44.

　　[11] 沈亮. 关于中国企业境外矿产资源投资的相关思考 [J]. 经营管理者, 2014, (1): 209—210.

　　[12] 何建华, 严良. 我国采矿业对外投资现状及问题分析 [J]. 中国国土资源经济, 2015, (3): 44—47.

　　[13] 陈志, 金碚, 李钢. 中国矿产资源存在着怎样的缺口: 一个基本面的分析 [J]. 经济研究参考, 2007, (10): 1—17.

　　[14] 姜鸿, 张艺影. 中国维护矿产资源供给安全的自由贸易区战略 [J]. 经济社会体制比较, 2011, (2): 210—215.

　　[15] 高宇星, 瞿伟. 中国采矿业及其对外直接投资发展现状分析 [J]. 中国集体经济, 2014, (12): 27—28.

　　[16] 王琼杰. "走出去": 回头看看走过的路 [N]. 中国矿业报, 2016 - 03 - 02.

　　[17] 常兴国. 2014 年我国境外矿业投资中的新变化 [N]. 中国矿业报, 2015 - 08 - 01.

　　[18] 赵乐. 境外矿产投资策略研究 [J]. 国际工程与劳务, 2013, (6): 16—19.

［19］陈建宏，王斌，程运材，何艳梅．中国矿业发展境外投资战略研究［C］．金属矿采矿科学技术前沿论坛论文集，2006.

［20］王斌，陈建宏．关于中国矿业发展境外投资的研究［J］．矿产保护与利用，2006，（12）：1—4.

［21］胡小平．实施全球资源战略"走出去"勘查开发国外资源［J］．地质与勘探，2003，（1）：74—76.

［22］周铁军，刘传哲．中国采矿业对外直接投资现状及动因分析［J］．中国煤炭，2011，（1）：33—36.

［23］邹晓明，马杰，王玲玲．我国铀矿资源对外投资战略研究［J］．中国矿业，2010，（12）：10—12.

［24］刘伯恩．"一带一路"矿产资源合作：机遇、挑战与应对措施［N］．国土资源情报，2015，4：3—7.

（执笔人：高凌云）

专题七：中国大力推动企业跨国并购的问题及对策

2005 年之后，中国企业跨国并购发展迅猛，呈现快速增长的趋势，已经成为企业国际化发展壮大的重要途径之一。2016 年中国企业开展跨国并购实现了井喷，引起国内外的高度关注。如何鼓励引导企业更好地开展跨国并购，防范风险，在全球化的背景下，发展好国内和国外两个市场，用好国内和国外两种市场资源，增强中国企业"走出去"的适应能力，已成为当下各级政府、企业共同关心的话题。

一、中国企业跨国并购的必要性和战略意义

中国企业跨国并购是目前全球经济发展现状和中国经济发展阶段相互影响的必然结果，是中国经济进行新常态下经济转型的客观需要，是中国实现两个"一百年"目标走向世界的重要路径。正如诺贝尔经济学奖获得者施蒂格勒（George J. Stigler）所言："没有一个美国大公司不是通过某种程度、某种方式的兼并而成长起来的，几乎没有一家大公司主要是靠内部扩张成长起来的"，并购对于企业的成长、产业的发展有着重大的促进作用。

改革开放以来，经过三十多年的积累和发展，借助中国市场自身的各类资源优势，在中国商业舞台上涌现了一批质地优秀的企业。在国内经济发展步入"新常态"的背景下，这些企业如何应对经济增长放缓，加快自身发展；在全球化竞争的格局下，这些企业如何参与全球市场竞

争；如何提高自身对全球市场变化的敏感度及对市场变化的响应速度；如何争取全球最优资源为己所用，在竞争中争夺主导权等等，已经成为这些企业不得不面对和思考的问题。跨国并购也自然逐渐成为这些企业应对挑战的一个战略选择。

1. 在经济全球化的大趋势下，中国企业更深度融合国际市场和国际分工有了良好的外部条件

经济全球化的背景下，商品、服务、生产要素等跨国界流动的规模与形式不断增加，技术与信息在国家之间的传播更为迅速，国际分工更加深化，在全球范围内生产经营资源配置效率更高，从而使各国经济相互倚赖程度日益增强。当今经济全球化的主要表现：一是生产的全球化，跨国公司越来越成为世界经济的主导力量；二是市场的全球化，国际贸易迅速发展，成为世界经济的火车头；三是资金的全球化，国际金融迅速发展，巨额资金在各国之间自由流动；四是科技开发和应用的全球化，技术的推广速度更快；五是信息传播的全球化。在经济全球化下，资本、技术、品牌和管理在全球进行配置已经成为一种常态，任何一个国家、企业都必须在国际视野内才有可能获得更好地发展。对中国经济和中国企业来说，国际投资是中国外向型经济发展的必然趋势，而跨国并购是国际投资的最重要形式。

在经济全球化的大潮中，跨国公司作为世界经济的重要行为主体，对经济全球化的产生和发展起着直接的推动作用，中国企业要成为跨国公司，必须参与国际分工。从市场经济的特征来看，任何一个经济体内的资本、生产要素、科技等都是关键因素，对于企业来说，能够对上述要素进行最优配置，就能取得最好的经营成果。对于一个国家来说，在国内实现上述要素的最优分配，会实现经济增长和充分就业。但在全球范围内，国家层面是无法实现上述要素的整合，而跨国公司有能力在全球范围内实现资本、技术、人力资源的最优配置，获得最大化利润，也间接实现了上述要素在全球范围内的流动。而中国企业要想成为跨国公司，必须将经营管理、战略、市场放在全球视野，参与国际分工，获取国际经营能力。经验数据，海外营业收入超过30%是一家企业具有国

际经营能力的标志，目前达到这一水准的中国企业只有 25 家，并且这些企业大多都是以贸易和中间产品为主，缺乏国际化经营的能力。据统计，2013 年，中国 100 大跨国公司的平均跨国指数只有 13.98%，不仅远低于 2013 年世界 100 大跨国公司的 61.06%，而且远低于 2013 年发展中国家 100 大跨国公司的 37.91%。这说明中国企业必须加快全球化步伐。

2008 年以来，全球金融危机对全球投资产生重大影响，全球经济动荡导致资产价格不断走低，给中国企业跨国并购带来了最好的机会。在 2008 年发生全球金融危机后，西方发达国家经济受到重创，跨国公司受到明显影响，纷纷收缩全球各地投资，压缩非主营业务。很多跨国集团进行破产保护，出售资产，开始并购重组，全球市场上出现了很多优质资产，资产价格不断走低。一是因为发达国家企业财务制度严格，公司治理对公司运营约束严格，当期损失都要体现当期财务报告中，资不抵债时，往往通过资产处置应对危机。二是发达国家资本市场比较透明，且一般的大型企业集团均为上市公司，资本市场能够比较及时公正反映公司价值。

当前处在后金融危机时期，欧美国家经济开始复苏，重新进行产业调整，给中国企业通过并购进入发达国家区域以及工业领域带来新的机会。此次金融危机后，西方发达国家认识到单纯依靠金融业发展经济风险比较大，也开始重新提出振兴制造业，纷纷实施"再工业化"战略，重塑制造业竞争新优势，加速推进新一轮全球贸易投资新格局。其中以美国最为明显，出台很多有利于制造业发展的举措，并在近两年取得良好效果。从一些在美国设立的高端制造业来说，与十年前相比，综合竞争优势和成本已经有一定比较优势，对中国企业来说，抓住这个时机，通过跨国并购直接进入发达国家的工业领域，既可以充分利用当地高素质人才的劳动力资源，又可以获得先进生产技术，提高生产效率，提升各自企业的国际竞争能力。

2. 在中国经济进入发展新常态的背景下，中国企业实施跨国并购是实现国内经济转型和对外投资的重要战略

通过跨国并购积极参与国际市场，提高产业能级，为中国经济发展

172

带来新的动能。随着中国经济高速发展，中国企业的规模迅速做大，在全球 500 强中，中国企业 2015 年有 106 家上榜，比上一年增加了 6 家，2014 年增加了 5 家，2013 年增加了 16 家。有一项研究提出：中国企业选择跨国并购对象最为注重的因素是技术研发能力（73%）、品牌（58%）、与中国国内业务的匹配和互补（42%）以及零部件筹措渠道（27%）。从中我们可以看出，基于上述目的，中国企业并购后，96% 的企业声称增加了海外销售和市场份额，89% 的企业在欧美建设了研发中心，51% 的企业提高了国内研发水平并提高了国际知名度，30% 的企业则表示增加了国内销售。

在中国经济发展进入新常态下，适度转移国内产能，调整产业结构，为经济转型贡献新的力量。中国周边国家，特别是"一带一路"沿线的大部分国家，整体经济社会发展水平还较低，基础设施建设需要大量投入，国民生活水平还处在我国二十年前的水平，与之相关的产业有巨大的发展机会。对于这些产业，通过走出去并购，转移国内的部分产能，支持当地的经济建设，提高当地人民的生活水平，同时也能调整国内的产业结构，进行产业升级换代。此外，中国经济的快速增长使得一些行业出现严重的产能过剩，投资趋于饱和。在国内市场容量日益缩小的情况下，将视角转向国外，积极开拓国际市场成为中国企业的必然选择。

3. 随着中国企业经营能力的不断提高，中国企业走出国门开展跨国并购成为企业自身发展内在要求

中国企业自身经营实力和规模的大幅提升，为走出去实施跨国并购创造了良好的内部条件。在全球 500 强中，中国企业 2015 年有 106 家上榜，上榜企业的数量仅次于美国，排名第二。从 500 强中可以看出，中国企业的盈利能力虽然显著好于日本、法国、德国与英国企业，但与占据明显优势地位的美国大企业相比，仍有较大差距。在未来要想与美国大企业在全球市场开展竞争，中国大企业还需在提质增效方面做出较大努力。

国内单一市场已经不足以支撑中国企业进一步成长，面临生存和发

展两方面的压力，促使我国企业必须走向国际市场，谋求更大的生存和发展空间。在国内经济前面十几年的高速发展情况下，近几年国内经济发展速度明显放缓，国内市场需求不断降低，国内企业产能过剩问题普遍存在，国内单一市场已经不足以支撑中国企业进一步成长，面临生存和发展两方面的压力，促使我国企业必须走向国际市场，谋求更大的生存和发展空间，而跨国并购则是有效的途径之一。

中国企业通过跨国并购获得技术、品牌和管理经验，是继续提升企业自身经营能力的迫切要求。中国企业发展到今天，要继续走向全球市场，仅依靠自身积累已经远远不够，必须通过获取技术、品牌和管理提升自身竞争能力，跨国并购是重要渠道。

二、中国企业跨国并购的现状分析

在中国企业跨国并购快速发展的 15 年里，总体可以分为四个阶段。第一个阶段，单个企业对跨国并购进行探索，属于起步阶段；第二个阶段，多行业、多企业摸着石头过河，在多个领域尝试并购，属于上升阶段；第三个阶段，国家积极鼓励开展跨国并购，企业自愿并购，进入快速上升时期；第四个阶段，目前中国企业开展跨国并购的内外部环境均已基本成熟，国家明确走出去战略，在政策予以大力支持，金融环境良好，企业自身经营实力明显增强，对外并购成为中国企业的经营常态，跨国并购进入爆发阶段。

（一）中国企业跨国并购规模越来越大

近年来，在中国经济强劲增长以及国家并购重组政策的激励下，中国企业跨国并购的规模越来越大。一方面，并购总额逐年增长。2007年，中国企业海外兼并收购达到新的高点，并购总额达到 186.69 亿美元。2009 年，海外兼并收购交易达到 61 起，交易金额 212 亿美元。2011 年，跨国兼并收购 106 起，披露金额的 78 起兼并收购案例涉及金额 234.28 亿美元。而波士顿公司报告显示，最近 5 年，中国企业的海外并购规模增长率达35%，交易数量的增长率为9.5%。2014 年，中国企业完成了 154 起海外并购交易，并购金额达到 261 亿美元。2015 年中国企业实施的海外并购项目总共有 593 起，累计交易金额 401 亿美元。根据商务部统计信息，2016 年 1 至 7 月，我国企业实施海外并购项目共计 459 起，实际交易金额达 543 亿美元，2016 年 1 至 7 月我国海外并购实际交易额已大幅超过 2015 年全年并购交易金额，增长快速明显（图 7 - 1）。

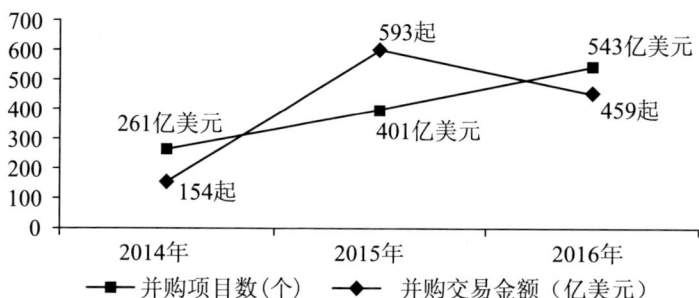

图 7 - 1　2014—2016 年 7 月，我国企业实施海外并购情况

资料来源：商务部

　　2016 年以来中国企业展开的跨国并购快速增长，既有国内宏观经济增速放缓，中国企业寻求海外增长的因素；也有中国企业自身发展需抢占海外核心资源资产的因素；也有全球资本市场预期变化，如美元加息等因素等等，综合来看主要在于以下几个方面：其一，中国企业跨国并购数量大规模增长，得益于中国境内资本市场通畅的融资渠道，为中国企业海外并购提供了充足的资金支持。根据和讯财经数据，2016 年上半年境内企业跨国并购案例在 2 家以上的 25 家企业中，有一半以上均为境内上市公司或者境内上市公司母公司。其二，在美元加息及升值的强烈预期下（人民币兑美元汇率已经从 2015 年年中的 6.12 到目前的 6.90），以及中国企业面对国内经济 L 型走势的"新常态"，境内企业自身也希望能够通过加速海外布局，配置海外资产的方式，对冲人民币贬值和国内经济增长放缓的风险，实现自身资源的最优配置。其三，在国内经济增长放缓的大背景下，中国企业国内市场发展必然受到不同程度的限制。如何发展好国内和国外两个市场，用好国内和国外两种市场

资源，也摆在中国企业眼前。中国企业通过跨国并购，快速获得海外企业的先进生产技术经验，获得国外公司的知名品牌和渠道，获得国外公司相对稳定和成熟的客户群体，实现自身产品服务升级和发展。2016年以来的中国企业的跨国并购标的主要集中在欧美等发达国家的企业，也证明了这点。其四，由于境内外资产估值差异，相同资产中国境内给出的估值往往要高于境外，因此中国企业进行跨国境外收购存在较高的套利空间，这也是当下并购的一个重要原因。

（二）跨国并购领域越来越多

从行业来说，根据商务部统计信息，2015 年中国企业对外跨国并购涉及 62 个国家（地区），涵盖 18 个行业大类；2016 年 1 至 7 月，中国企业实施海外并购涉及 63 个国家和地区，涵盖 15 个行业大类。中国企业海外并购涉及的国家区域及行业越来越多，其发展也呈现一定特点，前两年中国企业跨国并购领域涉及采矿业、制造业、服务业等，并成为国际市场采矿业和金属业最主要买家。其中主要集中在能源、矿业与公用事业、工业与化工产业以及电信、电信传媒与科技产业。从2016 年来看，目前集中在房地产和酒店、汽车、金融及商业服务和信息科技等四大热点行业，热点行业投资额占总投资的 73%。从并购标的数量上看，2016 年上半年，工业领域、高科技行业、媒体娱乐行业及消费相关行业，中国企业发生跨国并购最多。2016 年上半年，中国企业跨国并购在工业领域共计发生 128 例，在高科技行业共计发生 81 例，在消费相关行业共计发生 67 例，较 2015 年下半年工业领域的 36 例，高科技行业的 49 例，及消费相关行业的 9 例，实现大幅度增长（见图 7－2）。在这些行业领域并购数量的快速增长，一定程度上反映了中国企业/资本对未来新兴中产阶级和消费文化市场的坚定看好。

（三）并购对象多为欧美发达国家的企业

从已发生的并购案例来看，中国企业跨国并购的对象多为欧美发达国家的企业。以往的跨国并购都是以发达国家企业并购发展中国家企业为主，因为一般的认识就是发达国家的企业实力比较强，发生并购的可能性比较大。但中国的海外并购都指向了美国、欧洲、日本、韩国和加

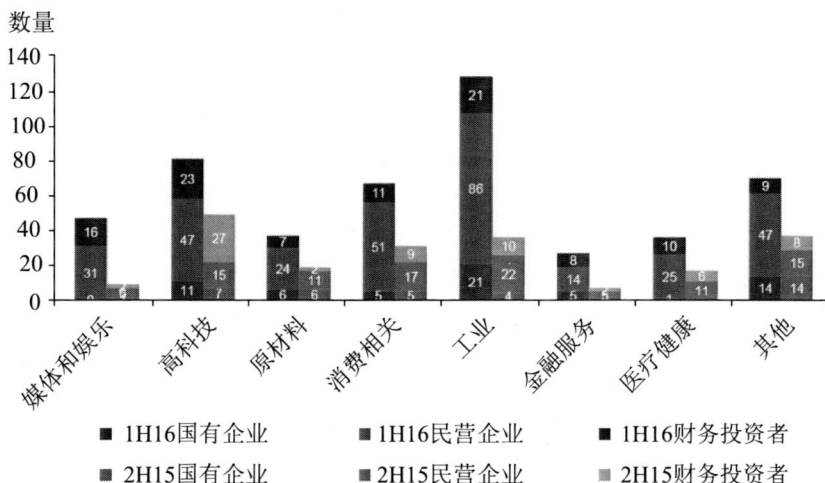

图 7-2　中国大陆企业海外并购交易数量按投资行业分类

资料来源：普华永道《2016 年上半年中国企业并购年中回顾与前瞻》。

拿大等主要发达国家和地区。2016 年的十大并购交易中，除了一起在马来西亚外，前十大交易中的九起均在发达国家和离岸金融中心，包括开曼群岛 3 起，美国、澳大利亚各 2 起，德国、瑞士各 1 起。从目的地而言，欧洲、美国等成熟市场是中国企业跨国并购的最重要目的地。另外，2015 年中国企业对亚洲其他国家的并购数量达到 93 起，主要集中在"一带一路"沿线国家，仅次于欧洲和北美，同比增长 63%。

　　根据普华永道 2016 年 8 月发布的《2016 年上半年中国企业并购年中回顾与前瞻》显示，2016 上半年中国大陆企业跨国并购欧洲企业 163 例，北美洲企业 149 例，亚洲企业 129 例（图 7-3）。该数据表明，发达国家和地区的企业为当下中国企业跨国并购的首选。主要原因在于发达国家和地区的企业，在产品技术技能上相对领先，在产品品牌上知名度较高，拥有相对稳定和成熟的客户群体，而这些往往都是中国企业跨国并购所看重的。一方面，中国企业通过跨国并购，可以快速获得海外被并购企业的比较优势，实现自身产品服务升级和发展，稳定和巩固国内市场，实现内生式增长。另一方面，中国企业通过跨国并购，直接取得境外被并购企业的渠道和客户群体，迅速实现外延式增长。

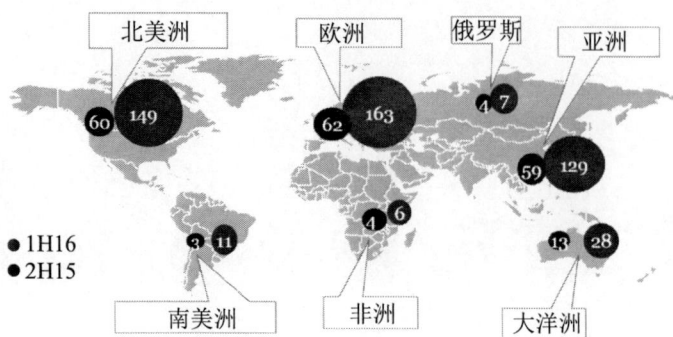

图 7 - 3　中国大陆企业海外并购数量按投资地区分类

资料来源：普华永道《2016 年上半年中国企业并购年中回顾与前瞻》。

（四）民营企业跨国并购增幅突出

根据普华永道 2016 年 8 月发布的《2016 年上半年中国企业并购年中回顾与前瞻》显示：2016 年上半年中国大陆企业海外并购交易中，国有企业相交以往更加活跃，但民营企业在跨国并购中的增幅更加突出，民营企业继续主导了海外并购市场，并且第一次在并购金额上超过国有企业。在前 20 大跨国并购交易中，民营企业要占到 2/3（图 7 - 4）。

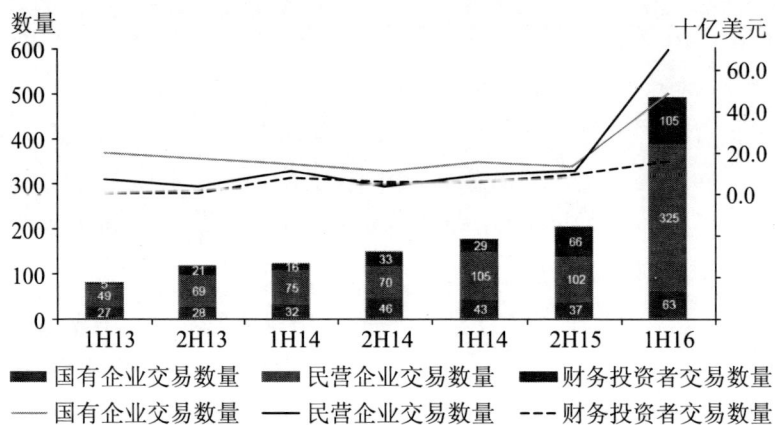

图 7 - 4　中国大陆企业海外并购数量与交易金额按投资者性质分类

资料来源：普华永道《2016 年上半年中国企业并购年中回顾与前瞻》。

从 2016 年上半年境内企业跨国并购案例在 2 起以上的企业有 25

家，其中安邦保险以 4 起案例排名第一，大连万达、复星国际、腾讯、小米等民营资本在跨境并购中的表现抢眼（表 7 - 1）。

表 7 - 1　2016 年上半年境内企业跨国并购案例 2 起以上企业

跨境并购活跃买家	案例数（起）
安邦保险	4
航天科技（SZSE：000901）	3
均胜电子（SHSE：600699）	3
汉德资本	2
新沂必康医药	2
中国华信	2
中国人寿	2
中国化工	2
中安消（SHSE：600654）	2
大连万达	2
新奥股份（SH：600803	2
复星国际（HK：00656）	2
福建泰禾投资	2
广博股份（SZ：002103）	2
海航	2
大康农业（SZ：002505）	2
美的集团（SZ：000333）	2
当代置业（HK：01107）	2
南京新百（SH：600682）	2
春华资本	2
国投电力（SH：600886）	2
Shanghai Yiqian Trading Company	2
长亮科技（SZ：300348）	2
腾讯（SEHK：700）	2
小米	2

资料来源：和讯财经。

（五）中国企业跨国并购中财务投资者增多

在并购交易中，战略投资者通常与被投资公司有业务上的关联或者相似的产业背景。因此战略投资者在并购后能够将被并购企业的资源优势与自身结合，增强企业核心竞争力和创新能力，促进产品结构升级，达到协同效应的效果，谋求长远的发展和回报。以往中国企业的跨境并购多属此类，比如联想并购 IBM，TCL 并购汤姆孙等等。

并购交易中，另一类并购投资者为财务投资者，即通过市场调查研究发掘被并购企业的潜力价值，通过投资的方式实现经济上的回报，主要通过私募股权基金等方式展开。2015 年后，中国这类投资者的数量快速增长，2016 年上半年并购数量更是超过 2015 年全年。根据汤森路透公司披露数据，2015 年中国大陆企业跨国并购交易中的财务投资者并购涉及 95 例，并购披露交易金额 156 亿美元；2016 年上半年中国大陆企业跨国并购交易中的财务投资者并购涉及 105 例，并购披露交易金额达到 163 亿美元。这也反映了中国目前有大量可投资资金，而跨国并购正是这些资金寻找的一个投资方向和出路。

（六）政策环境不断完善

一是社会各方对中国企业跨国并购的认识上基本统一，即有利于我国经济转型，有利于企业提高国际市场的竞争能力，有利于实施我国对外发展战略。二是政府、企业、社会在鼓励跨国并购的行动方向基本一致。从政府层面来说，在对外投资审批管理体制和外汇管理模式上都进行了改革，减少审批层级和内容，提高了效率；从企业经营层面来说，跨国并购已经成为日常经营的常态内容；从社会来说，大家已经不再讨论要不要跨国并购，跨国并购的目的是什么，是不是花钱交学费等，而是大家开始集中讨论哪些领域、哪些国家更适于开展并购。三是有利于开展跨国并购的环境氛围初步形成。从全球来看，对中国企业走出去的看法逐步趋于正面，更多地从经济行为角度审视中国企业跨国并购；从金融机构的支持力度来看，中国金融企业的走出去步伐加快，为企业的跨国并购提供了最为重要的金融支持；从中介机构层面来看，投行、咨询公司、律师事务所、会计师事务所等并购所需的中介机构经验越来越丰富，能够提供的支持越来越多。

1. 中国政府持续完善对外投资管理体制，确保中国企业开展跨国并购的外部协同效果日趋好转

自 2001 年以来，中国政府一直在完善对外投资管理体制，主要体现在审批、融资、外汇管理等方面。在投资审批方面，由商务部牵头，

优化了企业对外投资的审批管理体制，将部分审批权下放到省级机构，初步建立"备案为主、核准为辅"的管理模式，对外投资审批环节简政放权，提高了审批效率，释放了企业海外投资活力。

2. 中国企业开展跨国并购已经成为国内企业日常经营发展的一种常态

中国企业经过几十年的改革和发展，公司治理结构取得了显著的改进，在制造能力、成本控制、质量管理等方面积累了一定的优势，具备了一定的国际竞争力。同时，随着中国产业的整合，越来越多的企业通过资本运作手段，有效整合市场资源，增强核心竞争力，获得了规模上的快速发展。十年前，中国企业通过国际贸易参与国际分工，通过进口先进的技术产品和生产设备，利用国内的资源优势和劳动力成本，形成自身的竞争力。而在今天，中国企业已经通过开展跨国并购，主动寻求全球合作机会，把自己的价值链放到全球价值链中，同全球资源进行整合，从利用国际贸易的能级上升到直接整合全球资源上面来，开展跨国并购成为企业的经营常态。

3. 随着跨国并购活动的开展，中国企业实施跨国并购的成功案例和经验越来越多

随着跨国并购成为中国企业日常经营的常态，越来越多的跨国并购实施成功的经验也在帮助中国企业树立走出去的信心。中国企业跨国并购整合成功的案例和经验越来越多。近年来，无论是国有企业还是民营企业，无论是资源性行业还是制造业，无论是大型企业还是中型企业，无论是金融企业还是其他类机构，都有取得并购整合成功的案例。

三、中国企业跨国并购存在的主要问题

（一）从宏观经济层面上来看，政府对中国企业跨国并购的引导还不够有力，国家之间的协调还不够到位

1. 对支持中国企业实施跨国并购的国家战略布局和管理体制不够清晰

"一带一路"建设是在新的国际国内形势下，把握我国重要战略机

遇期，推动对外开放的新举措，也是基于新安全观的周边外交大战略。当前，中国就在"一带一路"倡议中明确支持在沿线国家开展跨国并购。但是，在具体"一带一路"沿线国家实施并购的困难很多，部分国家内部情况复杂，"一带一路"国家和地区间没有相对应的多边协调机制，如果都靠双边谈判解决问题，成本过高，协同效应很低。而目前各界对其战略意义的认识仍然不足，对推动战略实施的布局还不够有力。跨部门的协调与合作是国家对外战略有效贯彻的重要一环，政府跨部门协调合作的困难现实存在。值得指出的是，在已经建成的部际联席会议上，实际并没有发挥出这一机制当时设计时的预期效果。各省都希望争取政策、抢抓资源、占得先机、先行先试，为其带来发展新机遇和增长新动力。但在国家层面、部委层面则需要加大引导、统筹、协调的力度。在当前中央力行简政放权地大背景下，在各级层面行政审批制度改革尚未全面落实时，简政放权势必触动一些部门的整体利益，势必改变各部门深层次的利益格局，因此在实际贯彻推动时会遇到巨大的阻力。

2. 国家对中国企业跨国并购的政策指引和投资规划不够明确、不够有力

国有企业是当前跨国并购的主要力量，他们的经营受到国家政策指引和海外投资规划的重要影响。而国内有关主管部门在制定中国并购政策时，由于离市场较远，信息相对滞后，对产业的发展前瞻性不够，对未来的产业发展判断不够准确，制定的政策过于宏观，投资规划缺乏可操作性。

3. 在中国企业跨国并购面对更多的政治风险时，中国政府的协调能力还有待提高

由于社会制度的不同，西方主要发达国家对于中国企业的兼并收购一直持有敌视态度。目前对于国内的大型国有企业来说，跨国兼并收购中，面临的第一风险就是国际政治风险，也可以说是国别风险。这个风险在跨国兼并收购西方发达国家的能源型企业、高科技企业的时候，最为突出。西方发达国家利用"国家安全论"，阻挡中国企业海外扩张的

步伐。

（二）从政策环境层面上来看，国家在跨国并购法律法规和服务支撑等方面还亟待提高

1. 我国跨国并购的立法工作，特别是相关适用的操作方法和程序有待完善

目前，国内有关跨国并购的法律、制度方面还存在缺陷，仅在公司法、证券法对有关企业并购有一些零散的规定，但相对于瞬息万变的企业跨国并购实践而言，相对滞后。具体而言，一方面是在审批程序方面，还存在企业进行跨国并购的决策审批迟缓，审批程序繁琐，且效率低下，在一定程度上阻碍了企业跨国并购的顺利进行，甚至使企业跨国并购坐失良机。这其中，国家发改委《境外投资项目核准和备案管理办法》需要及时进行修订。另外一个重要方面，在外汇管理审批方面，经常项目下的人民币可自由兑换，资本项目下外汇则不可自由兑换。

2. 我国跨国并购的政府信息服务还不到位，没有足够的信息平台和资源支持，获取效率十分低下，成本很高

中国政府对海外并购还缺乏有效的服务手段和平台。很多企业在海外并购，特别是一些新兴市场国家的并购，只能通过网上收集的零碎信息，不敢付诸实施。相关部门在法务、财务、税务、"一带一路"信息服务及投融资产业基金的境外投资服务平台的作用还发挥不够。

3. 企业、政府、金融机构、第三方中介之间的统筹协调对接机制还不完善

我国各类商会、行业协会在跨国并购中的中介组织作用发挥还不够。这些非政府组织可以平衡不同产业在谈判中的利益关系，为政府提供贸易公共咨询、国内外市场调研信息、产业谈判相关技术支持等。

（三）从微观操作层面上来看，对企业跨国并购的金融服务能力有待提高

1. 中国金融机构对中国企业跨国并购提供的金融服务能力还有待提升，企业融资渠道狭窄，不利于国内企业跨国并购融资

目前，我国的金融信贷体制对企业的筹资、融资方面的限制和约束

依然较多，企业贷款要受到国内贷款担保额度的限制和外汇贷款额度的限制，境内融资不能对国内企业跨国并购提供强有力的支持。在西方发达国家，跨国公司主要利用国际资本市场和证券市场来完成跨国并购。一般来说，跨国公司通过母国的外汇汇出来实施跨国并购的资金不到整个跨国并购金额的1/10，九成以上的并购资金是通过发行股票、债券、抵押贷款与信用贷款等融资手段筹集，而在我国企业的跨国并购中，主要以现金收购为主，并购活动中的融资效率十分低下。

2. 中国政府对中国企业跨国并购的金融控制和外汇管制还待进一步放松

外汇管理制度的改革作为我国经济体制改革中极为重要的一个环节，由于其直接关系到我国金融体制的稳定，改革一直是慎之又慎。这当然影响了我国跨国公司海外投资的发展，特别是在加入世界贸易组织之后，不完善的外汇管理制度使得我国跨国公司在面临空前激烈的竞争中处于极为不利的地位。

3. 中国金融机构走出去，为跨国并购提供金融服务的步伐还需要进一步加快

在地域结构上，我国银行业境外机构的覆盖面仅为50多个国家和地区，"一带一路"地区的机构布局则相对滞后，在第三世界国家和新兴经济体的覆盖面和影响力还非常小。

四、推动中国企业跨国并购的对策建议

当前，对中国企业开展跨国并购重要性认识已经完全统一，针对并购过程中出现的问题，我们觉得应该从政府、企业、社会等层面出台措施。

（一）要明确树立中国企业跨国并购的国家战略布局

"十三五"规划提出，要深化产业国际合作，加快企业走出去。要积极参与和推动国际产业合作，贯彻落实丝绸之路经济带和21世纪海上丝绸之路等重大战略部署，加快推进与周边国家互联互通基础设施建

设，深化产业合作。要发挥沿边开放优势，在有条件的国家和地区建设一批境外制造业合作园区。坚持政府推动、企业主导，创新商业模式，鼓励高端装备、先进技术、优势产能向境外转移。从规划中可以看出，"走出去"已经成为国家战略布局。

1. 要抓紧制定中国企业跨国并购的发展规划和重点方向

国家十三五规划明确了加快企业走出去的总体方向，提出要加强顶层设计，建立完善统筹协调机制。在规划的大背景下，要抓紧制定中国企业跨国并购的发展规划和重点方向，一是明晰跨国并购的重点行业领域。从行业来说，中国企业跨国并购领域主要集中在能源、矿业与公用事业、工业与化工产业以及电信、电信传媒与科技产业。从国内经济发展需要和走出去战略需要，未来国内企业跨国并购的行业领域将集中在资源类行业、高端制造业、金融及商业服务和信息科技等热点行业。二是突出制造业的并购策略。在《中国制造2025》中，明确提出，探索利用产业基金、国有资本收益等渠道支持高铁、电力装备、汽车、工程施工等装备和优势产能走出去，实施海外投资并购。加快制造业走出去支撑服务机构建设和水平提升，建立制造业对外投资公共服务平台和出口产品技术性贸易服务平台，完善应对贸易摩擦和境外投资重大事项预警协调机制。三是要加强顶层设计，明确实施路径，建立完善统筹协调机制。要结合国有企业和民营企业的经营特点，有针对性鼓励开展不同领域并购；对国内企业针对同一企业的并购，要避免竞相压价。四是在制定中国企业海外投资和跨国经营的总体规划方面，国家应根据我国加入WTO后的态势以及国民经济和社会发展的实际状况和要求，在未来的5—10年间，及早制定中国企业对外直接投资和跨国经营的总体发展战略。同时，应结合国际经济发展进程，制定出符合我国实际的经营战略、区域战略、行业战略、融资战略、进退战略、生产战略、市场战略等。

2. 要积极参与全球经济治理，有效保障中国企业跨国并购的合法权益

要建立与"一带一路"国家的双边投资贸易协定以及多边体制下

的投资贸易便利化的协定并加快其落实，需要结合外交推介惠及沿"带"沿"线"国家民众的项目，在和平合作中求和平发展，获得沿"带"沿"线"国家更多的认同、亲近和支持。要依靠各界企业从微观层面主动"走出去"，帮助企业降低摩擦成本。美国驻外国使馆设立经济商业情报中心，为海外投资企业提供最新和最可靠的东道国文化及市场信息。日本制定《海外投资行动指针》，倡导企业对外投资应兼顾社会责任以提升海外形象。中国应充分利用海外使、领馆及相关机构，加强海外并购公共信息服务，提倡和帮助我国企业与当地社会的深度融合，宣传和增强并购目标方对中国企业文化的认同和信任，尽量降低海外并购中的冲突。

3. 要进一步完善中国企业境外投资的管理体制，探索建立合理的审计、经营业务考核体系

要完善境外投资管理体制，建立完善境外投资发展规划和重点领域、区域、国别规划体系。健全备案为主、核准为辅的对外投资管理体制，健全对外投资促进政策和服务体系，提高便利化水平。推动个人境外投资，健全合格境内个人投资者制度。建立国有资本、国有企业境外投资审计制度，健全境外经营业绩考核和责任追究制度。应该积极立法，提高立法级别，优化境外投资管理制度，简化审批手续，彻底修改我国跨国公司并购审批管理体制，并以立法形式扩大我国跨国投资主体的范围。

（二）要大力营造有利于中国企业开展跨国并购的外部环境

1. 抓紧发展对外投资的促进政策和服务体系，建立对外投资金融和信息服务平台

要强化对外开放服务保障，推动同更多国家签署高标准双边投资协定、司法协助协定、税收协定，争取同更多国家互免或简化签证手续。构建高效有力的海外利益保护体系，维护我国公民和法人海外合法权益。健全反走私综合治理机制，完善反洗钱、反恐怖融资、反逃税监管措施，完善风险防范体制机制。提高海外安全保障能力和水平，完善领事保护制度，提供风险预警、投资促进、权益保障等便利服务。强化涉

外法律服务，建立知识产权跨境维权援助机制。

2. 要加快跨国并购的立法工作，尽快制定和完善我国跨国并购的法律规范，制定适用的操作方法和程序

要建立健全有利于"走出去"以及"一带一路"战略实施的国家法律法治体系。从国家层面上，政策沟通是关键。我国要与相关国家就"一带一路"战略进行交流，本着求同存异原则，协商制定推进区域合作的规划和措施，在政策上为战略实施"开绿灯"的同时，法律上要为战略实施提供坚实的法治保障。要实施"一带一路"战略，需要相关法律予以法律保障，包括企业、投资、融资、项目建设、外汇管理、人员管控、合规管理、风险控制等方面的法律法规必须建立健全，而且相应的执法、司法要跟上。在这一点上，不妨借鉴学习美国法律上的长臂原则，学会运用现有国际规则，切实保护自己国家的企业、投资人在外的合法权益。

3. 要大力发展与跨国并购相关的投资银行、会计师事务所、律师事务所等市场中介机构

要组建综合性一站式服务平台，以提供覆盖境内外全流程境外投资服务。探索建立以服务境外投资企业为目标的具有独立行政法人资格的综合性一站式服务平台，同时设立境内和境外分支机构，以提供公益性境外投资服务为主，根据企业个性化需要提供分类分级的有偿定制化服务。聘请国内和驻在国当地的专业技术服务人员，在投资目的国开展分行业领域的基础调查和研究，为企业境外投资提供切实有效的服务与指导。积极整合各部门、各行业的政策资源，做好行业指导、信息服务、融资服务、投资促进、人才培训、风险防范等综合性企业服务工作。

（三）要全面提高中国企业实施跨国并购的经营能力和管理水平

1. 要结合国内外经济形势和特点，在企业发展战略规划的框架内，制定明确、科学的跨国并购战略

中国企业要有明确而科学的跨国并购战略，将跨国并购纳入企业发展战略规划的框架内，在战略的导向下进行海外并购。企业在制定中长

期战略规划时，在对企业外部环境、内部能力、企业目标与使命充分研究的基础上，设计出海外并购战略，包括并购的方向、原则、条件、时机、可能方式等。在战略的导向下寻找并购行业及目标企业，并进行战略一致性、能力匹配性、优势互补性分析，进而作出并购是否符合企业发展战略的总体判断。战略导向的并购可使并购具有主动性与目的性，减少了非理性因素的干扰，而当前的海外并购往往是机会导向，也就是企业发现了海外并购的机会，然后进行可行性分析，进而作出并购计划。由机会导向转向战略导向，这是企业规避海外并购风险最重要的一环。具体说来，中国企业在通过跨国并购寻求发展的道路上，需要从参与国际竞争的角度来思考自身的国际化战略定位，找到一条适合自身实际状况的发展道路。现实的选择是，在不断提高竞争能力的基础上，中国企业的跨国并购可以从进入市场和获得战略性资源（技术、品牌）两个方向逐步实施。

2. 要按照现代企业经营理念，不断提高企业自身经营管理水平，适应跨国企业的竞争需要

并购过程中，成功地达成并购协议只是并购的第一步，将目标企业与主体企业整合在一起，发挥出更大的竞争优势，才是并购的最终目的。因此并购成功与否很大程度上取决于主体企业是否具备核心竞争力，以及相应的管理溢出能力，即能够将这种核心竞争力移植到并购企业中去，同化并购企业，让它们也具有主体企业的竞争优势，为并购活动带来新的增长点。因此，对并购企业来说，培养企业核心竞争力，提高自身管理水平非常重要。而对于我国企业而言，由于并购主体企业多为国有大企业集团，除了加强内部组织管理与技术创新外，更应该从治理结构入手，提高企业核心竞争力。

3. 要积极实施国际化人才战略，大力培养、引进具体国际管理背景的跨国并购专业人才

企业在进行海外并购前期应制定与实施明确的国际化人才战略。缺乏相关优秀人才的努力，海外并购很难取得成功，我国企业必须着力培养跨国并购的专业人才。一是在并购战略制定阶段有计划地引进一批有

国际化管理背景的人才，搜寻、网罗和评聘跨国并购的交易谈判人才。二是同时在企业内部选拔培养一批熟悉本企业运作、具有较高素质的跨国经营管理人才。

（执笔人：张健）

专题八：我国对美国直接投资研究

近年来，我国对美国的直接投资日趋加大。据商务部《2015 年中国对外直接投资统计公报》统计，2015 年我国对美直接投资 80.29 亿美元，创下历史新高。然而在我国对美投资规模加大，投资领域日趋多样化的同时，企业也面临越来越多的监管审查障碍和泛政治化的干扰。进入 2016 年以来，华润收购仙童半导体、中联重科收购特雷克斯等企业投资美国遇阻案例频见报端。美国外国投资委员会（CFIUS）的最新报告显示，我国已连续三年成为遭 CFIUS 审查最多的国家。为此，应认真研究分析美国外资审查方面的趋势变化，采取有针对性的应对措施。

一、我国企业对美国直接投资现状与主要特点

（一）投资流量上，我国对美直接投资创历史新高

据商务部统计，2015 年，我国对美直接投资创历史新高，流量为 80.29 亿美元，同比增长 5.7%，在我国对主要经济体投资中排名第三。在"十二五"期间，我国对美直接投资存量从期初的 89.93 亿美元增长至期末的 408.02 亿美元，存量规模仅次于欧盟。进入 2016 年以来，这种增势更加迅猛。全球并购数据机构迪罗基（Dealogic）的数据显示，在 2016 年前两个月里，中企对美并购金额已达 235 亿美元，超过 2015 年全年中企对美并购总额。

（二）从投资主体上看，民营企业成为我国对美直接投资的主力军

据荣鼎集团统计，五年前，民营企业对美投资的比例只占 19%，

而现在民营企业占总投资的 84%。另一个值得关注的就是以私募股权投资公司、保险公司、金融集团为代表的金融投资者的增加，它们五年前投资占比几乎为零，目前为 56%。未来，随着我国民营企业的进一步发展，国家对国际并购的进一步支持，美国对金融投资的限制进一步放开，民营企业和金融投资者必将扮演更加重要的角色（图 8 – 1）。

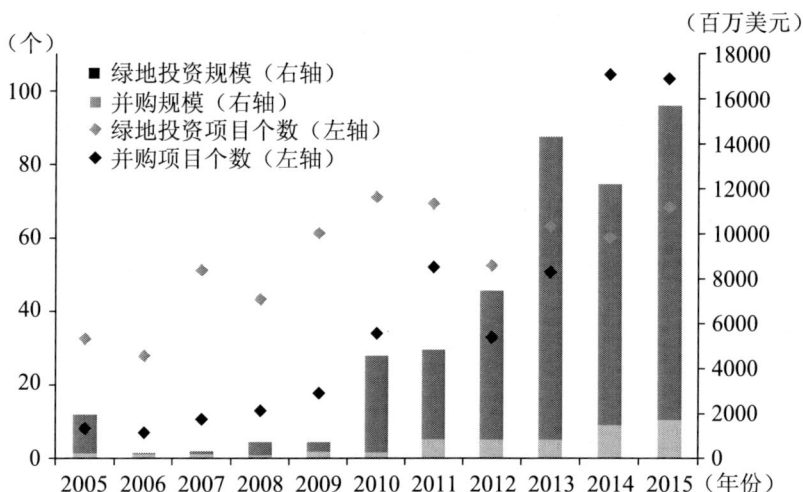

图 8 – 1　2005—2015 年我国在美直接投资情况

数据来源：荣鼎集团。

（三）从投资领域看，我国对美投资的行业构成已经多样化

过去几年，我国企业对美投资从资源能源已扩展到食品消费、制造业、服务业、高科技以及房地产等众多领域。据荣鼎集团统计，2015年，我国对美投资中最大的行业分别为房地产行业（安邦收购第五大道 717 号黑石集团大厦）、金融服务行业（复星收购艾伦索尔保险）、信息和通信技术（ICT，中国财团收购集成硅公司）、汽车（中国航空工业集团公司收购 Henniges 汽车）、保健和生物科技（海普瑞收购 Cy-tovance 生物制品）和娱乐（万达收购世界铁人三项公司）。这表明目前我国企业对美投资的驱动力，从最初获取资源能源供应，逐步转向开拓市场、提高国际竞争力（图 8 – 2）。

（百万美元）

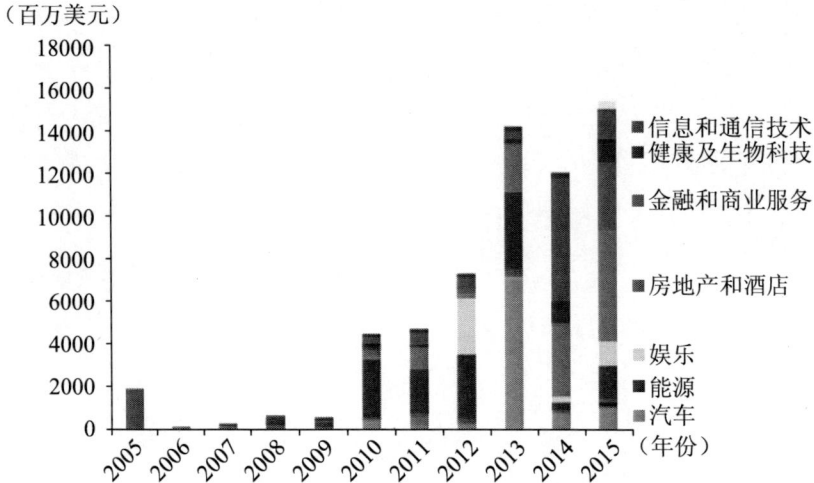

图 8 - 2　2005—2015 年我国对美直接投资行业

数据来源：荣鼎集团。

CFIUS 年报显示，从对美投资申报的行业上来看，我国的对美国企业的并购申报主要集中在制造业，金融、信息和服务业，采矿、公用事业和建筑业三大部门，其中制造业 2011—2013 年期间占比达到 44.44%。在 2011—2013 年期间，CFIUS 审查项目的 40% 集中于制造业，在投资总量大幅增长的背景下，中企遭遇审查的案例一直最多。

二、美国外资审查方面的变化趋势

美国政府对外资的审查主要是通过 CFIUS 来进行。CFIUS 考察一项兼并、收购或接管交易是否会威胁美国国家安全是依据两个标准判断的，一是外国投资主体的性质，二是交易对象所涉及的产业领域。美国相关方面并未公布敏感投资产业的清单，理由是不能向外泄露国家相关的安全政策，也不希望一些投资机构束手束脚。对于投资主体，美国相关机构表示，关注的重点主要是被国外政府直接控制的企业，但并未提及是否对所有国家一视同仁。

（一）申报受理数量自 2009 年以来逐步回暖

CFIUS 年报显示，2008 年 CFIUS 审查的外国投资项目数量达到峰值 155 个。2009 年受金融危机的影响，骤降至 65 个。伴随着美国经济的复苏，受理申报项目数量不断攀升。

（二）外国投资委员会的作用和审查力度增强

"9·11"事件后，美国政府明显加强了对外资的国家安全审查，并颁布了《外国投资与国家安全法》（以下简称 FINSA），扩大了政府对涉及国家安全和基础设施等领域投资的外国企业审查范围和管理权限，提高了外国投资委员会的权力和地位，大大改变了美国政府对外国企业并购美国企业的态度。外国投资委员会审查作用的扩大，导致美国对外资进入实施更多的行政干预。

（三）外资审查范围扩大

美国并没有专门机构统一对外国直接投资领域进行鼓励、限制、禁止等行政性指导，而是通过相关的行业性立法对外国投资予以限制。其中，外国对美投资涉及的敏感领域包括交通运输、通讯传媒、金融服务、国防工业和能源矿产等。《埃克森——弗罗里奥修正案》（Exon-Florio Amendment）对外国投资的审查主要集中于对美国国防安全的直接影响，而 FINSA 则侧重于美国的国家安全。显然，FINSA 扩大了审查范围。第一，FINSA 加强了对重要技术和基础设施交易的审查，明确要求对外资收购"重要基础设施"及与美国国家安全有关的核心基础设施、核心技术及能源等核心资产成为审查的主要内容；第二，FINSA 加强了对外国"国有企业"投资的安全审查，外国国有企业在美国的并购受到严格限制；第三，FINSA 明确了审查要考虑该外国政府与美国之间的外交一致性，在多边反恐、防止核扩散及出口限制方面的政策一致性，以及是否在地区范围内对美国具有潜在军事威胁等，这预示着对来自中国等与美国外交一致性不强的国家将面临不利局面；第四，FINSA 规定，总统和外国投资委员会有权将其认为需要予以考虑的其他任何因素纳入审查范围，增强了总统和委员会对外资的限制。

（四）审查程序更复杂和严密

FINSA 在保持以往对外来投资审查的框架下，赋予外国投资委员会更多的权力，同时加强了国会对其审查过程和透明度的监督。第一，FINSA 要求外国投资委员会对审查过的交易类型发布指南，以增加外国投资委员会审查的透明度和提高外国投资的可预期性；第二，FINSA 对外国投资委员会使用"常青条款"做出严格限制，规定只有当交易方向外国投资委员会提交的信息存在实质性虚假或错误，或在故意严重违反减缓协议且无其他救济措施的情况下。外国投资委员会才有权重新调查以前审查过的交易，这在很大程度上限制了外国投资委员会的权力滥用；第三，审查程序更复杂，外资并购的政治压力加大。一般并购案的审查期限是 3 天，如无异议即可获得批准。若有异则必须再进行 45 天的深度审查。深度审查结束后，总统还有权在 15 天内进行进一步审查。审查期限的延长使外国企业将长期处于美国的政治压力之下，增加了并购的不确定性。同时，FINSA 将外国投资委员会的很多现行做法以法律形式固定下来，明确了审查标准、程序和监督，有利于减缓泛政治化倾向。

（五）对外国政府控制的美国企业接近美国军事设施的关注度提高

在美国总审计局（以下简称 GAO）2014 年年底发布的报告中明确提出，对外国政府控制的美国企业接近美国政府相关设施特别关注。GAO 建议美国国防部采取措施，评估外国机构临近军事训练基地可能带来的风险并与其他机构合作获得相关交易信息，并且明确提及 CFIUS 应发挥重要作用。这一定程度上提示了地理位置的临近性，是 CFIUS 审查项目的重要考虑因素，这被普遍认为是导致三一集团项目被 CFIUS 审查并否决的主要原因。

三、美国外资安全审查的敏感产业和敏感投资主体

确定出 CFIUS 审查的敏感产业清单和敏感的外国投资主体，是至关重要的。这可以帮助国内企业赴美投资时，成功避开敏感产业，提高

交易成功的概率。同时，判断出我国在 CFIUS 审查的敏感外国投资主体中所处的地位，也会为我国政府和企业有效应对赴美投资的一系列问题提供更多的参考。

（一）CFIUS 审查对国家安全概念的界定

在美国对外资的安全审查中，如何界定"国家安全"概念是关键。只有首先划清"国家安全"边界，CFIUS 在审查外资兼并、收购和接管是否对美国国家安全形成威胁时才有明确依据。实践中，美国采用开放式列表方法，列举与国家安全相关的因素。从《埃克森—佛罗里奥修正案》到《外国投资与国家安全法》，列表逐步扩充，需要考虑的国家安全因素增多。

按照美国财政部公布的文件及美国国会学者的研究，美国国家安全因素列表共有 13 项内容。6—13 项是 FINSA 新增的，极大地扩张了 CFIUS 需要考虑的国家安全因素，并提出了两个重要概念：关键基础设施和关键技术。美国国家安全因素列表呈现两个显著特点：首先，"国家安全"的内涵从传统的国防和军事安全，扩张到包括国防和军事安全、国家经济安全和公共健康安全；其次，外国投资国家安全审查与出口管制出现共同考虑的交叉性因素。

（二）美国外资安全审查的敏感产业清单模拟

根据已有的相关信息进行判断，模拟得到敏感产业清单的依据和方法主要有以下几点：一是美国相关方面在一些经典案例中进行国家安全审查的时候透露出的相关信息。CFIUS 在进行审查时采取的是逐案审查的方式，在其审查案例中可以透露出一些美国所默认的敏感产业信息。二是美国出口商业管制清单和管制军品清单，出口管制和国家外资的安全审查的目标是趋于一致的，都是为了防止敏感的产品和技术被他国获取，从而威胁自身的国家安全，因而存在相当多的敏感产业的交叉，甚至管制品全部涵盖在内。从 2007 年 FINSA 公布后外国投资国家安全审查在"关键技术"领域出现与出口管制的交叉因素，亦可见一斑。三是我国重要国有企业行业布局。我国一直坚持国有企业在关系国民经济命脉的重要领域发挥主导性作用。哪些产业关系国家安全和国民经济命脉，是一个技术性问题，与社会经济制度关系不大。因此，从我国重要国有企业的行业布局，可以部分推测关系美国国防和经济安全的敏感产业。

美国外资国家安全审查典型案例。纵观近几年来受到 CFIUS 审查的案例主要分为三类：一是最终被总统否决的交易；二是虽未被总统否局，但是投资当事人被迫中止进行交易；三是虽未被总统否决，当事人方面也并未表示放弃，交易也通过审查，但是交易由于受到美国国会和公众的强烈的关注而遭遇很大的阻力和困难。

1. 美国出口商业管制清单和管制军品清单

美国出口管制清单分为两大类：军品清单和商业管制清单。军品清单包括 21 个大类，商业管制清单包括 10 个大类。商业管制清单的每一大类按照物项性质分为 5 组，包括：A 组，设备、套件及部件；B 组，测试、检查和生产设备；C 组，材料；D 组，软件；E 组，技术。军品清单管制的产品制造行业，是与美国国防和军事安全密切相关的行业。商业管制清单管制的产品制造行业，与美国国防和军事安全的关系虽较军品管制清单要弱，但与经济安全存在密切关系。

2. 我国央企的产业布局

2006 年国务院国资委发布《关于推进国有资本调整和国有企业重组的指导意见》后，国有经济行业布局进行了进一步战略调整，形成对关系国家安全和国民经济命脉的七大重要行业和关键领域的绝对控制力，以及对九大基础性和支柱产业领域重要骨干企业的较强控制力。其中，七大重要行业和关键领域是：军工、电网电力、石油石化、电信、煤炭、民航、航运。

3. 美国外国投资国家安全审查的敏感产业清单模拟

从美国出口管制军品清单和商业管制清单、CFIUS 审查典型案例及我国中央国有企业主要产业布局，可以模拟出一个美国外国投资国家安全审查的敏感产业清单。清单可以分为两级：第一级是高度敏感产业，主要是与军事和国防安全相关的产业；第二级是敏感产业，主要是与国家经济安全相关的产业，包括能源、电网电力、电子信息、交通运输、装备制造及生化等六大产业。每一产业中有一些特别需要注意的行业。

从过去经验看，并购这些行业领域的企业，被 CFIUS 认为存在美国国家安全隐患的可能性会显著上升。

（三）美国外资安全审查的敏感主体

会受到 CFIUS 重点关注的是拟进行兼并、收购等交易的外国投资主体本身的身份和性质。从其审查历史来看，对于涉及相同产业的交易，收购方的不同，在 CFIUS 进行国家安全审查时会有本质的，且十分明显的区别。

在审查中存在差别的投资主体主要体现在以下几个方面。一是投资主体的性质，一般而言，国有企业的兼并收购会被 CFIUS 认为存在相当大的安全隐患，对于此类的投资主体在进行交易时，在美国国会和美国社会公众方面都会面对很大的压力。二是投资主体是来自哪个国家，美国对部分国家重点关注，即存在一些"敏感"国家，具有这些"敏感"国家身份的投资者，无论是民营还是国有，都会在审查中遭遇更严苛的对待。

虽然美国从未明确哪些国家在外国投资安全审查中属于"敏感"国家，但依然可以借助美国出口管制体系对出口目的地的分类标准，推断美国国家安全审查的敏感国。美国《出口管理条例》（EAR）根据管制严厉程度，将出口目的地分为 A、B、C、D、E 五组，其中我国被列入 D组，属于管制程度相当严厉的国家。可以认为，来自 D 组和 E 组国家的投资者，被 CFIUS 认为是敏感投资者的可能性较 A 组和 B 组要大得多。

四、我国对美投资面临的主要障碍

在我国企业对美国直接投资蓬勃发展的同时，也面临诸多挑战。

（一）美国外资监管审查标准不透明、不确定性高，对我国企业构成障碍

在实际操作中，CFIUS 审批流程缺乏可预测性和透明度，主要体现在：一是国家安全的实质审查缺乏明确的、易把握的标准，对"国家安全"等关键词的定义较为模糊，留下了较大的裁量余地；二是由于

CFIUS 审查案例的保密性，缺乏可供参考的先例，且 CFUIUS 坚持对每个交易申报进行个案审查，为其不遵守先例的实践提供了空间；三是 CFIUS 审查流程涉及国会、总统和多个部门间的博弈，难以排除政治因素干扰。由于 CFIUS 审查机制的不透明，过去几年我国企业很多原本不必报 CFIUS 审查的项目也主动申请接受检查，导致申请数量显著增加。荣鼎集团的最新报告显示：2012—2015 年，中企对美发起的投资并购案例分别为 36、52、100、103 起，2012—2014 年，中企在美并购遭 CFIUS 审查数量分别为 23、21、24 起（2015 年审查数量尚未公布）。

（二）随着我国对美投资加快增长，可能面临诸多"泛政治化"的干扰

20 世纪 80 年代日本对美投资加速时，曾遭遇美国政治干扰，最终国会制定了 CFIUS 审查机制。目前，我国对美投资也面临同样的事情：一是美国商业利益团体以国家安全的名义保护自己，造成不公平竞争，阻碍外来者，典型的如中兴、华为在美国电信领域投资受到思科的攻击；二是国会借反华捞取政治资本，部分议员通过各种渠道影响 CFIUS 审查，抵制我国企业，比如 2010 年国会议员要求审查鞍钢集团对美投资项目；三是部分鹰派人士要求收紧外资审查标准，建议将基于国家安全的审查机制扩大为基于国家经济利益的审查机制。在中美双方战略互信不足的情况下，泛政治化引发的不确定性，已成为我国企业赴美投资时遇到的重大难题之一。实际上，过去几年真正被 CFIUS 否定的我国对美投资项目有限，而更多的交易因担心 CFIUS 审查、国会抗议以及媒体公众的抵制等，在没有申请前就主动放弃了。

（三）我国企业国际经验缺乏

从实践情况看，部分国内企业仍缺乏对美国法律制度、市场环境的深入了解，对法律合规等工作重视不够，不能善用当地的法律法规、税务会计、公共关系等专业顾问，导致投资项目遇到障碍而无法完成。据美国乔治敦大学的莫兰教授研究发现，我国企业由于自身在项目设计、投资结构以及项目谈判方面的经验不足，导致对美投资项目往往比其他外国投资者支付更高的溢价。

五、对策建议

从以上的分析不难得出结论，现今我国企业在赴美投资时会遭遇相当的阻力，所以，我国企业更应该熟知美国相关机构安全审查的政策，尽可能少的触碰"雷区"。国家相关方面也可以出台相关的政策，帮助提高交易的成功率。诸如商务部和发改委在核准赴美并购项目时，按照投资主体和并购对象所在行业，分别给予投资者不同级别的敏感提醒，及时中止交易，可以尽可能减少损失。

对于企业而言，应积极推动公司治理规范化、透明化。积极完善公司治理结构，加强信息披露，提高公司的透明度。要明确区分国家作为国有股权所有者和行政管理者的不同职能，减少政府对企业的行政干预。

最后，积极开展对外沟通和交流。加强与国际社会，特别是投资接受国政府和监管部门的对话、交流与合作，了解当地的投资政策和投资环境，介绍我国企业的投资原则、动机和做法，表达合理诉求与关切，加深理解，增信释疑，有效遏制保护主义。考虑到美国对国家安全的特别关注及对我国投资者的歧视性态度，我国企业在美投资时应充分考量投资标的的属性，深入了解当地情况，认真调研审批先例，总结经验，举一反三，尽量规避可能及敏感区域的资产，或对相关资产进行主动剥离，以减少监管阻力，增加投资项目的成功把握。

具体的相关政策建议主要包括：

（一）积极推动中美投资协定（BIT）谈判，为企业赴美投资创造良好环境

在 2016 年 10 月 31 日—11 月 6 日举行的中美第 31 轮 BIT 谈判中，双方继续就文本和负面清单进行了深入磋商，中美 BIT 谈判正进入加速阶段。而随着共和党候选人特朗普当选新一任美国总统，研究认为，由于特朗普竞选时的表态与奥巴马政府奉行的政策存在较大分歧，中美 BIT 谈判的推进可能会面临困难，在 2016 年达成的可能性不大。但长远角度来看，中美 BIT 谈判达成对中美两国意义重大，会极大地促进双方的相互投资，应当加快推动双向开放，寻找共赢点。对于"负面清单"等当前突出的分歧，可借助新思维尝试创新谈判，按步骤或多个轮子并进，推动中美 BIT 谈判如期完成。激活与扩大我国对美投资，首先必须增强两国政治互信。推进 BIT 谈判是其中重要的一环，建议关注以下几个方面：一是要向美方反映我国企业受到不公平对待的具体案例，督促美方提高 CFIUS 审查程度的透明度和可预测性，通过更完善的方式进行外资审查。二是提请美国政府抵制那些要求修改审查程序以允许更多干预的提议。三是提请美方纠正对待中资审查过程中的"泛政治化"倾向，正确看待和评价我国企业投资的商业与经济目的，同时在联邦政府层面形成统一的鼓励我国企业对美直接投资的机制。此外，我国要积极落实十八届三中全会确定的改革部署，推进上海自贸区等改革措施，显示我国开放市场的诚意和态度，为推进中美 BIT 谈判提供更多的筹码。

（二）积极宣传我国企业对美投资的公共形象，赢取更多的理解和支持

美国政府和议员较为看好投资项目能否为当地带来就业和福利，也更重视美国机构的研究成果。20 世纪 80 年代日本企业对美投资受阻后，积极通过与美国智库、记者、前政府官员等合作的方式塑造华盛顿对来自日本投资的主流意见，起到良好效果。借鉴日本经验：一是我国企业要学会讲好自己的故事，通过与美方智库、研究机构、媒体等合作的方式，积极宣传给当地带来的好处，主动塑造良好形象，赢得美国人的接纳和欢迎。二是在推进中美 BIT 谈判的关键阶段，我国政府部门或行业组织可以通过与美方智库等合作，编制"中国企业对美投资白皮书"，宣传我国企业对美投资带来的好处。三是还可以通过我国在美投资的支持者和受益者（包括合作伙伴和地方官员等）的现身说法，积极宣传我国企业对美投资的好处。

（三）优化我国企业对外投资的政策环境，为国内企业走出去提供更多政策便利和支持

从国际上看，国内企业走出去离不开国家政策的支持。20 世纪 70

年代，日本政府为了鼓励企业走出去，大幅放松监管审批，并建立了一套全方位的促进体系：一是提供政治和经济外交支持。通过对外经济援助、签订双边投资协定、设立境外投资促进机构等帮助企业拓展海外投资。二是建立境外投资税收支持制度。包括将海外投资亏损排除在外进而增加综合抵免额，采取税收饶让抵免对本国企业在海外投资中获取的税收优惠视为已缴纳税款。三是提供多样化的资金支持。通过日本协力银行、海外贸易开发协会、中小企业金融机构、国际协力事业团等对符合条件的海外投资提供长期低息贷款。四是提供完善的担保和保险。国际协力银行为企业海外投资的融资提供担保，政府还设立"海外投资保险制度"为海外投资的政治风险提供保险。五是提供完善的信息咨询服务。与日本政府采取的措施类似，美国在第二次世界大战后为了支持企业海外投资，除了提供外交支持、税收优惠外，还通过美国进出口银行为企业海外投资提供贷款等资金支持。

（四）探索以基础设施等领域的投资为试点，扩大我国企业对美投资合作

开展基础设施等领域的投资合作，对中美双方都具有重要的意义。对美方而言，其基础设施大多建成于 20 世纪中期，由于长时间投资不足，正面临老化、失修等问题。据美国商会估算，2013—2030 年，美国在交通、能源、水务这三大基础设施领域的潜在投资需求高达 8.2 万亿美元。但是由于近来政府财政负担上升，近年约有超过 70% 的美国城市被迫削减了对交通、水务等城市基础设施的投入，迫切需要私人资本的投资，不少州和地方政府积极寻求我国企业的投资。在新任美国总统特朗普的施政版图中，5500 亿美元的基础设施建设居于核心地位。对我国来讲，对美开展基础设施投资具有政治经济等多方面的意义，不少国内企业对投资美国基础设施也有较大的兴趣。未来，建议通过中美战略与经济对话等渠道，与美国探讨在基础设施等领域开展投资合作的可能性，打造美方为我国企业参与美国基础设施投资营造良好环境，实现双方互利共赢。

六、案例：三一集团起诉奥巴马案落幕

2015 年 11 月，三一集团在美关联企业罗尔斯公司宣布，与美国政府就该公司收购位于俄勒冈州 4 个美国风电项目的法律纠纷达成全面和解，罗尔斯公司与美国政府双双撤销了对对方提起的诉讼。至此，为期 3 年多的三一集团诉讼美国总统违宪案，终于落下帷幕。

这场三一集团与美国政府的纠纷始于 2012 年 4 月。当时，罗尔斯从希腊电网公司 Terna US 处收购了 Butter Creek 风电项目，并先后投入 1300 万美元。在交易完成前，美国航空管理局对风电厂项目进行了审查，同意放行。在两个月后，罗尔斯收到 CFIUS 举行听证会的要求。由于该项目位于美国海军基地附近，CFIUS 认为存在泄露美国军事信息的可能，是国家安全潜在的风险隐患。在听证会后，2012 年 7 月 25 日，三一集团收到禁令，要求风电项目立即停工；8 月 2 日收到第二条禁令，禁止该项目进行任何形式的转让，并表示不会对因此造成的损失提供任何赔偿。

为了维护自身利益，9 月 12 日，由罗尔斯代表三一集团在在美国哥伦比亚特区联邦地方分区法院对 CFIUS 提起诉讼。起诉理由是被告的行为"违法且未经授权"，违反了美国宪法第五修正案中"不经正当的法律程序不得剥夺财产"的规定，并在 10 月 1 日增加美国总统奥巴马为被告，认为其签署总统令支持 CFIUS 的裁决的行为违反了程序正义。历经两年的审判，美国哥伦比亚特区联邦上诉法院的合议庭 2014 年 7 月 15 日在做出裁决，宣布奥巴马的总统令未经适当的程序，剥夺了罗尔斯风电项目受宪法保护的财产权，美国政府需要向罗尔斯提供相应的程序正义。

三一集团这次诉讼案件意义重大，能促使我国在美投资受到不公正待遇时"不再沉默"。历经长达两年的诉讼，三一集团运用国际化的思维和方法，通过法律手段来应对海外发展中遇到的问题，来维护自身的权益，为我国企业海外维权提供了标准案例。同时必须看到，美国法院

的裁决是针对案件的程序正义，而非否决 CFIUS 的决定，并没有逆转三一集团在该项目上的不利局面。美国政府与罗尔斯公司达成和解，只是允许其将风电项目转让给其他买家，并非允许其继续兴建风电场，这也是三一集团一再申明"过程远比结果重要"的原因。

在此案中，三一集团的勇气和决心值得钦佩，但其在项目申报审查上的教训值得深思。尽管 CFIUS 申报属于自愿性行为，但如果我国投资者希望投资于美国公司，必须事前就该项目可能涉及影响美国国家安全因素进行评估，确定是否需要向 CFIUS 申报，并设计适当的策略，这对于确保交易的成功至关重要。

参考文献

［1］李先腾. 后危机时代中企海外收购面临的安全审查困局及治理路径：以美国 CFIUS 监管机制为切入点［J］. 交大法学，2014，（02）：96—111.

［2］潘圆圆，唐健. 美国外国投资委员会国家安全审查的特点与最新趋势［J］. 国际经济评论，2013，（05）：130—141.

［3］石晨. FINSA 后 CFIUS 国家安全审查的新发展及对中国企业的启示［J］. 经济研究导刊，2014，（30）：28—30.

［4］谢法浩. 国际政治壁垒：华为并购美企失败探析［J］. 中国外资，2011，（20）：149—150.

［5］谢皓，杨文. 跨国并购中的美国国家安全审查机制研究［J］. 亚太经济，2014，（01）：59—63.

［6］Brian Yap. Chinese takeovers challenged by CFIUS. International financial law review, 2016, （35）.

［7］Chanting Chen. The Congressional Influence on the CFIUS Review and Its Implication to China, Advances in Social Science Education and Humanities Research, 2015, （11）：2280—2284.

［8］Thilo Hanemann, Cassie Gao. China's Global Outbound M&A in 2015. Rhodium Group, 2015.

（执笔人：陈超）

专题九：我国对欧盟地区
直接投资研究

近年来，随着欧洲各国在全球金融危机后不断加大引资力度，我国对欧直接投资呈持续上升态势。据商务部《中国对外直接投资统计公报2015》统计，截至2015年年底，我国对欧盟投资存量占对主要发达经济体投资存量的41.9%，欧盟已成为我国最重要的海外投资目的地。因此，研究欧盟及各成员国的投资政策和环境，有助于我国企业更好地"走出去"，并推进中欧双边投资协议的达成。

一、我国对欧盟投资的现状与主要特点

2001年以来，随着国家放宽境外投资限制并出台一系列政策鼓励企业"走出去"，我国对欧直接投资出现了爆发式增长，投资领域也逐渐多元化。商务部《中国对外直接投资统计公报2015》统计，在2015年，我国对欧盟投资54.8亿美元，投资存量644.4亿美元，占我国对主要发达经济体投资存量的41.9%；投资对象扩展到房地产、汽车、金融及商业服务等热门领域，"走出去"的层次、水平和效益得到进一步提升（图9-1）。

我国对欧盟投资主要分为了三个阶段，分别是全球金融危机前（2001—2008年），金融危机时期（2009—2012年），以及金融危机后（2013年至今）。

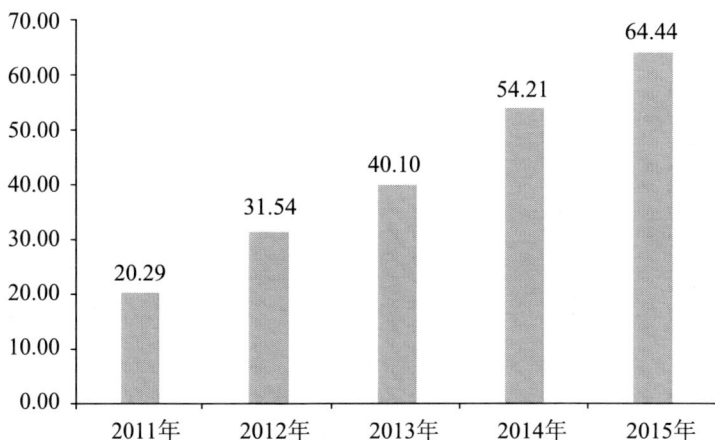

图 9-1 中国对欧盟直接投资存量（单位：十亿美元）

数据来源：中国商务部。

在第一阶段，我国对欧投资呈现出投资领域单一、规模较小、经验严重不足等特点。在这一时期，我国开始逐步放松对外投资监管，在欧洲投资的主要目的是为了实现技术升级和贸易便利化，金融、媒体和娱乐领域较少涉及；欧洲主要国家的基础设施产业也不向我国开放。作为欧洲市场的新参与者，我国整体投资规模较小，占对欧洲总额不到1%，基本没有受到政策制定者的关注。在这一阶段，我国企业由于经验不足，大量的投资以失败告终。其中，最典型是 TCL 并购法国汤姆逊彩电业务巨亏 3 亿欧元。

第二阶段始于金融危机时期，这一阶段，我国对欧投资增速加快，投资主体呈现多元化趋势，并开始试水大型并购交易。受次贷危机波及，欧盟内部希腊、西班牙、葡萄牙和爱尔兰等国遭受巨大冲击，大量的公司陷入经营困境，亟需获得额外资金支持。由于我国受危机影响较小，依然保持较高的经济增速，欧洲国家竞相向我国提供优惠政策以争取投资，并主动放开基础设施等领域的限制。期间，我国企业逐渐熟悉了欧洲的监管框架和制度，开始尝试一些大型并购交易，包括吉利汽车 27 亿美元收购瑞典豪华汽车品牌沃尔沃，中国远洋运输投资意大利那不勒斯港、希腊比雷埃夫斯港和比利时安特卫普港等。

2013 年以来，并购交易为主、中小企业投资增长迅速、向高端产业升级等新特点开始凸显，并直接推动了中欧双边投资协议谈判的启动。根据商务部《中国对外直接投资统计公报》统计，期间中国对欧投资规模继续扩大，从 2013 年的 45.24 亿美元跃升至 2014 年的 97.87 亿美元，超越对美投资流量，在 2015 年出现一定幅度下降至 54.8 亿美元。为了应对不断增长的投资规模，建立更加稳定的双边投资关系，我国和欧盟在 2013 年展开了包含市场开放、全面互惠对等内容的《中欧双边投资协定》（BIT）谈判，并计划在 2017 年完成磋商。在这一时期，我国对欧投资呈现以下特点。

（一）并购交易规模占据主导地位

欧盟亚洲中心数据显示，占我国对欧投资总数 69% 的交易属于绿地投资；从金额上来看，并购交易占据绝对多数（86%），这些项目大多属于资本密集型行业。在 2014 年，我国对欧直接投资均为并购交易，其中 7 桩并购案总规模超过 10 亿美元。在 2015 年第一季度，有 3 桩并购案规模超过 10 亿美元，包括中国化工宣布以 77 亿美元的价格收购意大利轮胎制造商倍耐力。在 2012 年至 2014 年间，绿地投资平均金额持续增长。这些投资既包括新设立研发中心、建立加工厂、从事房地产开发，也包括对原有仓库、工厂等设施的升级改建。

（二）投资转向高端制造业

随着我国经济逐步现代化，传统的低劳动力成本、高额的基础投资收益和规模经济优势逐步削弱，以并购方式获取欧洲领先的技术和管理经验，进而实现产业升级成为经济转型的重要路径。自 2013 年起，我国海外投资对自然资源的需求开始快速下降，对工业和其他类型资产的投资开始大幅度上升。据荣鼎集团统计，在 2014 年，我国对美国和欧洲总投资额的 79%，集中在房地产和酒店、汽车、金融商业服务和信息技术四大领域。在高端制造业拥有强大国内产业优势的欧洲国家更容易成功吸引我国投资者，如瑞典在电信方面的优势，英国在金融服务和高科技方面的优势，德国在制造、电子和汽车领域的优势，荷兰在物流方面的优势等（图 9 - 2）。

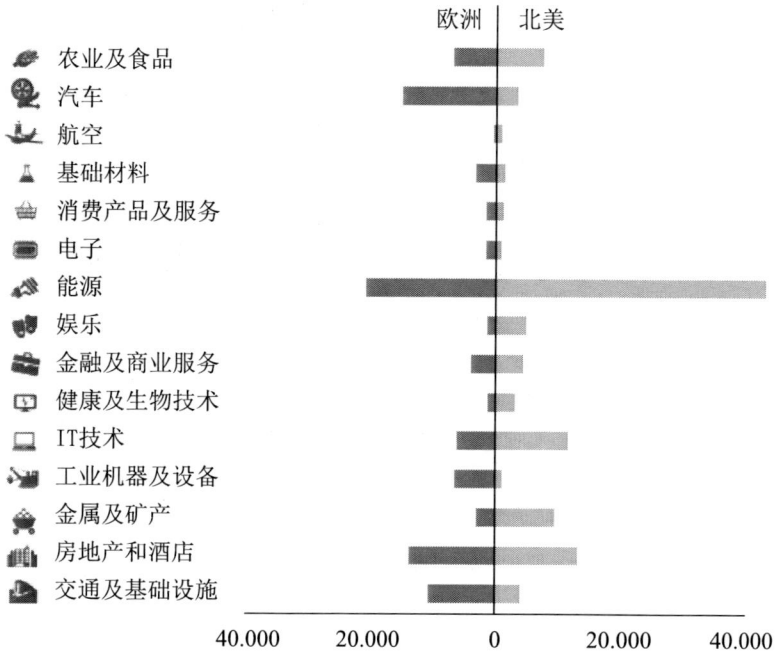

图 9-2 2000—2015 年，我国累计对欧美 OFDI 金额（单位：百万美元）

数据来源：荣鼎集团。

（三）投资主体呈现多元化，中小型投资增长势头强劲

据荣鼎集团统计，在我国对欧投资中，小于 10 亿美元金额的交易比例占据绝大多数；而在 2014 年至 2015 年间，增长速度最快的交易规模介于 1 亿美元至 10 亿美元之间，年增幅保持稳定。在投资者来源方面，尽管国企依然占据主要角色，但民营企业份额增长迅速。从 2009 年的 12% 左右，增长到 2015 年接近 35%。民营企业角色日益重要。

二、我国对欧投资的环境分析

在我国对欧投资蓬勃发展的同时，欧洲投资环境总体呈现出宽松的状态。欧盟及其成员国对外商直接投资持肯定态度，认为可以加强竞争，提高生产力和效率，促进本国经济发展。此外，我国对欧洲政府债务的投资也使欧盟受益。

目前，欧盟成熟市场的优势和准入制度的开放，成为推动我国企业欧洲投资的主要动力。一方面，欧盟拥有稳定的投资环境、先进的技术、高素质的劳动力和透明的法律环境，是理想的投资目的地；另一方面，欧洲市场相对开放，准入壁垒较少，也几乎没有以国家安全为由反对我国资本的历史，我国企业在欧投资受到的障碍更少。同时，由于危机后欧洲经济增长乏力，各国对我国资金持欢迎态度，例如，葡萄牙和意大利相继放开对基础设施和能源行业海外资本进入的限制，三峡集团27亿欧元入股葡萄牙电力21.3%，国家电网30亿欧元收购意大利能源网络控股公司 CDP Reti 的35%股权。

在管辖权上，欧盟对外商投资监管有决定性影响。根据现行的法律，欧盟对已在各成员国设立的企业根据商业存在自由的规则，要求其所受限制和负担不得超出所在国企业的正常负担；对于来自欧盟成员国外的企业投资问题，根据《里斯本条约》的规定，对欧直接投资事项划归为共同商业政策调整的内容，属于欧盟专属管辖范围。因此，欧盟对我国在欧直接投资的态度和政策，成为影响中欧直接投资关系的重要因素。

但从实际运行角度来看，投资所在国政策对外商投资的影响更大。由于欧盟至今尚未出台具体规定明确外资准入的统一的规则，欧盟成员国关于外资准入的规定具有实践意义上的重要作用。

下面以德国、法国和英国对外国投资审查为例，具体加以介绍。

（一）外资准入

除敏感领域外，多数对欧外国投资并不受到外资准入限制。从法规的变化看，欧洲国家对外国投资持越来越开放的态度，原则上实行"国民待遇"，即使是敏感行业，审查力度也相对较小。

在德国，只要不能对公司的决策施加重大影响，即使是敏感产业，也是允许外资进入的。德国对外国投资进行审查的相关法律主要有《反对限制竞争法》《对外贸易和支付法》和《证券收购法》，并在2009年通过对《对外贸易和支付法》的修订，支持对来自欧盟和欧洲自由贸易联盟（EFTA）以外的投资者进行审查。德国经济技术部

（BMWI）有权审查外资并购交易、并在联邦政府批准的情况下，阻止和取消并购交易。

法国政府原则上对外国直接投资实行"国民待遇"。法国的法律和法规，如《公司法》《劳动法》《商业法》《税收法》《海关法》《合同法》《商标法》《专利法》等，不仅适用于本国的企业，也同样适用于外国直接投资企业。

在英国，多数外国投资并不受到管制。英国政府并没有负面清单，遵循"无障碍、亦无特殊优待"的原则，外国投资者可享有准入前国民待遇。在敏感领域如防务、有额外监管要求的领域，如能源、银行、媒体及金融服务投资，英国国内及境外投资者则都需要取得相关批准。如果国务大臣认为投资者拟收购的英国制造业企业对英国具有特殊的重要意义，而且相关收购交易不利于国家安全，则国务大臣有权审查并禁止向外国投资者出售该英国制造业 30% 及以上股权的交易。

（二）申报机制

在申报机制上，欧洲多数国家采取了自愿申报的原则，即不要求外资申报。但是，对于未申报的交易，各国政府仍可主动发起调查。

德国对外资采取完全自愿的方针，但如果未经申报的项目在签约后 3 个月内，一旦受到经济技术部提起调查，将可能面临被撤销等干预风险。因此，在实际操作中，外资企业一般会主动向主管部门申报交易。

在法国，外国进行直接投资基本上是自由的，只需在项目实施时进行行政申报。除某些领域需强制性申报和许可之外，法国政府对外来投资没有任何行政限制。对于外来投资者收购法国公司 10% 或以上的股权或投票权的交易，为了统计目的，须向信贷机构提交申报表，对相关交易进行详细说明。

（三）反垄断审查

在反垄断审查方面，主要分为欧盟层面的监管和所在国的审核。

欧盟层面的监管主要依靠《欧盟运作条约》第 101 条，即禁止卡特尔条款。其规定实际或潜在市场竞争者之间任何形式的合作，无论是正式还是非正式，只要其有限制竞争的目的，或将产生限制竞争的结果都被禁止，并且适用于在欧盟境内实施并影响欧盟成员国之间贸易的协议和协同行动。

欧盟委员会和成员国竞争主管机构均被授权负责执行条例第 101 条的规定。反垄断调查可由欧盟委员会或国内竞争主管机构依职权主动发起，也可根据第三方申诉或宽恕程序启动。针对调查程序的启动，欧盟委员会享有广泛的自由裁量权。其中，欧盟委员会侧重管辖国际案件，而国内竞争监管机构则负责成员国一国之内的卡特尔案件。

针对限制竞争行为的表现形式，第 101 条第一款列出了非穷尽式的清单，具体包括价格固定、市场分割、产量限制、串通投标和战略信息交换等。

在国家层面上，各国也建立了相应的审查框架。

在德国，主要是通过《反对限制竞争法》第 7 章来进行。控制企业并购的主要执行机构是联邦卡特尔局。联邦卡特尔局不仅负责审查兼并案，同时有权阻止并购。除了对部分涉及公众利益的行业（农业、信贷和体育等）进行豁免外，一般并购涉及的公司总共的全球销售总额达 5 亿欧元，且其中至少有一家在德国的销售额超过 0.25 亿欧元，则该并购案需经联邦卡特尔局审批。此外，如果涉及公众利益的行业明显损害用户或其他经营者权益的行为依然要受《反限制竞争法》的规制。一旦被认定违反《反限制竞争法》，已完成的并购交易必须撤销，产生的新公司必须解散，或分拆为几个企业，或出让部分财产。

法国对外商投资可能存在的垄断市场竞争行为，经财部将提交法国竞争管理局审查。对于妨碍市场竞争的行为，法国个人、企业和机构均可向竞争管理局投诉，竞争管理局将据投诉情况展开调查，然后根据调查结果对妨碍市场竞争的企业作出处罚。在符合规定的情况下，竞争管理局有权终止审查程序。

英国也建立了自身的审查框架。首先判断是否构成经营者集中，进而判断是否进行申报：持有较小份额股权但可施加实质性影响或控制、投票权超过 50%；在英国就特定商品/服务所创造或增加的供应或购买份额达到 25%，或者被收购的企业在英国的营业额达 7000 万英镑，就需要进行反垄断申报。

当成员国间的外商投资政策产生冲突时，由欧盟进行协调。由于经济实力和对外资需求程度的不同，在实践中各成员国的法律政策差异很大，不同的法律规定可能造成外资利用法律制度差异进行监管套利。在这种情形下，欧盟法院通常会根据欧盟缔结或参加的国际条约、协定以及欧盟条约、条例、指令和决定对于该问题的规定和态度。

三、我国对欧投资的主要问题和挑战

从发展趋势来看，我国对欧直接投资仍有较大成长空间，但一些问题和挑战也随之出现。

（一）欧洲市场相对复杂，跨文化管理难度高

与其他地区相比，欧盟市场更复杂更难理解。尽管欧盟已经形成了一个统一的大市场，但由于没有统一的外来投资审批程序，28 个成员国有不同的法律和税收制度，给进入欧洲市场的投资者带来了一定的挑战。不同国家会根据自身的需求，限制外国投资者对部分产业的投资。例如，当投资项目直接与国家安全有关（比如国防领域），或超过了一定金额，德国、法国和英国均会进行官方的国家安全审查。由于没有欧盟版的《外商投资产业指导目录》，我国企业家很难确定哪些部门对外商开放。

此外，多语言多文化的投资环境，也增大了跨文化管理的难度。由于 28 个欧盟成员国有 23 种不同的语言，文化语言环境各不相同，要全面理解欧盟市场并不容易。而我国企业对欧投资，往往缺少懂得当地语言、了解当地社会文化的跨国经营人才；管理风格中的文化差异问题、劳动力成本以及与雇用和保留人才相关的问题，也是在欧洲经营的障碍。例如，在国内，员工加班被认为是企业管理的正常组成部分；然而在欧洲尤其是意大利，加班则被认为是管理低下的表现。

（二）法律监管、商业环境陌生，多数中企遭遇经营困难

据中国欧盟商会发布的《中国对欧盟境外投资报告》指出，来自

211

于法律监管和商业环境等方面的问题，使得近八成在欧盟进行投资我国企业遇到经营方面的困难。

欧洲属于发达地区，法律制度较为完善，重视按照规则办事，对劳工、环保和税收问题尤为重视，这是我国企业家需要重视的。相对而言，欧洲劳动力市场缺乏灵活性，工作时间配合度要求太高，也是我国企业在欧盟投资的障碍之一，尤其是兼并收购交易，可能会阻碍投资者计划的重组活动。同时，在会计制度、税收制度等方面，我国也与欧洲存在较大的差别，这些都对精通欧洲法律、财务等问题的专家有着大量需求。

以德国为例，德国是欧洲大陆工会制度历史悠久的国家，工会势力强大。在工会制度以及劳动法律方面，中德之间有不小的差距。德国法律不仅赋予工会保护劳工自身权益的权利，更规定工会可以参与到企业管理，包括并购重组在内的任何重大决策，工会都会派代表参与。然而我国企业赴德并购，往往缺乏适应德国工会制度的法务人员。

同时，某些歧视性的规定也增大了我国企业海外经营的难度。在派遣员工时，不少欧盟国家要求我国商业人员提交各种证明文件，其中很多文件是其他国家所不用准备的，严重限制了中国企业派遣雇员至欧洲开展经营活动。

从欧盟看，其在现行的诸多条约、对外签署的国际协定中，都明确指出对来自非欧盟成员的投资和相关人员流动不能享受成员国的待遇，而与欧盟或欧盟成员国签署了自由贸易协定的国家，在一定程度上享受到仅次于欧盟成员国的市场准入待遇。当前除中国、俄罗斯外，欧盟已将其他主要贸易伙伴纳入自贸区战略范畴内，使我国对欧投资在法律层面遭到歧视。

（三）欧盟排外情绪升温，离心倾向加大

随着我国经济的稳步增长和对欧投资的快速攀升，欧盟及成员国心态复杂。

一方面，来自我国企业的投资有助于欧洲增加就业，提振其低迷的经济表现；另一方面，欧盟国家认为从长期来看，我国企业是竞争对

手，它们通过并购技术、品牌、管理经验领先的欧洲竞争对手，强化自身的国际竞争力，进而逐步蚕食欧洲企业的领先优势。欧洲亚洲中心《中国对欧直接投资：趋势和意义》报告指出：近年来欧盟内部出现"中国投资威胁论"，主张对华强硬、在欧盟层面设立统一投资审查制度等的呼声有所升高，尤其是核能、基础设施和电信设备等敏感领域，要限制我国资金进入。

在近年我国对欧投资中，中坤集团收购冰岛土地、光明食品集团并购法国酸奶制造商 Yoplait 等失利案例都反映出，我国对欧盟并购所面临的阻力逐渐增多。

四、对策与建议

上述分析可以看出，我国企业要想立足欧洲，必须首先适应欧盟海外投资监管审查模式，了解不同国家商业运作模式和法律制度，完善公司在新环境下的治理结构，尊重所在国的商业和人文环境，提高交易和运营成功的机会。

（一）积极推动我国与欧盟双边投资协定（BIT）谈判，为企业赴欧投资创造良好环境

我国企业"走出去"正在不断提速。据不完全统计，在 2016 年 8 月 10 日的一周内，至少五个我国对欧投资项目达成协议或完成交易。其中包括中远海运签署希腊比雷埃夫斯港多数股权交易完成备忘录，美的集团宣布收购德国库卡，中欧体育投资管理公司斥资 7.4 亿欧元收购意甲 AC 米兰足球俱乐部，云毅国凯收购英超西布罗姆维奇俱乐部，以及奥瑞金包装股份有限公司以 700 万欧元收购法国欧塞尔足球俱乐部。

我国与欧洲各国签订的双边投资协议落后于现实的发展，亟待修订。目前，中欧主要依照 20 世纪 90 年代与欧盟 28 个成员国中 27 个（爱尔兰除外）签订的双边投资协定，由于签订时间较早，各国的政治经济状况已经发生了巨大的改变，旧的协议内容难以反映我国现实的需

求。而欧盟企业在我国市场投资时，常受到不透明的审查机制和壁垒制约，突出反映在行业准入、合资企业参股比例等问题上。这也导致了我国企业在欧洲投资中，面临"中国威胁"论等声音，激发了当地的保护主义和民族情绪。

为了更好的保障中欧双边投资稳步发展，我国与欧盟正在进行的双边投资协定谈判将成为保障双方关系的核心，它能够减少双方在贸易及投资领域水平的明显差异，并继续推动现有的双方互惠合作，满足双方的利益诉求。

因此，中欧层级的双边投资协定应尽快签订，有助于双方建立平等透明的投资机制，提高投资者在东道国面临的法律确定性、投资保护标准，也有助于减少投资壁垒，加强双方外商直接投资的流动。

（二）积极利用欧洲投资促进机构的免费服务，尊重当地社区，主动与工会协调关系

欧洲有着强大的工会和良好的社区治理体系，劳工保护体系完善，中资企业往往会忽略这些问题。部分在欧投资的我国企业只顾自身发展，处于成本考虑较多的雇用了来自国内的员工。尽管付出了高昂的投资成本，但并没有为当地带来实际的工作机会，这是影响我国企业海外形象的重要原因。因此，中资企业在欧洲的挑战之一，就是如何融入当地社区并与工会沟通和协调关系。

欧洲投资促进机构的能够为我国企业海外运营提供"润滑"作用。中欧间有多个投资促进机构，都可为在欧洲投资或拓展业务的公司提供免费的专业服务，尤其是协助我国企业处理好与工会的关系。它们能够帮助企业学会理解和尊重欧洲社会惯例，了解更多雇员的法律权利的责任，更好的处理与雇员的关系。

同时，我国企业也要培养富有包容性的企业文化。在应对在欧投资面临的跨文化冲突上，企业应当积极承担相应的社会责任，在劳动保护方面严格遵守欧盟标准，积极培训和使用欧盟成员国的员工和管理者，增强当地政府、企业以及客户对我国企业的认同感，提升本土化经营的能力，实现境外投资的可持续发展。

（三）重视中介服务的作用和价值，积极展开公关和游说活动

中介机构为我国企业赴欧投资提供咨询、评估、经纪等服务。为使我国企业能够有效识别和防范各种潜在的投资风险，企业要高度重视金融、法律、财务、商业咨询等各类专业中介服务的力量和价值，发挥专业服务机构的纽带作用。我国企业应当积极利用国际化人才进行政府公关游说，一方面促进投资项目获得欧盟成员国的行政审批，另一方面为我国企业投资赢得当地民众的理解与支持。通过这些举措，主动向欧盟国家的民众宣传我国跨境投资的共赢作用；同时通过非政府组织和欧盟各成员国议员的游说，化解可能出现的舆论偏见和政策性阻力，促进投资项目审批。

从商业运作的角度来看，熟悉当地市场的商业咨询和金融机构也是投资成功的重要保障。从融资角度看，为控制投资风险并成功实现投资预期回报，应尽早开始与经验丰富的金融中介机构合作；商业咨询公司是促进企业对外投资的重要中介力量，特别是在投资意向阶段和在投资过程中，商业咨询对于企业最终做出投资决策发挥着关键作用。

（四）尊重欧洲市场规则，积极开放地与媒体打交道

欧盟作为全球最成熟和发达的法律体系，对于环保、知识产权有着严密的保护。尤其是其知识产权保护体系完善，外观设计、地理标识、保密信息以及数据保护等也属于知识产权范畴的特殊权利。我国企业在知识产权方面重视度与欧洲尚存在较大差距，在欧洲开发市场时如果不重视，很可能会与许可方的市场发生冲突，有可能会被起诉。在欧洲投资时，中企要加强保护知识产权的意识并且尽量了解欧洲的法律，通过专业的法律顾问或者会计师事务所，咨询公司等等来提前进行尽职调查，以免受到欧洲企业滥用知识产权针对我国企业的诉讼行为。

在欧洲市场上，媒体也是重要的参与者，有着巨大社会影响力，对于企业来说不可忽视。我国企业赴欧投资前，应及早做好准备与当地媒体打交道。要从长远角度考虑，积极准备应对各类挑战，树立良好的舆论口碑。拥有全球化经营经验的公司应当重视参加研讨会和媒体曝光，既能提高知名度，也可向业界投资者和公众展示公司的情况，提高可信度。

五、案例：光明乳业高价并购法国优诺遭遇滑铁卢

光明食品一直是我国企业国际化的先行者，它先后并购了澳大利亚新莱特、英国维他麦等国际品牌，拥有丰富的海外运作经验。即便如此，在 2011 年并购法国酸奶制造商 Yoplait 上，光明食品还是遭遇了折戟沉沙。

优诺是法国老牌酸奶制造商，全球市场份额仅次于法国达能，由 PAI Partners 和农业合作社 Sodiaal 各持股 50%。2010 年 9 月，PAI Partners 寻求退出，通用磨坊、雀巢等全球食品巨头纷纷参与竞购。在首轮报价中，光明食品以 17.5 亿欧元的非约束性报价，成为首轮最高，顺利进入第二轮竞标程序。为了推进并购事宜，光明食品建立起以荷兰合作银行为首的顾问团队，在开始尽职调查的同时，光明食品高层与法国优诺、PAI 和 Sodiaal 的高层积极互动，推介其的商业规划，并开展一系列公关活动为并购造势。但最终，通用磨坊以低于光明食品报价的 16 亿欧元，获得优诺 51% 的股权。

纵观此次并购事件，光明食品收购失败主要有三个原因。

首先，不熟悉欧洲市场环境，并购方案对卖家缺乏吸引力。在欧洲，价格并不是决定交易是否成立的唯一因素，对被并购方未来规划、员工安排，也是收购方应考虑的重点。与竞价高低相比，优诺更倾向于选择能帮助品牌在新兴市场扩张的国际化企业。由于缺乏对这一目的的认识，尽管光明食品开出了 17 亿欧元的最高价格并制定了面向新兴市场商业计划，却最终败给了出资仅 16 亿欧元却拥有着更出色发展规划的通用磨坊。

其次，专业化运作能力缺乏，忽视中介机构的作用。围绕竞购法国优诺，全球食品业巨头通用磨坊和雀巢聘请了包括摩根士丹利、罗斯柴尔德和德意志银行在内的顶级国际投行团队。这些机构经验丰富，在竞购早期就展开了对被并购方的尽职调查，针对股东诉求设计交易方案，并通过各种渠道积极游说公关。而光明食品介入时间较晚，尽管在后期

组建了包括普华永道会计师事务所在内的顾问团队，但总体实力相对较弱，准备时间又严重不足，只能仓促上阵最终遗憾而归。

最后，缺乏化解政治风险的经验。在欧洲，光明食品的国资背景屡遭遇质疑。在面对法国媒体和政府时，光明食品与国资的关系常常被问到，欧洲对这类企业的投资审批也较为严格，民间和媒体也担心光明食品是否有借收购优诺，来窃取欧洲企业的技术和品牌。在舆论上的准备不足，充分暴露了我国企业在海外投资新环境下的短板。

从光明食品的并购轨迹来看，如何理解欧洲投资环境，并借助专业机构的力量实现企业目的，将成为横亘在我国企业面前的新挑战。

参考文献

［1］黄世席. 欧盟投资协定中的投资者—国家争端解决机制——兼论中欧双边投资协定中的相关问题［J］. 环球法律评论，2015，（09）：149—160.

［2］庞明川，刘殿和，倪乃顺. 欧债危机背景下中国对欧盟直接投资问题研究［J］. 财贸经济，2012，（07）：79—87.

［3］宋丽丽，刘慧芳. 中国企业对欧盟直接投资的分布、特点与未来趋势［J］. 国际贸易问题，2012，（12）：52—60.

［4］姚铃. 关于中国对欧盟投资制约因素的研究［J］. 国际贸易，2013，（02）：42—46.

［5］European Chamber. Chinese Outbound Investment in the European Union，2015.

［6］FRANOISE NICOLAS. Chinese ODI in France：Motives，Strategies and Implications. China Economic Policy Review，2012，（01）.

［7］Frederic Wehrle，Joachim Pohl. Investment Policies Related to National Security A Survey of Country Practices. OECD Working Papers on International Investment，2016，（2）.

［8］Ivana Casaburi. Chinese Investment in Europe 2015—2016. ESADE China Europe Club，2015.

［9］KIM Icksoo. Inward and Outward Internationalization of Chinese Firms. SERI Quarterly，2009，（7）：23—30.

［10］Matura，Tamás. The Pattern of Chinese Investments in Central Europe. International Journal of Business Insights & Transformation，2012，（05）.

［11］Thierry Apoteker，Sylvain Barthélémy，Sandrine Lunven. EU-China FDI in the

21st century: Who is ready for a "win-win" strategy. Conference on EU and the Emerging Powers European Parliament, 2013, (4).

[12] Thilo Hanemann, Cassie Gao. China's Global Outbound M&A in 2015. Rhodium Group, 2015.

（执笔人：陈超）

专题十：中国对亚洲的直接投资

亚洲是中国的重要投资目的地，中国对亚洲的直接投资约占中国对外直接投资总额的 70%，其中香港地区作为重要的投资通道和目的地，约占中国对外直接投资总额的 50%。亚洲国家政治、经济、宗教、文化方面存在较大差异，中国在亚洲的投资既有重大机遇，又面临较大风险，如何减少投资风险、提高投资收益，保障中国的战略和经济利益是中国在亚洲的投资需要解决的问题。

一、中国对亚洲直接投资现状

（一）对亚洲的直接投资总额

2014 年末，中国在亚洲的投资存量为 6009.7 亿美元，占 68.1%，主要分布在中国香港地区、新加坡、哈萨克斯坦、印度尼西亚、老挝、缅甸、中国澳门地区、蒙古、巴基斯坦、伊朗、柬埔寨、印度、泰国、越南等国家和地区；中国香港地区占亚洲存量的 84.8%。2015 年，中国对亚洲的直接投资为 1083.7 亿美元，同比增长 27.5%，占当年对外直接投资流量的 74.4%（图 10 - 1）。

1. 亚洲是中国最重要的对外直接投资目的地

2014 年，中国大陆对亚洲直接投资为 849.9 亿美元，同比增长 12.4%，占当年流量总额的 69%，其中，对中国香港的直接投资为 708.67 亿美元，占当年流量的 57.6%，占对亚洲投资流量的 83.4%。2014 年，中国对外投资流量前十位的国家或地区有 3 个位于亚洲。

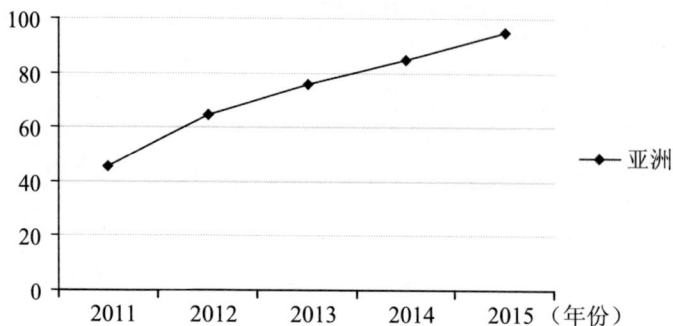

图 10 - 1 2011—2015 年，中国对亚洲的直接投资总额（单位：亿美元）

2015 年，中国大陆对香港地区的投资占对亚洲投资的 82.9%，同比增长 26.7%。对东盟 10 国的投资 146 亿美元，占对亚洲投资的 13.5%，同比增长 87%。中国对外直接投资流量 10 亿美元以上的国家和地区有 13 个，位居亚洲的有中国香港地区、新加坡、哈萨克斯坦、老挝和印度尼西亚。2016 年 1—10 月，内地对香港地区非金融类直接投资 768.3 亿美元，占投资总额 1459.6 亿美元的 52.6%。截至 2016 年 10 月底，内地对香港地区非金融类累计直接投资 4827.9 亿美元，占投资存量总额的 53.0%。香港地区是发达的世界金融中心，融资成本低，管制很少，很多企业把香港地区作为再投资的地点，因此大陆对香港地区的投资持续大幅增长。

2. 对"一带一路"相关国家投资增加

2015 年，中国大陆对"一带一路"相关的 49 个国家进行了直接投资，投资额合计 148.2 亿美元，同比增长 18.2%，占总额的 12.6%，投资主要流向新加坡、哈萨克斯坦、老挝、印尼、和泰国等周边亚洲国家。2016 年 1—10 月，大陆对"一带一路"相关的 51 个国家非金融类直接投资 120.7 亿美元，同比下降 8.4%，占同期总额的 8.3%，主要投向新加坡、印尼、印度、泰国、马来西亚、老挝、伊朗、俄罗斯等国家地区，其中除横跨欧亚的俄罗斯传统上属于欧洲国家外，其余都是亚洲国家。

（二）国别或地区分布

1. 国别分布

2014 年，中国对外投资流量前十位的国家/地区有三个位于亚洲，其中大陆对中国香港地区投资 708.67 亿美元，占当年对外投资流量的 57.6%，主要流向租赁和商务服务业、批发和零售业、金融业、采矿业等，其他两个国家是新加坡和印度尼西亚，另外老挝和巴基斯坦位居第十二位和第十三位。2015 年中国对外投资额超过 10 亿美国的 13 个国家和地区中，有 5 个在亚洲，分别为国际金融中心中国香港，新加坡，中亚资源大国哈萨克斯坦以及东盟的老挝、印度尼西亚。随着一带一路倡议的实施，2015 年中国对亚洲周边国家的投资有了大幅增长。截止到 2016 年 10 月，大陆单纯对香港的投资已经占了对外投资总额的 52.6%。

2. 地区分布

中国香港地区一直是中国大陆最重要的投资目的地，占了大陆对外投资的半壁江山；随着中国与东盟合作的深化，随着一带一路倡议的推进，中国对东盟的投资有了大幅增长，2015 年中国对东盟地区的投资增长了 87%；中亚各国与中国经济有较强互补性，中国对其有巨额投资；中国与南亚的投资面临新机遇；中国在西亚的投资稳步发展。

（三）投资特点

中国对亚洲的投资主要流向租赁和商业服务业，比例约占 4%，其次是金融业、批发和零售业，比例均约为 13%，采矿业和制造业比例约为 9% 和 5%。

1. 继续发挥中国香港的国际金融中心优势地位

中国香港地区作为世界重要的金融中心，不仅是大陆主要的投资目的地，更是大陆资金进行对外直接投资的重要通道。中国企业不仅对香港地区进行投资和并购，尤其擅长通过在香港地区设立的平台公司进行再投资。

2. 对东盟的投资迅速增加

东盟是中国大陆在亚洲仅次于香港地区的投资目的地，与对香港地区存在大量的通道投资不同，大陆对东盟的投资最终落在了东盟。大陆对东盟的投资行业更为广泛，涉及租赁和服务业、制造业、批发和零售业等等。

3. 对日本投资量较小，对韩国投资增长迅速

在中国对外投资快速增长的大环境下，中国对日本投资额不到 1 亿美元，仅排在第 34 名，在日本利用外资的国别排名里中国位列第 7。一是因为中日有不同的政治利益，中国经济目前增速放缓，成本增高，对日本在中国的投资产生了一些影响；二是因为日本对外国投资一直持谨慎态度，中国因为各种原因对日本的投资裹步不前，虽然近年日本在中国的投资大幅下降，但中国企业对日投资的规模仍远低于日资企业对华投资的规模。

自建交以来，中韩经贸关系发展迅猛。目前，韩国仅次于美国，是中国的第二大贸易伙伴，中国是韩国的最大贸易伙伴和投资对象国。2014 年中国对韩投资激增 374% 至 6.31 亿美元，2015 年中国对韩投资同比增长 66.3%，为 19.8 亿美元。中国对韩投资主要集中在房地产开发租赁业、文化娱乐业等服务业领域，以及食品、机械装备、电子装备等制造业领域。

4. 对亚洲其他地区的投资年度波动较大

因为政治、经济、商品价格波动等原因，对亚洲其他地区的投资波动较大。

中亚各国与中国经济互补性非常大，中国于 2005—2014 年对中亚总投资 330 亿美元，其中，在哈萨克斯坦 235.5 亿美元、在土库曼斯坦 38.8 亿美元、在吉尔吉斯斯坦 36.1 亿美元、在乌兹别克斯坦 15.1 亿美元、在塔吉克斯坦 12.4 亿美元。长期来看，可以建立良好合作关系。

南亚的印度与中国同为发展中大国，但与中国的经济往来远低于两个国家在世界经济中所占份额。2015 年，中国对印度的直接投资金额（不包括再投资）猛增至 8 亿 7000 万美元左右，是 2014 年的 6 倍以上。从 2000 年 4 月到 2014 年年底的累计投资额为 4 亿 5000 万美元。而 2015 年一年的投资额是过去 15 年累计投资额的 2 倍。印度在 2015 年获

得的直接投资总额为 393 亿美元，虽然中国对印度的直接投资迅速增长，但是所占比重仅为 2% 多一点。

巴基斯坦在一路一带中的重要地位，决定了中国对巴基斯坦的投资会有较大增长。2015—16 财年，中国对巴直接投资额为 5.94 亿美元，较 2014—2015 财年的 2.57 亿美元大幅增长 130%，是推动巴基斯坦实现外资增长的主要力量。

二、中国对亚洲投资中存在的问题

（一）缺乏走出去的经验

不熟悉投资目的地的政治、经济和法律制度以及政策环境。

1. 中国缺少海外投资经验

与发达经济体不同，中国大规模走出去的历史只有十几年，从政府到民间、从制度到政策，缺乏对外投资经验。有些国家政局动荡，反对派上台后往往很难保证中国的投资利益。

比如缅甸领导人态度的变化、政权的变更与斯里兰卡政府领导人的更替对中缅关系、中斯关系、中国在他们国家的投资造成了一些影响，幸好中国政府提前做了一些工作，减少了损失。不少处于发展中国家阶段的亚洲国家国内领导人更替频繁、国内存在各种族群矛盾，另外亚洲也是大国博弈的重要场所，中国必须采取切实有效的措施保证在亚洲国家的各种利益。

极端组织在西亚、阿富汗、巴基斯坦的活动将长期存在，也增加了中国在亚洲投资的风险。

2. 亚洲各国差异较大

不同于欧美发达经济体，亚洲许多国家政治、经济、社会情况各异，没有形成成熟稳定的政治制度、经济制度，在政治体制、经济体制、文化体制、社会管理体制上与中国有较大区别，增加了投资风险。

中国在缅甸投资的伊洛瓦底江建立大坝和水电站可以缓解这个国家严重的电力缺乏，为工业发展和提高民生做出重大贡献，但因为忽视了该工程建在与缅甸中央政府有重大矛盾的克钦族集中地区，大量的人口迁移以及当地居民传统家园、宗教场所的灭失激起了当地克钦族人的民族情绪，再加上环保、政府态度暧昧等问题，给中方投资造成巨大障碍。中国也需要足够的实力和智慧来保证中缅油气管道的顺利运营。

蒙古国近年在投资方面出台了一系列的限制措施，损害了中方投资者的利益，即使在投资方面比较规范的新加坡，在南海问题上的态度，也将对中国在新加坡的投资造成一些影响。

（二）企业整体实力偏弱

缺少熟悉中国和投资目的地的国际人才，不懂公共关系，不能很好地与当地政府、企业和社区合作，互利共赢。

1. 需要提高人员素质

中国改革开放不到40年，之前对外投资的重点是吸引外资到中国，缺少具有国际视野、能走出去的经营管理人才。企业原有的优秀人才在走出国门后遇到很多棘手问题，阻碍了企业海外发展进程。

中国的企业管理人员大多成长于本土，缺乏海外的教育、工作和生活经历，经常把国内的管理体制、经营制度搬到国外，有些人自大傲慢，不尊重当地职工和风俗习惯，不仅影响了企业的经营管理，还破坏了中国几十年来在当地积累的良好形象。

中国在伊朗、巴基斯坦等传统友好国家有大量投资，目前中国企业资金充裕、实力比较雄厚，不少管理人员自身修养不高，其负面影响损害了中国的利益。合作不仅是政府之间的合作，更是在投资目的国工作的中国公民与当地人的合作，如果基层的合作出了问题，必将影响高层推进两国的政治、经济和文化合作。认为中国在发展中国家的投资是新殖民主义不仅是某些发达国家故意渲染的，也是中方某些低素质的人的"老爷"作风造成的，中国的外派人员应该严谨、务实、谦虚，有礼有节，树立中国的良好形象。

2. 做好公共关系工作

中国企业普遍忽视公共关系，很少利用当地媒体和非政府组织做好企业的公关工作。不应当关起门来办企业，应重视与当地政府、企业和社区的合作，带动当地经济和社会发展。

中国在缅甸莱比塘铜矿的投资经历了停工、复工、再停工、再复工的过程，除了确实存在一些没处理好的问题之外，更与外人在当地造谣挑拨民众的对立情绪有关，这说明中国企业没有利用好当地媒体、NGO组织和村级的管理者，没有对村民做好充分的解释、宣传工作。

（三）投资不够严谨规范，投资风险大

中国市场化进程比较短，企业家普遍缺少投资经验，对外投资缺乏系统科学分析，往往由企业家拍脑袋决定，可以借助有实力的咨询公司或者进行更多的实地调研来减少投资风险。

中国有些国有企业的投资带有过多的官方色彩，没有充分考虑经济效益，民营企业整体实力不强，近年才开始有一些大规模的海外投资，目前中国企业在海外的投资，尤其是在发展中国家的投资效益不够理想，除了中国企业走出去的历史太短等客观原因外，也与中国企业的投资缺乏事前科学的项目可行性分析有关。

比如某企业在菲律宾的铁矿投资，开始建厂后才发现该地址位于反政府武装相当活跃的地区，企业不仅需要与菲律宾政府打交道，还要做反政府武装的工作；不仅需要开采铁矿，还要修筑铁路和码头，把铁矿石运回国内，相关手续办起来非常繁杂，严重影响了中方投资企业利益。

中国企业大规模走出去的历史较短，比较好的投资机会和投资领域已经被发达国家的企业控制，这也导致中国企业走出去的道路更加曲折。

三、亚洲对外投资环境分析

亚洲国家和地区多为发展中国家，政府独立性差，易受外来势力操控。政局不够稳定，管理水平不高，经济比较落后，政策变动大，与对发达经济体的投资相比，对亚洲国家和地区的投资面临较大风险。但因为中国也是发展中国家，技术相对进步，资本比较充裕，相似的经济结构、消费结构为中国在亚洲的对外投资也提供了良好机遇。

(一) 日本、韩国发达经济体

政治稳定, 经济运行良好, 社会开放, 但在中国对外直接投资中占比不太高。因为政治、文化等原因, 中国对日本的投资比较保守, 对韩国的投资有巨大潜力, 但韩国在中美之间的摇摆政策为中韩之间迅速发展的经贸合作增加了不确定因素。

1. 中国对日本的直接投资

中日之间的投资关系与两国的经济实力和经贸往来有一些差距, 这表明中国企业对日投资水平有待提高, 也预示着巨大的发展潜力和广阔的成长空间。鉴于两国关系的复杂性, 中国企业在日本的投资仍需秉持谨慎态度。

对日投资的积极因素: 目前, 日本名义 GDP 增长率在 5.9% 左右, 全行业营业收入增长 30%, 日经指数增长 100%, 而营商环境则从 -12 增长为 15。此外, 根据 "安倍经济学" 的计划, 到 2020 年, 外国企业的对日直接投资额将倍增至 35 兆日元。2020 年, 日本将举办奥运会和残奥会, 这将带来巨大商机, 中国在筹备 2008 年奥运会时就达到了 12% 的经济增长。为实现 2020 年 35 兆日元的外国企业对日直接投资额, 日本现在正积极推进法人制改革、传统领域的监管改革。

日本内阁下设 "对日直接投资综合指导窗口", 独立行政法人 "日本贸易振兴机构" 是提供窗口服务的执行单位。日本对外国投资实施 "原则放开、例外禁止" 的方针, 日本企业对外资并购等经济行为有一定抗拒感, 日本市场整体比较保守。

总体来说, 鉴于两国政治关系的复杂性, 中国企业在日本的投资仍需秉持谨慎态度。

2. 中国对韩国投资富有潜力

中国对韩国的投资处在起步阶段, 但发展迅猛, 有很大的上升空间。近期美国萨德导弹的部署给两国关系带来变数, 与韩国的经济关系受到严重影响, 但从长期来看, 中韩经贸关系仍将稳定发展。

2015 年韩国国内生产总值为 1.3779 万亿美元, 居世界第 11 位, 也是一个比较大的经济体。经济增长率 2.6%, 低于 2014 年的 3.3%, 预计 2016 年韩国经济增长率仍将小幅下滑。2015 年人均国民收入 2.734 万美元，较 2014 年减少 2.6%，人均可支配收入也有轻微下降，但实际购买力较 2014 年增长 6.5%。

韩中签署自由贸易协定、朴槿惠出访、政府改革管制措施、穆迪上调韩国国家信评等级等因素使得外国人直接投资规模大幅增加。韩国主管贸易与投资的政府部门是产业通商资源部，《对外贸易法》《外汇交易法》《关税法》等构成了韩国对外贸易管理的基本框架。

（二）东盟各国

在中国对外投资中占有重要地位，政治形势比较稳定，经济结构与中国有较大互补性，与中国在基础设施建设、工业、农业等方面合作潜力巨大，应处理好与各国政治经济关系，大胆谨慎处理南海问题，推动与东盟各国的互利合作。2015 年底，东盟共同体成立，为中国企业在东南亚投资带来了"黄金机遇"。但东南亚投资风险的空间覆盖面会比较高，大国地缘政治和经济竞争更加激烈，传统安全和非传统安全风险有所上升，复合性风险的危害程度在加深，风险涉及的利益相关方也会大大增加。海外投资不仅是纯粹的商业行为，而是政治、外交、社会和商业的复杂结合。在东南亚地区，中资企业面临的非商业风险上升，尤其是缅甸、柬埔寨等国。中资企业在缅甸投资的密松水电站被搁置，凸显了对非商业风险评估和应对的不足。在基础设施领域、能源领域的投资，尤其要加强对所在国政治稳定性、政府治理能力、执行效率、地缘政治竞争、非政府组织意见等的研究和评判。中资企业除获取来自政府的政治和法律许可外，还需重视获取投资地普通民众、媒体的"社会许可"以及非政府组织的影响力，关注不同利益相关方的期待和诉求。

《东盟投资区框架协议》规定，除附件中的例外之外，将在 2020 年给予区域外的投资者国民待遇和开放所有产业。由于东盟 10 国的经济发展水平有一定差距，根据东盟各国的法律法规，产业开放的领域有较大区别，整体来说，经济发展水平比较高的国家对投资领域的限制较少。

（三）原独联体中亚各国与蒙古国

这些国家经济结构比较单一，矿产资源比较丰富，中国应利用丰富的资本和工业技术，在提高投资回报率的同时，推动当地工业和经济发展，促进双方的长期合作。

2013 年 9 月，中国国家主席习近平访问中亚期间，全面提升了中国与中亚其他国家的双边关系，与哈萨克斯坦、乌兹别克斯坦、吉尔吉斯斯坦和土库曼斯坦四国签署总额超过了 480 亿美元的投资与合作协定。哈萨克斯坦是中亚地区经济发展最快、政治局势比较稳定、社会秩序相对良好的国家，GDP 已连续五年以超过 9% 的速度增长，2015 年，人均 GDP 约合 10524 美元；在中亚五国里，土库曼斯坦的人均 GDP 约为 8228 美元，仅次于哈萨克斯坦，经济增速在中亚五国偏高。2015 年 GDP 总额为 373.3 亿美元，GDP 增长率为 6.5%。2016 年 1—4 月 GDP 增速为 6.3%，投资总额增长 5.7%。土库曼斯坦是继俄罗斯、伊朗和卡塔尔之后世界第四大天然气资源国，在天然气领域，是中国重要的合作伙伴。

2015 年，乌兹别克斯坦 GDP 总额为 667.3 亿美元，自 2007 年起，经济增长率均超过 8%。人均 GDP 比较低，约 2132 美元，但政府采取多项措施发展经济，中国是乌兹别克斯坦最大投资来源地。其国民经济支柱产业为"四金"，即黄金、"白金"（棉花）、"黑金"（石油）以及"蓝金"（天然气）。而且拥有高素质的人力资源和巨大的科技潜力，是中亚地区唯一一个飞机制造国、中亚地区唯一一个现代化汽车、载重车辆、高质量农业机械生产国，以及中亚地区最大的化学、纺织、食品、建材、电力设备生产国。

吉尔吉斯斯坦政局比较动荡，近年才逐渐稳定下来。吉尔吉斯斯坦政府重视引进外资，希望借助巨额外资开发矿产，发展经济，但国内面临着发展经济、打击腐败、逐步消除骚乱等重任，因此，中国企业在吉尔吉斯斯坦投资时应保持慎重态度。

（四）南亚地区

印度与中国同为发展中经济体，经济结构有相似性，有互补性，两国的经济交往程度与经济总量不相称，应从战略角度促进两国合作。2015 年印度 GDP 总额位居世界第 7 位，约为中国的 20%。但因中印在边境、西藏问题和国际地位上存在严重分歧，经济结构相似，会对中印经济合作产生一定影响，中印企业的相互进驻不积极。但中国经济增速减慢，中国企业海外投资增加，中国对印度的直接投资正快速增长，中国对印度的投资比例很可能出现提高。2016 年 1 月中国携程旅行网宣布将斥资 1.8 亿美元获得印度同行 MakeMyTrip 约 27% 的股份，中国商业房地产商大连万达集团宣布将一手承建印度北部哈里亚纳邦的工业区，预计事业费高达 100 亿美元，该工业区将成为印度国内最大规模的工业区。中国建筑机械厂商三一重工 2 月宣布为了扩大建筑机械的生产，计划今后 10 年面向印度投资 10 亿美元。

2015 年，巴基斯坦 GDP 总额为 2699.71 亿美元，人均 GDP1440 美元，自 2011 年起，年均增长率在 3%—4% 之间。巴基斯坦是中国的重要政治伙伴和经济伙伴，两国经济互补性非常大，巴基斯坦需要中国的资金、技术，中巴经济走廊的建设、中国和巴基斯坦合作的成功将引领、带动中国与非发达经济体的合作。虽然巴基斯坦与中国政治关系良好，但市场经济不够发达，政府和民间有把中国在巴基斯坦的投资视为经济援助的倾向，中国在巴基斯坦的投资应谨慎规避经济风险，但也不能忽视潜藏的机遇。目前，中国是巴基斯坦最大投资来源地，其他主要投资国家和地区依次为挪威、阿联酋、中国香港地区和意大利，分别投资 1.72 亿美元、1.64 亿美元、1.31 亿美元和 1.04 亿美元，传统对巴投资大国美国、英国和阿联酋对巴投资分别为 −6550 万美元、7980 万美元和 1.64 亿美元，均低于 2014—2015 财年的 2.09 亿美元、1.74 亿美元和 2.16 亿美元。吸引外资总量无法满足巴基斯坦国内投资需求。尽管实现了 39% 的增长，但巴吸引外资整体水平在南亚地区仍然较低，无法对经济发展产生明显促进作用，不足以弥补储蓄与投资需求间的差距；外资流入下降趋势总体未改观。自 2007—2008 财年达到 54 亿美元高位后，巴 FDI 净流入已连续多年徘徊于 10 亿美元左右。外资体量过小对巴经济负面影响明显，包括难以吸收现代科学技术、生产技能提升缓慢、国内生产与国际标准脱节等；国外投资者却因巴基斯坦政治不稳定、官僚主义盛行、贪腐问题严重、政府治理不善和基础设施不足而选择避开巴基斯坦投资市场。

（五）西亚地区

西亚地区的阿拉伯国家富有石油天然气资源，是中国重要的能源进口地，但一直是西方国家的势力范围，存在着严重的领土冲突、宗教冲突和派别冲突，政治形势比较复杂，极端组织 IS 在西亚的军事行动以及叙利亚的内乱，尤其是 IS 给中国在西亚的投资带来了一定风险。

四、中国对亚洲直接投资中面临的风险和机遇

（一）社会风险

1. 政治风险

近年来，某些亚洲国家局势有些动荡，典型的有叙利亚、伊拉克、缅甸；有些地区，领导经常变更，极端组织成为管理者，加剧了社会矛盾。尤其是 IS 给中国在西亚地区的投资带来巨大挑战，中亚地区也存在一定程度的政治风险，南海问题对中国与东盟的合作产生了一些影响，需要慎重处理与日本的关系。

2. 经济风险

亚洲国家多为发展中国家，市场发育不够规范，有些国家政策缺乏延续性，民族主义情绪严重，限制性的法规政策比较多，存在地方保护主义倾向。基础设施落后，港口、道路陈旧，电力缺乏。

（二）机遇

1. "一带一路"倡议促进中国对亚洲国家的直接投资

2015 年，我国企业共对"一带一路"相关的 49 个国家进行了直接投资，投资额合计 148.2 亿美元，同比增长 18.2%，投资主要流向新加坡、哈萨克斯坦、老挝、印尼、俄罗斯和泰国等。2016 年 1—5 月，我国企业共对"一带一路"相关的 49 国家非金融类直接投资 56.3 亿美元，同比增长 15.8%，占同期总额的 7.7%，主要投向新加坡、印度、印尼、马来西亚等国家（地区）。

在"一带一路"沿线国家进行投资时，必须协调好长期利益与短

期利益、战略利益与经济利益的关系。

2. 地缘接近，与中国经济结构有较大的互补性，合作潜力巨大

亚洲大多数国家整体政治经济形势良好，许多国家也制定了本国的发展战略，在某种程度上可与中国"一带一路"倡议进行对接，中国政府通过多种渠道加强了与亚洲国家的双边、多边沟通、渠道，通过官方组织和非官方组织加强了与亚洲国家的合作与交流，为中国在这些国家的对外投资奠定了良好基础。

五、促进中国在亚洲的直接投资

除西亚地区存在着政治不稳定因素外，亚洲国家整体政治、经济形势处在比较稳定的状态，亚洲东部地区经济形势较好，促进中国对亚洲对外直接投资的经济效益，提升与亚洲各国的全方位合作符合中国与亚洲国家的整体利益。亚洲国家处于不同的经济发展阶段，在亚洲的投资，既面临着在发达国家投资的风险和机遇，也面临着在发展中国家投资的风险和机遇，另外地缘接近是促进中国对亚洲投资的有利因素。

（一）政府做好整体规划

各级政府、各个政府部门为进行海外投资的企业提供政治、信息、资金和政策保障，与亚洲各国签署政治、经贸、投资方面的合作协议，减少企业的海外投资风险，保障国家间以及企业间的良好合作，促进中国与亚洲各国的政治、经济、文化联系。

1. 统筹规划中国在亚洲的投资

从战略角度规划中国在亚洲的整体投资，与投资目的地建立良好政治关系，增加与投资目的地的文化交流，培育互信，实现互利共赢。主动利用国际国内非政府组织，做好中国和中国企业的海外公关工作，树立良好形象。近年，中国政府进行了密集的双边、多边外交，促进了国家互信。

在投资时，事先做好科学调研，评估投资对当地经济、社会和社区带来的积极影响，并利用当地媒体广泛宣传；积极参加当地的政治、经

济、社会和社区活动，与当地各种机构和民众建立良好关系。

在世界大国矛盾重重，个别地区派别冲突不断、宗教矛盾凸显，欧美面临恐怖主义威胁的情况下，中国在处理与亚洲国家的关系时，应该合纵连横，灵活处理非原则问题，与亚洲国家的各政治派别、社会团体保持良好关系，为中国创造更好的经济发展环境和国际政治环境。

2. 完善对外投资法律法规

中国经济原来以吸引对外投资为主，中国对外投资迅速发展的历史较短，这方面的法律法规比较欠缺。2014 年 10 月，《境外投资管理办法》开始施行，2015 年 1 月，商务部就《中华人民共和国外国投资法（草案征求意见稿）》公开征求意见。为了尽快规范指导和保护中国的对外直接投资，应尽快完善、实施《中华人民共和国外国投资法》，并细化相关的投资保障措施；完善服务机构，由商务部或国家发改委牵头，联合财政部各部委，以及亚洲投资银行、丝路基金、中国进出口银行、国家开发银行、中国出口信用保险公司等相关机构，为进行对外直接投资的企业提供相关的法律、政策、资金保障，降低企业海外投资的政治、经济风险。

3. 因地制宜制定投资计划

针对不同地区政治经济文化情况，采取不同投资策略，鼓励国有、民营企业进行对外直接投资，不坚持控股，把双赢、共赢作为海外投资的最终目标。

在亚洲发达经济体投资时，应关注获得先进技术、服务和市场；在资源丰富的国家进行投资时，要在开发资源的同时，促进当地经济发展和民生改善；在经济结构相似的国家进行投资时，注意优化配置各项资源，实现效益最大化。

（二）提高企业科学评估海外投资风险的能力

企业应自己或聘用专业咨询机构，做好市场调研，认真评估综合风险，尊重所在国的风俗习惯法律政策，不干涉其他事务；重视与投资目的地的经济合作，扶持当地经济发展。做好国内国外两个市场，使投资获得良好的经济效益。

1. 根据当地特点规避海外投资风险

不同区域的投资面临的风险不同，一定要详细了解当地的政治、宗教、经济、行业环境，尽量规避风险。

在亚洲西部的投资，尽量规避政治、宗教、战争风险，但同时要有战略眼光，给予相关方面必要的人道主义支持。鉴于日韩印关系的复杂性，在进行海外投资时，除了利益互补，更要从战略的角度考量在三个国家的投资。在中亚五国和蒙古国的海外投资一定要与投资目的国政府的国家规划、产业规划相契合，在南亚投资要注意复杂的国家、派别关系。

2. 提高企业核心竞争力

做强做大母公司，提升企业技术和管理水平，做好市场营销，提高企业核心竞争力。中国作为一个制造业大国，在工业生产方面已经积累了相当丰富的经验，在某些行业已经达到了国际先进水平，中国企业应该有信心在国际市场上赢得一席之地。另外，应该从国家和企业两个层面，增加研发投入，提升中国制造业水平。大力发展服务业，促进现代服务业发展。

3. 培育和引进熟悉国际规则的跨国经营人才

中国企业，无论是国有企业还是民营企业，海外投资的历史较短，人员构成比较单一，缺少能够熟练处理国际事务的各种人才，除了企业自身对人才的培养外，国家应该为更多的人才提供海外学习、研究的机会，培养更多富有国际视野和战略眼光的高端人才。

4. 做好在投资目的地的资源整合工作

不同投资目的地有不同的资源优势，或兼而有之，或有市场优势，或有丰富人力，或有高端人才，或有丰富资源，利用不同地区的优势资源，纵横捭阖，为企业发展服务。

5. 建立"合规"企业

在海外的投资，一定要尊重规则、善用规则，建议信誉良好的合规企业，提高海外工作人员的各方面修养，在投资地获得良好声誉。

6. 政府做好服务

由商务部或国家发改委牵头负责，国家通过多种形式对有对外投资意向的企业提供免费的全方位服务，了解世界各国的政治、经济形式、文化宗教状况、风俗民情，为企业在海外有效的投资保驾护航。

（执笔人：吕云荷）

专题十一：非洲国家投资政策与环境对中国企业的影响

一、中国对非洲国家投资现状分析

近年来，中国经济增长速度虽然放缓，但在全球范围内仍然属于增长较快的国家，外汇储备量也居世界前茅，国内企业具备了对外直接投资的能力，因此中国企业对非洲扩大直接投资具有了可能性。中非关系不断得到改善与发展也为中国企业对非洲直接投资提供了政治基础。中国经济的不断发展需要更广阔的市场与丰富的资源，这成为中国企业投资非洲的必要条件。虽然非洲大部分国家比较贫穷落后，工业基础薄弱，但是发展机遇仍然大于挑战。中国企业在非洲的发展对政策、资源、环境的依赖很强，存在企业运营成本较高、技术工人短缺、产品竞争力低等问题。近几年，中非领导人互访频繁，加强了中非友好合作的基础。

（一）中国企业在非洲投资历程

非洲的早期贸易和投资从 20 世纪 80 年代初期开始逐步发展，2000 年以来中非贸易投资进入快车道。随着中非关系的深入发展，中国企业对非直接投资逐年增加，涉及建筑、餐饮、医疗、汽车制造、化工等多个领域。

以坦桑尼亚为例。从 1981 年起，中国开始大规模开展对坦桑尼亚劳务承包业务，而劳务承包也成为中国企业在坦桑尼亚投资的主要领域。1997 年 12 月，"中国投资开发贸易促进中心"在坦桑尼亚挂牌运作，中国企业对坦桑尼亚投资进一步向规范化、扩大化发展。随后几年，中坦贸易开始以年均 30% 以上的速度增长，成为当时中国对外贸易增长最快的地区。到 20 世纪末，在坦桑尼亚从事贸易、工程承包的中国企业已达 200 多家，直接开办贸易投资企业近 100 家。中国企业在坦桑尼亚最初是从事劳务合作、层次较低的工程承包以及援助合作，目前正向工业制造业方面转移。在这个过程中，中国企业较早地熟悉了坦桑尼亚的经济与投资环境，先于西方国家占有了坦桑尼亚基础设施与工程项目的较大份额，并在非洲赢得了市场和声誉。当时，西方发达国家没有对坦桑尼亚给予足够的重视，大量企业和资金撤离，为中国企业留下较大空间。对于许多后来在国际上取得成功的中国跨国公司来说，坦桑尼亚往往是它们通往世界的第一站。据坦桑尼亚投资中心显示，截至 2014 年 1 月，中国在坦桑尼亚投资的各类商业企业有 120 多家，投资领域涉及农业畜牧业、自然资源开发、交通运输业、服务业。中国民营企业在坦桑尼亚的投资截至 2014 年累计约有 4000 多万美元，产品包括凉鞋、卫生纸、绢花、建材、水产、果汁等及开办餐馆、旅游、旅馆、诊所等。

随着国内企业对非洲关注度的逐步提升，中国向非洲投资的企业数量稳步提高，目前已有 3000 多家。2015 年中国对非洲直接投资有所减少，2015 年上半年中国对非洲直接投资下降 40%；非洲对中国商品需求则有所增加，2015 年中国对非洲出口 1020 亿美元，增长 3.6%。2015 年 12 月中国国家主席习近平在南非举办的"中非峰会"上宣布向非洲提供 600 亿美元援助和贷款，表明中国在非洲的作用增强。而无论从数量还是投资额看，中国企业在非洲投资的比例仍有很大上升空间。目前，中国在非洲投资领域主要集中在矿产石油、制造业、通讯、建筑、金融机构、自然资源、农业、旅游业、运输和服务业。根据《中国对外投资统计公报 2015》数据显示，2015 年中国在非洲投资最多的 10 个国家是加纳、肯尼亚、南非、坦桑尼亚、刚果（金）、阿尔及利亚、乌干达、埃塞尔比亚、毛里求斯、刚果（布）（表 11 - 1）。

表 11 - 1   2007—2015 年中国对非洲及非洲部分国家直接投资流量表

（单位：万美元）

国家（地区）	2007 年	2008 年	2009 年	2010 年	2011 年	2012 年	2013 年	2014 年	2015 年
非洲	157431	549055	143887	211199	317314	251666	337046	320193	297792
加纳	185	1099	4935	5598	4007	20849	12251	7290	28322
肯尼亚	890	2323	2812	10122	6817	7873	23054	27839	28181
南非	45441	480786	4159	41117	-1417	-81491	-8919	4209	23317
坦桑尼亚	-382	1822	2158	2572	5312	11970	15064	16661	22632
刚果（金）	5727	2399	22716	23619	7518	34417	12127	15756	21371
阿尔及利亚	14592	4225	22876	18600	11434	24588	19130	66571	21057
乌干达	401	-670	129	2650	991	979	6060	6050	20534
埃塞俄比亚	1328	971	7429	5853	7230	12156	10246	11959	17529
毛里求斯	1558	3444	1412	2201	41946	5783	6107	4943	15477
刚果（布）	250	979	2807	3438	681	9880	10994	23860	15008

数据来源：根据《中国对外投资统计公报 2015》整理而得。

（二）中国对非洲投资特点

1. 对政策的依赖性过强

从表 11 -1 可以看出，中国对非洲各国投资并不稳定，经常出现较大波动。由于中国一直以来对非洲的政策导向以援助为主，相应地加大了对投资非洲的企业资金支持及政策倾斜。虽然在一定程度上有利于中国企业在非洲的发展，但是过多的资金和政策支持也会带来一系列的不利影响。在非洲的中国企业目前出现的问题之一就是过度依赖国内资金和政策扶持，导致管理体制落后、生产效率低下，员工普遍生产积极性不高，产品竞争力不大。一旦中国减少了对这些企业的支持，企业很容易出现亏损。

2. 中非贸易潜力巨大

总体而言，中非贸易虽然发展很快，但贸易总量并不大，2014 年中非进出口总额为 2216.66 亿美元，仅为当年中美进出口总额（5551.24 亿美元）的 40%（表 11 -2）。虽然从 2010 年起，中非贸易从顺差转为逆差，但中国与大部分非洲国家的贸易仍是顺差。中国与非洲都是发展中国家及地区，中非贸易还有持续大幅增长的潜力。在农业和矿业资源方面，非洲的许多出口产品是中国长期发展所短缺的，且非洲的许多矿产和农业产品远未充分开发，中国与非洲具有广泛的经济合作空间。此外,据统计数据显示,非洲 24 岁以下人口占总人口的 60%,中产阶级约 3.7 亿人,都是潜在消费者,有利于增强投资者信心。目前,已有部分中资企业在探索开辟贸易方面的合作途径,但其力度还比较小。需从战略高度考虑,鼓励和扶持各类外向型企业扩大进口贸易及在非洲进行资源开发。

表 11 - 2　2007—2014 年中非贸易差额　　　（单位:万美元）

	2007 年	2008 年	2009 年	2010 年	2011 年	2012 年	2013 年	2014 年
进口总额	3635920	5596694	4333124	6709196	9323987	11325064	11745472	11563138
出口总额	3729773	5123992	4773456	5995405	7308303	8531061	9279937	10603475
进出口差额	-93853	472702	-440332	713791	2015684	2794003	2465535	959663

数据来源:根据国家统计局网站数据整理而得。

3. 产品竞争力低

由于国际竞争压力增大,内外竞争性并存,中国在非洲投资生产的产品竞争力较低。以纺织业为例,欧盟与非洲国家形成了一个分工协作的纺织服装产业链,欧盟将其占有技术优势的纺织面料出口到非洲国家或直接在这些国家投资设厂,利用当地便宜的劳动力加工生产成服装成品再销售。大多数非洲国家的纺织品依托于欧盟强大的技术实力,占据了相当大的市场份额。而中国在非洲投资的纺织业,由于技术水平较低,相对来说除了价格优势外,没有其他显著优势,并不具备强大的竞争力。长此以往,其市场份额必然会不断萎缩,最终影响中国企业在非洲投资的效益。

4. 企业运营成本较高

非洲大部分国家基础设施落后,交通状况较差,目前交通主要以公路为主,但是很多地方公路建设不完善;水、电、燃料价格高,电力工业发展滞后,电力供应严重短缺,断电现象经常发生,工业用电价格较高约为中国的 2~3 倍;政府办事效率低下,官员贪污腐败等现象严重。以上种种原因导致了目前在非洲投资企业的运营成本加大,影响企业扩大投资。

二、非洲国家的投资环境

近年来，非洲大多数国家保持快速经济增长，虽然大部分国家比较贫穷落后，工业基础薄弱，但是发展机遇仍然大于挑战。

（一）非洲的政治环境

非洲各国主张在相互尊重、互不干涉内政、平等互利的基础上同世界各国建立并发展友好合作关系，注重经济外交，把争取外援、吸引外资、促进经济发展作为外交工作的重点，注重学习借鉴中国等亚洲国家的发展经验。同时，鼓励投资不仅仅是某一个非洲国家独自面临的任务，需要本地区的多数国家共同合作和相互配合。为了更好地促进投资，非洲国家成立了许多地区性国际组织，其中重要的包括东非共同体、东部与南部非洲共同市场、中部非洲经济共同体、西非经济共同体等，这些组织对于非洲各国投资促进制度建设起着指导性作用，代表了非洲国家投资促进制度的发展方向。

（二）非洲的宏观经济环境

自2000年以来，非洲经济增长显著，是世界经济增长较活跃的地区之一。随着经济全球化发展，发达国家和部分发展中国家对外直接投资竞争越来越激烈，在全球范围内对资源的争夺也更加白热化。非洲的石油、有色金属等矿藏量巨大，同时非洲的市场广阔，作为全球投资的最后一块处女地越来越吸引投资者的关注。2014年非洲的资本投资增长了65%，约870亿美元，外商直接投资项目数量上升了6%。其中，北非吸引外国直接投资增长了1.6倍，从100亿美元增长到260亿美元；非洲撒哈拉沙漠以南地区吸收投资从420亿美元上升到610亿美元。对非洲投资中，石油和天然气投资占比约为1/3，达到330亿美元；其次是房地产业，为120亿美元；再次是通信业，为60亿美元，2016年上半年非洲GDP增长率前10名国家排序见表11-3。

表 11 - 3　2016 年上半年非洲 GDP 增长率前 10 名国家排序

序号	国家	GDP 增长率
1	埃塞俄比亚	9.6
2	象牙海岸	9.5
3	坦桑尼亚	7.9
4	刚果（金）	7.7
5	吉布提	6.7
6	肯尼亚	6.2
7	贝宁	6.1
8	马里	6
9	布基纳法索	5.9
10	多哥	5.8

数据来源：中非工业合作发展论坛（CAIF）信息中心。

（三）非洲的工业基础环境

1. 工业基础薄弱

大多数非洲国家以持续、高速和稳定的经济增长，向世界呈现了一个富有前景的巨大市场，非洲的发展首先得益于各国对工业化进程的重视。由于历史和自身发展等因素影响，许多非洲国家尚未实现大规模的工业化，工业基础落后、工业环境较差是目前大部分非洲国家的现状，初级产品的收入占到了非洲生产总值（GDP）的 40% 以上。

2. 积极实施工业战略

近年来，非洲国家工业落后的局面正在好转。许多非洲国家意识到了自身经济发展的局限性，已经开始调整经济结构。总体而言，近几年随着非洲国家一系列的改善措施，非洲经济及投资环境有了显著好转，投资风险下降。南非、加纳、纳米比亚、肯尼亚、乌干达、坦桑尼亚、赞比亚、埃塞俄比亚、塞内加尔等国的投资环境日益提升，受到投资者的欢迎。

3. 重建项目合作机会多

非洲国家正处在发展初期，很多工程、基础设施项目都需要建设或重建，未来 5 ~ 10 年重点工程项目都将建设或完工，基础设施建设包括道路、水电、通讯、水资源开发等。而在大型基建项目中，中国企业拥有较大优势，这是众多中国工程承包企业最大的机遇。

（四）非洲的法制环境

非洲大陆每一个国家在独立之前都历经了坎坷的道路，殖民统治的经历和外来法律制度的嫁接及渗透，使得当代非洲各国在总体上都属于混合法系国家。

1. 非洲国家对外国投资的保护与鼓励

第一，关于国有化的保证。非洲绝大多数国家都规定，政府不对经营企业实行国有化或没收，法律不强迫拥有经营企业全部或部分资本的任何人向其他人割让其资本利息。虽然个别国家规定了重点行业的国有化，但有前提条件，比如由本国企业或个人持股51%以上，在规定的时间内外方企业或个人可以将股份转让给该国国民或企业。同时还规定，国家不可从经营企业索取各类好处，获得投资许可的企业及属于该企业的任何财产、权利、利益不得被强制征用或剥夺。第二，关于外国投资利润所得及汇出保证。非洲大部分国家对外国投资者的资本汇出要求都比较宽松，只要具有投资许可证的投资者，就可以通过银行自由兑换货币汇出。汇出项目包括：投资所得的净利润和红利；获得外国贷款所发生的费用；支付技术或专门知识转让协议项下的使用费；向企业有关外国雇员支付酬金或其他津贴；汇出利润或资产清算收益。第三，对外国投资的鼓励与优惠。为鼓励并吸引外国投资，非洲很多国家规定外国投资者的进口关税和销售税可以豁免。另外，外国投资者是鼓励投资证书的持有人，还可以享受其他方面的税收优惠和土地优惠。

2. 对外资经营活动的管理

为扩大出口、吸引外资、增加就业、促进经济发展、提高所在地人民收入，大部分非洲国家都实行高度自由的贸易政策。第一，进出口业务管理。非洲政府大力推动和鼓励出口，大部分企业及个人均可开展对外贸易业务，没有出口配额限制，大部分商品不征收出口税和其他出口手续费等。对于经营某些特定货物，如烟酒、药品、石油、军火、矿产、林产、野生动物等进出口的公司，需要在指定的管理部门进行登记并获得特定的营业许可。第二，劳工管理。在大部分非洲国家，都有比较严格的雇佣关系立法规定及劳工标准。在非洲国家取得"投资优惠证书"的投资者可以获得更多照顾。除少数非洲国家对雇佣外国人的人数、职业等方面没有限制，没有相关雇员当地化的要求外，大部分国家都有比较明确的规定，如雇佣本国工人的比例、外国专家技术人员的数量、工资、签证等。第三，财务与资金管理。大部分非洲国家都有明确规定保证投资者的财产权不受侵犯，同时要求外资企业在当地有资质的银行开立账户，只要能依据相关规定证明外汇合法来源，其汇进汇出并无其他限制。但对外国人携带现金出入境有严格的限制。

（五）非洲的营商环境

非洲各国营商环境较差。非洲国家政府普遍效率低下、腐败问题严重，且社会贫富分化、工业基础薄弱、基础设施和技能低下。很多非洲国家经济依赖原材料出口，原材料价格波动对其影响巨大，缺乏抵抗外部经济冲击的能力。同时，对非洲投资或多或少都存在社会治安问题。目前，中国与非洲贸易额不断增加，投资合作日益增多，投资领域越来越广泛。中国企业现阶段投资非洲是希望与困难并存，机遇和挑战同在，但是机遇大于挑战（表11-4）。

表11-4　2016年非洲国家营商环境在全球的排名

序号	国家	营商环境在全球的排名	序号	国家	营商环境在全球的排名
1	毛里求斯	32	28	塞内加尔	153
2	卢旺达	62	29	科摩罗	154
3	博茨瓦纳	72	30	津巴布韦	155
4	南非	73	31	贝宁	158
5	突尼斯	74	32	苏丹	159
6	摩洛哥	75	33	尼日尔	160
7	塞舌尔	95	34	加蓬	162
8	赞比亚	97	35	阿尔及利亚	163
9	纳米比亚	101	36	马达加斯加	164
10	斯威士兰	105	37	几内亚	165
11	肯尼亚	108	38	圣多美和普林西比	166
12	加纳	114	39	毛里塔尼亚	168
13	莱索托	114	40	尼日利亚	169

序号	国家	营商环境在全球的排名	序号	国家	营商环境在全球的排名
14	乌干达	122	41	吉布提	171
15	佛得角	126	42	喀麦隆	172
16	埃及	131	43	刚果共和国	176
17	莫桑比克	133	44	几内亚比绍	178
18	坦桑尼亚	139	45	利比里亚	179
19	马拉维	141	46	赤道几内亚	180
20	布基纳法索	143	47	安哥拉	181
21	马里	143	48	乍得	183
22	埃塞俄比亚	146	49	刚果	184
23	象牙海岸	147	50	中非共和国	185
24	塞拉利昂	147	51	南苏丹	187
25	多哥	150	52	利比亚	188
26	冈比亚	151	53	厄立特里亚	189
27	布隆迪	152			

数据来源：CAIF 信息中心。

（六）非洲国家与中国的关系

中国改革开放 30 多年，经济快速发展并赢得了"世界工厂"的称号。但随着中国经济增长速度的放缓、劳动力成本的上涨、制造业竞争的加剧，一些企业纷纷把目光转向海外市场。非洲拥有丰富的劳动力资源和巨大的消费市场，中国可以把先进的技术设备和管理经验带到非洲共赢发展。近年来，中非领导人交流互访频繁，合作成果显著。在习近平主席提出中方发展对非关系"真、实、亲、诚"理念的指导下，全面落实李克强总理提出的"461"中非合作框架，即坚持平等相待、团结互信、包容发展、创新合作等四项原则，推进产业合作、金融合作、减贫合作、生态环保合作、人文交流合作、和平安全合作等六大工程，完善中非合作论坛这一重要平台，打造中非合作升级版。随着中非关系的不断深化，中国将大力支持非洲的工业化发展。

另一方面，非洲国家非常重视中国企业的投资。目前，中国对非各类投资存量已经超过 1000 亿美元，有 3100 多家中国企业在非洲投资经营。2015 年 12 月中非约翰内斯堡峰会以来，中非已经签署各类合作协议 180 多项,涉及金额超过 220 亿美元。2016 年 7 月,中非又签署 60 多项协议,涉及金额 180 多亿美元,过去 15 年年均增速超过 30%。在贸易和投资额提升的同时,中非经贸合作结构和模式也不断优化创新,已从双边、单体发展为区域、集成式的合作,经贸合作区等合作平台的产业聚集效应初步形成。

三、促进中国企业对非洲投资的建议

(一)完善中非合作论坛平台

"中非合作论坛"是中国和非洲友好国家于 2000 年共同创立的集体对话与合作机制。在论坛框架下,双方就深入推进中非关系不断发展。论坛经过十多年的发展得到非洲国家的高度评价,目前已经成为引领中非关系发展的一面旗帜。

1. 加强与非洲国家的高层对话

近几年,中非领导人高层互访不断、频频传出中非合作新成果,非洲已经把中国作为重要的战略合作伙伴国,中国把非洲作为兄弟和全天候朋友,中非在战略发展的高度上达成了广泛的一致。

2. 认真落实论坛成果

2015 年 12 月 4 日,习近平主席在"南非峰会"上提议,将中非新型战略伙伴关系提升为全面战略合作伙伴关系,并提出中非"十大合作计划"。其中,支持非洲工业化被列为十大计划之首,可见推动非洲工业化是今后中非合作领域的重中之重。中国愿在未来 3 年内同非洲重点实施"十大合作计划",涉及工业化、农业现代化、基础设施、金融、绿色发展、贸易和投资便利化、减贫惠民、公共卫生、人文、和平与安全十个方面,中国将提供总额 600 亿美元的资金支持。中国企业需深刻领悟共识,全面稳步推进中非合作计划,做到因地制宜、优势互补、共建双赢。

(二)加强中非民间合作与交流

在政府与企业之间,民间组织发挥了越来越积极的作用,近 10 年间中非民间交流逐步呈上升趋势，在促进经济交流与合作方面做出了应有贡献。

1. 发挥行业协会组织平台优势

激发民间社会组织活力、正确处理政府与社会的关系，推进社会组织明确权责、依法自治、发挥作用。适合由社会组织提供的公共服务及解决的事项，交由社会组织承担，支持和发展民间组织平台优势。

2. 做好中非企业间交流合作

民间组织商协会可弥补政府职能的空缺、服务中国经济，为实现中国梦添砖加瓦，同时为中国制造走出国门提供有力的前方支援和后方保障。中非工业合作发展论坛在8年多的时间里，推动中非合作签约项目400多个，累计签约额达200多亿元，已经成为推动中非合作发展的重要组织，得到了中非领导人的高度评价。

（三）了解当地法律、尊重地方风俗

中国企业投资非洲的风险防范包括：战争及内乱风险、外汇禁兑风险、征收与国有化风险、治安风险、腐败风险等。需了解当地法律的渊源和外资企业进入的条件，做好市场调研以及了解当地消费习惯。非洲国家信奉的宗教主要是基督教、伊斯兰教和地方宗教，了解当地风俗是与其友好交流合作的基础。非洲是热爱歌舞的地区，虽然人民生活大部分比较贫困，但是他们有乐观的生活态度。

（四）正确评估风险做好应对措施

1. 做好投资成本核算

在非洲，工业产品、生活用品大部分都需要进口，物价与中国相比高出50%～80%，而且工作效率不高，工期一般要比中国长1倍才能完成，这些都是中国企业赴非洲投资要计算的成本。以第一个走进非洲的企业华坚鞋业集团为例，华坚在非洲发展快速，目前是埃塞俄比亚最大的制鞋企业，其工资成本由中国国内总成本的22%下降到3%，生产率是国内的70%，尽管物流成本由2%提高到8%，总体利润仍然大幅度提高。

2. 加强安全管理与风险防范

非洲国家保护外国投资者的态度主要通过与外国投资相关的法律和

政策声明来表明。政策声明表明了一国在与投资相关的行政、立法上所要遵循的基本原则,有重大意义。在关于非洲土地、能源、矿产方面的投资一定要有国家议会的文件和批复才具有法律效力,要依照当地的法律办理各种证照与许可证,投资非洲建议通过专业的平台组织机构、专业的中介服务,合理规避法律等方面的风险。

（执笔人：程志刚　李蕊）

专题十二：我国对外直接投资政策研究

改革开放以来，我国对外直接投资政策由开始的严格限制逐渐发展到现在的鼓励支持，推动对外直接投资进入快速发展阶段。但是，我国对外直接投资政策也面临缺乏统一立法、多头管理、针对性不强等问题。进一步完善我国对外直接投资政策，需要加快制定对外投资法，设立统一独立的管理机构，制定更加可行的对外直接投资产业指导政策，完善对外投资双边多边保障体系。

一、我国对外直接投资政策的演变进程

改革开放以来，我国的对外直接投资政策经历了由限制到鼓励的巨大转变。2000 年以前，我国对外直接投资政策以限制对外直接投资为主；2000 年以后，国家开始提出和实施"走出去"战略，逐步取消对外直接投资的审批限制，积极鼓励对外直接投资。

（一）对外直接投资总体战略的演变进程

国务院 1979 年颁布 15 项经济改革措施时，首次允许出国创办企业，对外直接投资有了政策保障。国家计划委员会于 1991 年向国务院报送的《关于加强海外投资项目管理的意见》提出，我国还不具备大规模到海外投资的条件。该意见成为当时我国对外投资的指导思想，限制对外投资也成为当时我国对外直接投资的主基调。国家计划委员于 1991 年 8 月发布的《关于编制、审批境外投资项目的项目建议书和可

行性研究报告的规定》提出，允许我国的企业、公司或其他经济组织以投资、购买股票等方式到港澳地区和苏联、东欧各国，举办或参与举办非贸易性项目，不允许我国企业到其他国家和地区开展境外投资。

随着我国综合经济实力的逐渐提升和改革开放的不断深入，限制对外投资的政策发生转变，开始鼓励对外投资。原对外贸易经济合作部1997年5月发布的《关于设立境外贸易公司和贸易代表处的暂行规定》规定，我国企业可以在除港澳台之外的境外地区设立贸易公司。党的十五大提出，为更好地利用国内国外两个市场、两种资源，鼓励能够发挥我国比较优势的对外投资。国务院办公厅1999年2月转发了国家经贸委、财政部、外经贸部《关于鼓励企业开展境外带料加工装配业务的意见》，提出支持我国企业以境外加工贸易方式"走出去"。全国人大九届三次会议正式提出实施"走出去"战略，同年召开的党的十五届五中全会把"走出去"作为四大新战略：西部大开发战略、城镇化战略、人才战略和"走出去"战略之一。商务部于2004年10月公布的《关于境外投资开办企业核准事项的规定》提出，支持和鼓励有比较优势的各种所有制企业赴境外投资开办企业。2007年，党的十七大报告提出把"引进来"和"走出去"更好的结合起来，标志着我国对外直接投资进入新阶段。2012年，党的十八大提出，加快走出去步伐，增强企业国际化经营能力，培育一批世界水平的跨国公司。2013年，我国提出的"一带一路"倡议为"走出去"提供了战略支撑，将为对外直接投资开辟广阔的天地；党的十八届三中全会提出，适应经济全球化新形势，必须推动对内对外开放相互促进、引进来和走出去更好结合，加快培育参与和引领国际经济合作竞争新优势。2015年，《中共中央国务院关于构建开放型经济新体制的若干意见》提出，确立并实施新时期走出去国家战略，建立促进走出去战略的新体制，确立企业和个人对外投资主体地位，努力提高对外投资质量和效率；党的十八届五中全会提出，支持企业扩大对外投资，推动装备、技术、标准、服务走出去，深度融入全球产业链、价值链、物流链，建设一批大宗商品境外生产基地，培育一批跨国企业。2016年，国家"十三五"规划纲要强调，必须顺应我国经济深度融入世界经济的趋势，坚持引进来和走出去并重，发展更高层次的开放型经济，积极参与全球经济治理和公共产品供给。"走出去"战略的提出和实施使中国企业对外投资实现了跨越式发展。对外直接投资总体战略的转变显示出，未来实施"走出去"战略将在加强服务的基础上，进一步放松投资管制和鼓励对外投资。随着对外投资政策的不断放宽和日益优化，中国企业"走出去"将进入快速发展的新时期。

专栏12.1　《中共中央国务院关于构建开放型经济新体制的若干意见》提出建立促进走出去战略的新体制

实施走出去国家战略，加强统筹谋划和指导。确立企业和个人对外投资主体地位，努力提高对外投资质量和效率，促进基础设施互联互通，推动优势产业走出去，开展先进技术合作，增强我国企业国际化经营能力，避免恶性竞争，维护境外投资权益。一是确立并实施新时期走出去国家战略。二是推进境外投资便利化。三是创新对外投资合作方式。四是健全走出去服务保障体系。五是引进来和走出去有机结合。

（二）对外直接投资管理体制的演变进程

我国对外直接投资管理体制大致经历了审批制、核准制、备案制三次变革，目前我国在对外直接投资领域已经采用国际最先进的负面清单管理模式。

20世纪90年代到21世纪初，我国对外直接投资采取的是严格审批制。1991年3月，国家计划委员会在《关于加强海外投资项目管理的意见》中规定：中方投资额在3000万美元以上（含3000万美元）项目的项目建议书和可行性研究报告由国家计委会同有关部门初审后报国务院审批。1997年5月，对外贸易经济合作部发布的《关于设立境外贸易公司和贸易代表处的暂行规定》规定：凡申请在未建交国家和敏感、热点国家或地区设立贸易公司的，一律由企业所在省、自治区、直辖市及计划单列市外经贸主管部门或其主管部委转报外经贸部审批。

从 2003 年开始，我国对外直接投资管理体制逐渐由审批制向核准制、备案制转变。2003 年，商务部发布的《关于做好境外投资审批试点工作有关问题的通知》提出开展下放境外投资审批权限、简化审批手续的改革试点，率先在北京等 12 个省市试点，地方的审批权限由 100 万美元提高到 300 万美元。2004 年 7 月，国务院公布的《国务院关于投资体制改革的决定》明确，对境外投资管理由审批制向核准制转变，并明确国家发展改革委负责核准境外投资项目，商务部负责核准境外开办企业。2004 年 10 月，国家发展改革委发布的《境外投资项目核准暂行管理办法》进一步下放了境外审批权限，中方投资额在 2 亿美元以上的资源开发类项目及 5000 万美元以上的其他大额用汇项目，由国家发展改革委审核后报国务院核准。2009 年 3 月，商务部发布的《境外投资管理办法》提出，继续推进和完善对外投资便利化，下放 1 亿美元以下的境外投资的核准权限，由省级商务部门负责核准。国务院于 2013 年公布的《政府核准的投资项目目录》下放了 10 亿美元以下境外投资的审批权限，只要不涉及敏感领域和地区，无论国企还是民企，将不再需要报送发改委各级部门核准，只需要提交表格备案即可。国家发展改革委于 2014 年 4 月发布的《境外投资项目核准和备案管理办法》提出：国家根据不同情况对境外投资项目分别实行核准和备案管理。商务部 2014 年 9 月颁布的新修订的《境外投资管理办法》强调，加大简政放权力度，取消对特定金额以上境外投资、在境外设立特殊目的公司实行核准的要求，确立"备案为主，核准为辅"的管理模式。国务院 2015 年 5 月出台的《中共中央国务院关于构建开放型经济新体制的若干意见》提出：研究制定境外投资法规，加快建立合格境内个人投资者制度，放宽境外投资限制，简化境外投资管理，除少数有特殊规定外，境外投资项目一律实行备案制，推进境外投资便利化。国家 2016 年 3 月发布的"十三五"规划纲要强调，将通过主动实施负面清单制度，逐步放宽境外投资管制，进一步释放国内企业跨境投资的需求，示范和带动其他国家降低对外投资管制，为中国对外投资发展开拓市场空间；除此之外，进一步放宽境外投资汇兑限制，放松对企业和个人的外汇管理要求，放宽跨国公司资金境外运作限制，改进并逐步取消境内外投资额度限制，为企业对外投资提供便利。

同时，国家对境外投资的外汇管制渐趋宽松。改革开放前期，由于国家外汇短缺，我国一直实行严格管控的外汇管理制度。1989 年公布的《境外投资外汇管理办法》和 1990 年制定的《境外投资外汇管理办法细则》规定，外汇管理部门负责审查境外投资外汇风险和外汇资金来源，要求企业提交外汇资金来源证明。随着改革开放的深入和经济高速发展，我国外汇储备大幅增加，国家逐渐放宽了境外投资企业用汇管制措施。国家外汇管理局于 2002 年 10 月启动了外汇管理改革试点，放松了 300 万美元以下的外汇审批权限，允许境外企业保留利润，不需要再汇回国内。2003 年，国家外汇管理局取消了两项行政审批制度：一是境外投资外汇风险审查制度，二是境外投资汇回利润保证金制度，还将已经收取的保证金退还给了相应的投资主体，同时放宽了企业购汇对外投资的限制，并简化了境外投资外汇管理的相关审批手续，将 22 个试点省市企业向境外汇出项目前期资金的审批管理制度改为核准制。国家外汇管理局 2005 年 5 月发布的《关于扩大境外投资外汇管理改革试点有关问题的通知》明确，将境外投资外汇管理改革试点扩大到全国，将地方的外汇审批权限从 300 万美元提高到 1000 万美元，将境外投资外汇购汇额度从 33 亿美元提升到 50 亿美元。国家外汇管理局 2005 年 8 月发布的《关于调整境内银行为境外投资企业提供融资性对外担保管理方式的通知》，取消对境外投资企业融资性对外担保的逐笔审批制度，改为余额控制，方便了企业对外投资。中国人民银行 2008 年 3 月发布的《2007 年国际金融市场报告》指出，近期我国境外投资外汇资金来源审查和资金汇出核准将被取消，积极支持企业"走出去"。国务院 2008 年 8 月通过的《中华人民共和国外汇管理条例》明确，外汇管理制度将由强制结售汇转为自愿结售汇。国家外汇管理局 2014 年 4 月发布的《跨国公司外汇资金集中运营管理规定（试行）》允许上一年度外汇收支规模超过 1 亿美元的国内和跨国企业更自由地进行资金转移。

(三) 对外直接投资鼓励政策的演变进程

我国对外直接投资鼓励政策经历了两个阶段:第一阶段是1998—2005年,鼓励政策以资金支持为主。第二阶段是2006年至今,鼓励政策以系统性支持为主。

以资金支持为主的鼓励政策主要包括以下五个方面。一是国家开发银行自1998年以来,与国内外的金融机构合资设立了中国—东盟中小企业投资基金、中非发展基金中瑞合作基金、中国比利时直接股权投资基金,为中国企业走出去提供金融支持。二是中国政府自2000年以来先后推出了市场开拓专项资金、对外经济技术合作专项资金、矿产资源风险勘查专项资金、走出去专项资金等涉及促进境外投资的政府专项资金。三是我国2001年以国家出口信用保险基金作为资本来源成立了中国出口信用保险公司,具体负责承办政策性出口信用保险业务。四是国家发展改革委和中国进出口银行等机构于2004年10月颁布的《关于对国家鼓励的境外投资重点项目给予信贷支持的通知》规定,每年都安排"境外投资专项贷款",符合条件的企业可享受出口信贷优惠利率。五是商务部和中国出口信用保险公司2005年8月发布的《关于实行出口信用保险专项优惠措施支持个体私营等非公有制企业开拓国际市场的通知》提出,推动非公有制企业积极开拓国际市场。总之,在扩大对外投资方面,政策性金融机构发挥了较大的作用,但是这些政策性金融机构倾向于支持大企业,对中小企业的支持明显不够。

以系统性支持为主的鼓励政策主要包括以下四个方面:一是国家发展改革委2006年7月发布的《境外投资产业指导政策》和《境外投资产业指导目录》明确规定了境外投资的鼓励类项目和禁止类项目,对鼓励类项目给予更大的政策支持,主要体现在财政支持、税收优惠、外汇支持、海关便利、信息提供等方面;二是商务部、财政部、中国人民银行和全国工商联于2007年发布的《关于鼓励和引导非公有制企业对外投资合作的若干意见》规定,对于符合条件的非公有制企业可申请享受中小企业国际市场开拓资金、境外加工贸易贷款贴息资金、对外承包工程保函风险专项资金、对外承包工程项目贷款财政贴息资金、援外合资合作项目基金和对外经济技术合作专项资金的金融支持；三是相关政府部门提供了一系列对外直接投资公共服务，发布了《国别贸易投资环境报告》《对外投资合作国别指南》《对外投资国别产业导向目录》和《对外承包工程国别产业导向目录》，委托大专院校和科研机构培训跨国经营管理人才，进一步完善境外纠纷和突发事件处理的相关办法；四是国家为企业对外投资提供了稳定、透明、可预期的投资环境。截至2016年1月6日，我国已经与东盟、澳大利亚、巴基斯坦、秘鲁、冰岛、哥斯达黎加、韩国、瑞士、新加坡、新西兰、智利签署并实施11个自贸协定，一共涉及19个国家和地区，还签署并实施内地与香港《更紧密经贸关系安排》、内地与澳门的《更紧密经贸关系安排》，以及签署并实施大陆与台湾的《海峡两岸经济合作框架协议》。截至2016年3月17日，我国已与130多个国家和地区签订了投资协定。

二、我国对外直接投资政策存在的主要问题

（一）缺乏统一的对外投资法

随着经济全球化的日益深入，我国企业国际化进程不断加快，一些政策已不适应我国对外直接投资快速发展的需要，还有一些政策需要进一步完善以更好地推动中国企业开展对外直接投资。同时，我国对外直接投资还处于初级阶段，管理经验比较缺乏，还没有一部由全国人民代表大会制定的全面、系统、规范的对外投资法，现有的规定仍然以多个部门的规章为主，政出多门、多头管理、职能交叉，缺乏足够的稳定性和权威性，大大降低了我国企业对外直接投资的效率。

（二）多头管理问题突出

多头管理是我国对外直接投资管理体制中比较突出的问题。国家拨款的境外资源开发类和大额用汇投资项目由国家发展改革委负责安排。拟定境外投资管理办法和政策，以及起草对外直接投资管理的法律法规和规章由商务部负责，同时商务部还负责归口管理对外直接投资，依法核准和监督管理非金融类国内企业对外投资开办企业。作为对外直接投

资的协助管理部门，国家外汇管理局和中国人民银行主要负责与对外投资有关的外汇汇出汇入事务。对外直接投资的其他有关主管部门负责根据本行业的总体优势和行业特点，确定本行业对外投资的重点方向和领域。各地方政府作为对外投资的政府主管机构负责根据本地区的比较优势和具体特点，确定本地区对外投资的重点方向和领域。同时，商务部的驻外使领馆商务处还负责对中方在其所在国开办的企业进行监督管理。这种多头管理体制造成部分职能交叉较多，管理内容出现较多重叠，各部门都从本部门的管理权限和部门利益出发，制定对外投资的相应管理办法，相互间缺乏统筹协调和相互沟通，导致管理低效、管理成本偏高。

（三）后续监管相对薄弱

我国对外直接投资管理体制一直存在"重审批、轻监管"的问题，直接后果是对外直接投资的监管基本上处于真空状态，导致一部分国有资产流失、一些企业在境外非法经营、部分资本外逃和投资移民。尽管商务部对境外投资开展了统计、年检和绩效评价等基础性监管工作，但由于少数投资主体不重视，导致这些工作落实不到位，一些对外投资企业没有参加统计和联合年检；同时，还存在一部分没有经过备案而私自进行对外投资的企业，导致我国对外投资统计的准确性较低。此外，商务部驻外使领馆商务处人员经费不足、监管手段缺乏，一线监管职能不能充分发挥。财政部对境外国有资产的监管政策和措施可操作性较差，监督管理工作还有较大的提升空间。

（四）政策的针对性和有效性不强

当前，我国对外直接投资原则性政策较多，以营造良好的对外投资环境氛围为主，实质性、针对性的支持政策还不多。一方面，金融政策的支持力度较小，中小企业不易获得。在金融支持方面，中国进出口银行根据国家境外投资发展规划，对于能缓解国内资源不足的境外资源开发类项目和能充分利用国外先进技术和管理经验的境外研发中心项目，在每年的出口信贷计划中安排一定数量的信贷资金予以支持。但由于出口信贷规模不大，海外投资专项贷款数量有限，同时需要按照《国务

院关于投资体制改革的决定》《境外投资项目核准暂行管理办法》的有
关规定申请使用海外投资专项贷款，并由中国进出口银行按照独立审贷
的原则对项目贷款进行可行性审查，审批手续相对繁琐，耗费的时间比
较长，成功申请项目的成本比较高。另一方面，财税政策的支持方式单
一。目前，我国没有出台专门的对外直接投资财税支持政策，一部分财
税政策出现在全国性的法律法规中，一部分财税政策出现在某些部门规
章中，还没有形成一个体系，进而导致对外直接投资的产业导向不清
晰、重点地区不明确，与其他的对外投资政策缺乏衔接和协调。同时，
我国对外直接投资财税支持政策以直接鼓励措施为主，比较注重运用税
收抵免、税收饶让等政策，很少使用加速折旧、延期纳税和提取亏损准
备金等间接鼓励措施。由于支持政策的针对性和有效性不强，很难促进
投资规模大、见效时间长的对外直接投资项目。在现有的直接鼓励措施
中对税收直接抵免使用的比较多，很少使用国际通行的税收间接抵免的
方法。随着我国对外直接投资方式日益多样化，可能会造成海外企业在
税收交纳和抵免时遇到各种各样的问题。

（五）双边多边投资保护机制不健全

目前，我国已同130多个国家和地区签署了双边投资促进和保护协
定，但在我国境外投资目的国中仍有约30%的国家与地区尚未与我国
签署双边投资促进和保护协定。而在已签署双边投资促进和保护协定
中，多数都是与发达国家和新兴市场国家签订的，主要目的是吸引这些
国家来华投资，而没有把保护我国对外直接投资等相关内容纳入双边投
资促进和保护协定中。由于对对外直接投资保护的忽视，导致双边投资
促进和保护协定成为主要以我国政府单方面承诺对外开放为主，即便我
国与其他国家签署的双边投资促进和保护协定设有相互保障投资安全的
相关条款，但由于我国缺失海外投资保险制度，这些协定仍难以发挥实
际效果。同时，由于国内没有健全的投资保险制度，导致我国不重视对
多边投资保险机制的保护作用。虽然我国是《多边投资担保机构公约》
（MIGA）的创始会员国和主要出资国，但由于我国对海外企业宣传得
不够，导致海外企业很少使用多边投资保险机制，对 MIGA 给予主要投

向发展中国家的海外投资非商业性风险担保机制利用的不多，海外企业使用 MIGA 提供的争端解决机制的就更少了。

（六）公共服务支持政策有待提升

目前，我国驻外使领馆拥有大量所在国的经济信息，这些有价值的经济信息都是直接报送其上级主管部门，然后再在各部门之间流转，是一条单向、封闭的信息流通通道，使得已经或将要进行境外投资的企业难以获取和利用这些信息。同时，我国对外直接投资的信息服务水平较低，基本上没有建立对外直接投资企业数据库，很少搜集有关国家特定行业和特定项目的相关信息，无法为对外投资企业提供有价值的信息。专门为对外投资企业提供信息服务的特定机构还不多，搜集的信息相对零散，没有进行深度整理和加工，很多信息的价值得不到充分发掘。此外，我国为企业提供的对外投资可行性研究、项目申请支持等辅助服务也很少，使我国企业在对外投资时面临信息缺乏的窘境。

（七）部分对外投资企业造成负面影响

当前我国对外直接投资还处于初级阶段，部分对外直接投资企业直接将国内原有的管理模式复制境外，导致工人劳动时间过长、工资待遇过低、工作条件恶劣等问题，致使劳资关系紧张，给企业经营带来不利影响。一些中国企业无视东道国的法律，不签雇佣合同，不交各种保险，节假日强迫员工上班，随意解雇劳工，往往与当地雇员发生冲突。2011 年 7 月，南非纺织业协会向当地劳工法庭投诉，一些外商投资企业违反工人最低薪资规定，给予工人的工资过低，劳工法庭据此对很多华人企业开具了巨额罚单。同时，部分对外直接投资企业不重视环保问题，对生态环境破坏较大。2009 年，中国电力投资集团在缅甸伊洛瓦底江上兴建密松水电站过程中，不重视生态环保问题，致使伊洛瓦底江断流，下游的生态环境被严重破坏，迫于缅甸国内民众巨大的舆论压力，缅甸总统吴登盛下令暂停密松水电站的建设。此外，部分对外直接投资企业信用缺失，造成较大负面影响。2009 年，美国证券监管机构对 100 多家涉嫌财务欺诈的在美上市中国公司进行调查，根据核实的调查结果给予这些企业退市惩罚。中国企业在海外的不良行为，无论是忽视劳工权利，还是不重视甚至破坏生态环境，以及缺乏诚信，都给中国对外直接投资带来了负面影响，导致部分国家批评甚至抵制中国的投资。

三、完善我国对外直接投资政策的对策建议

（一）加快制定并实施《对外投资法》

为增强对外投资政策的权威性和稳定性，我国应尽快出台《对外投资法》，更高效地促进对外投资。《对外投资法》可从鼓励促进、宏观监管、监测预警、金融支持、财税保障、公共服务等方面进行设计，提升对外投资政策的系统性和可预期性，为企业开展对外投资提供制度保障。

（二）设立统一独立的对外直接投资管理机构

对外直接投资对于促进我国经济转型发展意义重大，我国应尽快设立一个统一独立的对外直接投资管理机构。可考虑设立国家对外投资委员会，负责制定国家对外投资总体战略、方针、政策，统一领导、管理、协调对外投资活动，并结合我国的产业政策、企业的比较优势和不同国家的市场特点，对投资的产业和地区进行协调指导。同时，国家对外投资委员会还可以负责监督管理国内企业的对外直接投资活动，统筹协调国家发展改革委、商务部、财政部、外汇管理局、人民银行等部门联合进行监督管理，并指导国内银行的境外分支机构和驻外使领馆对对外直接投资进行一线管理，提升监管水平。

（三）完善对外直接投资监管体系

对于国有企业国资委应担负起对外投资出资人的责任，加强对开展境外投资国内母公司的管理，确保国有资产保值增值；财政部门应修订有关的企业财务管理制度，规范境外企业的财务工作。对于私营企业，工商、税务和金融等主管部门应该联合对外投资主体所在地的工商、税务和金融部门实行全程监管，防止资本转移和投资移民。同时，应加强对境外投资企业的统计和年审工作，增强境外投资企业相关数据的可信

性和全面性。充分发挥驻外使领馆的作用，加强对所在国中国投资企业的现场监督管理，特别是加强对投资金额较大的企业和项目的监管。加快完善法律、经济和行政处罚措施，增强我国对外直接投资监管措施的有效性、针对性和可操作性。另外，应在对外投资产业指导目录的基础上，结合项目金额和企业的所有制性质采取不同的审批方式，对外投资监管对象主要以国有企业为主，进一步放开对私营企业的对外投资的限制。对于需要核准的对外直接投资项目，国家应进一步简化审批程序，减少审批内容，提高审批效率，对外公布审批的内容、程序、标准。

（四）给予对外直接投资更多的实质性支持

在对外直接投资金融支持政策方面，应扩充政策性金融机构的资本金，推动这些金融机构向对外直接投资企业发放更多的优惠贷款、扩大企业贷款贴息的覆盖面；允许国内金融机构的境外分支机构向我国境外企业直接发放贷款；鼓励银行和企业合作，重点支持大型对外直接投资项目。在对外直接投资财税政策支持方面，尽快设立对外直接投资发展基金、海外产业投资基金、中小企业海外投资基金，支持企业走出去；完善现有的税收抵免制度，更多使用税收间接抵免的操作方法，在我国的税法中引入加速折旧、延期纳税、设立亏损准备金等间接鼓励措施。在对外直接投资便利化方面，研究启动合格境内个人投资者境外投资试点。

（五）制定更加可行的对外直接投资产业指导政策

随着越来越多的中国企业开始在全球范围内构建自己主导的产业链和价值链，可借鉴日本、韩国支持本国企业开展对外投资的经验，制定更加可行的对外直接投资产业指导政策，鼓励企业围绕重点产业抱团"走出去"，逐渐做大做强。对国家重点鼓励投资的产业领域给予对外投资企业所得税优惠。针对境外投资企业的政策性优惠贷款不能只针对境外资源开发项目，可适当扩大支持范围，重点支持对国内产业结构调整升级有带动作用的服务业投资，支持有利于转移我国过剩产能的生产加工项目，支持能利用国外先进技术和人力资源的境外高新技术企业。促进引进外资与对外投资更好的结合起来，推动国际产能合作。

（六）实施全国统一的公共信息服务政策

主管对外直接投资工作的政府部门应整合地方政府提供的公共信息服务，依照行业类别建立专门的对外直接投资公共信息平台，发布东道国投资环境、企业商机等相关信息，为企业提供全面的公共信息服务。定期发布国别投资环境报告，尽可能提供有关国家的政治、经济、法律和政策等信息。建立对外直接投资国别地区项目库和境外投资企业信息库，为企业寻找合作伙伴和投资机会提供信息服务。推动驻外使领馆和商协会加强合作，组建互联互通的信息网络，整理和提炼各国的投资信息，提升信息的时效性和准确性。

（七）完善对外投资双边多边保障体系

目前，国际上还没有形成一套关于国际投资的系统性规则，我国政府应当积极参与国际投资规则的双多边协商和规则制定，通过与新兴大国的协调配合，为我国对外直接投资长期发展创造良好的国际环境。与经贸往来密切的国家和地区加快商签投资协定，为企业对外投资提供权益保障、投资促进、风险预警等多种保障。对于已经签订的投资协定和自贸协定，增加对我国对外投资企业加强保护的相关内容，力争让我国企业与东道国企业享有同等待遇，对于战争、暴乱、政变等突发事件造成的损失给予一定的赔偿，并保障资本金和利润的自由汇出。认真研究国际投资规则变化的新趋势，做好推动走出去与防范风险两手准备，选择优先推动区域和双边投资协定、兼顾多边投资协定谈判的策略，加快推进中美双边投资协定、中欧双边投资协定谈判。与发展中国家分享我国"引进来"的成功经验，推动有关国家营造良好的投资环境。

参考文献

［1］崔凡，赵忠秀．当前国际投资体制的新特点与中国的战略［J］．国际经济评论，2013（2）．

［2］桑百川，靳朝晖．国际投资规则新发展及对中国的影响［J］．山西大学学报，2012（3）．

［3］王金波．国际贸易投资规则发展趋势与中国的应对［J］．国际问题研究，2014（2）．

［4］张琦. 我国个人境外直接投资政策及路径选择研究［J］. 金融发展，2014（2）.

［5］中共中央，国务院. 关于构建开放型经济新体制的若干意见. 新华网，2015年9月17日.

［6］朱颖，罗英. 美国式国际投资规则的影响及我国的应对［J］. 经济纵横，2015（9）.

（执笔人：李锋）

附录一：调研报告：积极推动民营企业对外直接投资的政策建议

——对浙江省杭州、温州民营企业对外直接投资情况的调研

我国企业对外直接投资已经由国企主导向国企、民企双轮驱动转变。"十三五"时期既是我国对外直接投资的加速期，也是实现以"一带一路"战略为统领的产业链全球化布局的关键时期，大力推动民营企业对外投资具有重要战略意义。民营企业在对外投资中拥有诸多国有企业不可替代的优势，尤其体现在对高新技术、能源资源、军工等敏感行业投资以及实施重大项目海外并购上。同时有利于防止国企对外投资中的贪污腐败、资金外逃、国有资产海外流失等投资风险。但目前对于民营企业对外投资还存在着认识误区、政策歧视和体制机制障碍，需要尽快加以解决。针对这些问题，课题组于 2016 年 5 月 8 日至 14 日赴浙江省杭州市、温州市调研，座谈并走访了当地民营企业代表及相关部门和机构。

一、浙江省民营企业对外直接投资快速发展

（一）对外投资规模实力壮大

自改革开放以来，随着浙江民营经济的高速发展，对外直接投资的总体规模逐年扩大。浙江省对外投资绝大多数是民营企业，"浙商"已

成为我国民企"走出去"的重要标志。近年来，浙江民营企业对外投资规模壮大、实力增强、国际化程度显著提高、投资区域广泛，投资产业不仅涵盖进出口贸易、服装、轻工、餐饮等传统领域，尤其是高技术、新能源、军工等战略性新兴产业发展迅速，在国家实施"走出去"战略和"一带一路"建设中发挥了积极作用。根据《中国对外直接投资统计公报》数据，浙江省对外直接投资占全国对外投资总额从 2005年的 1.29% 上升至 2014 年的 3.6%（表 1）。根据浙江省商务厅数据，2015 年全省对外实际投资金额约 55 亿美元，同比增长约 55% 左右，约占全国总量的 4.6%，主要涉及制造业、采矿业、批发和零售业等行业；截至 2016 年 6 月底，全省经审批核准或备案的境外企业和机构共计 8254 家，对外直接投资覆盖 142 个国家和地区，全省对外投资前五位的国家和地区是香港、美国、印度尼西亚、瑞典和德国。

表 1　2005—2014 年浙江省对外直接投资情况　（单位：亿美元）

年份	浙江省对外直接投资额	全国对外直接投资总额	浙江省在全国占比
2005	1.58	122.6	1.29%
2010	26.79	601.8	4.45%
2011	18.53	685.8	2.70%
2012	23.60	777.3	3.04%
2013	25.53	927.4	2.75%
2014	38.62	1072.0	3.60%

注：作者根据历年《中国对外直接投资统计公报》整理而得，其中各年度报告中没有 2006—2009 年浙江省对外直接投资流量数据；各年份为非金融类对外直接投资数据。

（二）涌现出一批优秀跨国企业

"走出去"一直是浙江民营经济的一大特色。从产品走出去到企业走出去，从尝试性、探索性到规模化走出去，浙江民营企业已经实现了从"小作坊到跨国企业"的转变。近年来，浙江民企海外投资实力和国际化水平显著增强。涌现出吉利、万向、华立、恒逸石化、正泰、海康威视等一批优秀跨国企业，尤其是高技术、新能源、电力、军工等战略性新兴产业海外投资快速发展。吉利集团 18 亿美元收购沃尔沃，2012 年进入世界 500 强企业，是唯一入围的中国民营汽车企业；万向集团经过 20 年的海外发展，目前已在美国 14 个州设立或收购 28 家企业，年产值 20 多亿美元，员工 5000 多人，并于 2011 年在杭州投资 1.2 亿美元成立万向意能电力公司将美国先进电池技术引入国内；华立集团在全球 30 多个国家和地区设有分公司和办事处，涉及工业地产、大宗资源产品贸易、制造（原料）基地及海外电力工程 EPC 总承包等众多领域；恒逸石化有限公司在文莱投资建设年加工 800 万吨原油的石化项目总投资 43.2 亿美元，是文莱建国以来最大的投资项目，打通企业石化、化工产业链，有效解决国内化工原料和资源不足问题；正泰太阳能科技有限公司通过收购、自建，在美国、德国等国家设立了 8 家子公司，在 8 个国家持有海外电站 18 个，积极进行全球布局，有效规避了欧美"双反"的狙击；杭州海康威视数字技术有限公司已成立 21 家海外子公司，覆盖欧、亚、北美、非洲及大洋洲，建立了全球销售网络体系，海外市场覆盖 156 个国家和地区；青山控股集团在印尼投资 18 亿美元建设镍铁冶炼项目，初步实现企业生产要素的全球配置，有效破除欧美对中国不锈钢初级产品的贸易壁垒；瑞立集团通过买壳在美国纳斯达克的 OTCBB（柜台交易市场）上市。

（三）大规模并购、先进技术型并购实力增强

2008 年金融危机和 2009 年欧债危机爆发，欧美经济增速低迷，一些世界知名企业由于陷入困境亟待出售，为我国企业实施海外并购，获取先进技术、知名品牌、行业领军人才等优质资产，加快实现自主创新、自主品牌提供了难得机遇。2007 年之前浙江企业的海外并购每年都在 20 单以内，2008 年开始加快发展，2015 年达到 135 件，海外并购数量居全国第一，并购领域主要集中在汽车、机电、装备制造、化纤纺织、医药等制造业领域，商务服务业、零售业、娱乐业等领域项目不断增多，大型项目多为本行业领域的高端并购，并购地区从主要集中在美国、德国、日本、意大利、以色列等发达国家和地区，逐渐向印尼、印度等"一带一路"沿线国家延伸。① 企业通过国际并购不仅规模扩大，

---

① 陈佳莹：海外并购涌起"浙江潮"，《浙江日报》2016 年 5 月 24 日。

而且获得核心关键技术、品牌，实现了产品结构升级和国际化发展。吉利 2010 年并购沃尔沃，获得沃尔沃轿车公司 100% 股权以及相关资产（包括知识产权），包括 9 个系列产品、3 个最新平台、2000 多个全球网络，2013 年吉利—沃尔沃联合研发中心在瑞典哥德堡开始试运营。2010—2015 年万向集团在美国加快了技术型并购步伐，先后成功收购汽车电池生产商 ENER1、A123 电池系统公司、电动汽车生产商菲斯克公司，实现技术合作，提高产品美国市场占有率，并整合 A123 先进电池技术和菲斯克的先进汽车整车技术。此外，富通集团通过并购日本昭和电线、吉利集团并购沃尔沃公司都成功实现国产化。尤其值得关注的是对欧美国家军工企业实施并购。日发集团并购了先进机床行业优秀企业 MCM 公司，其产品广泛应用于航空、兵器、汽车、能源等领域，2011—2013 年航空业的销售占比分别为 45%、50% 和 53%，中航工业集团曾对该公司试图并购，由于其国有军工集团的敏感性未获成功。日发集团成功进入这一敏感领域，既为国家军工产业获取了先进产能，又为自己从纺织机械向精密机械的转型打下坚实基础。江银实业有限公司以 1700 万欧元与法国泰乐玛公司达成收购协议，获得了泰乐玛公司的动产、不动产、全部技术专利、自主知识产权、品牌和销售网络，从而跃上国际缓速器产品技术的最先进水平。

（四）境外工业园区快速发展

自 2006 年以来，我国境外产业园区建设稳步推进，成为推动"走出去"向纵深发展的重要平台。目前浙江境外经贸合作区共 6 家，其中泰国罗勇工业区、俄罗斯乌苏里斯克合作区、越南中国龙江经济贸易合作区 3 家为国家级境外经贸合作区，乌兹别克斯坦鹏盛工业园、越美尼日利亚纺织工业园、塞尔维亚贝尔麦克商贸物流园区 3 家为省级境外经贸合作区。其中，华立集团与 Amata（安美德）集团合作开发的泰中罗勇工业区是国家首批"境外经济贸易合作区"之一，目前已有超过 60 家企业入驻园区。这些园区成为集聚国内企业的重要载体，在帮助企业解决投资中的困难和争端中发挥了重要作用。一方面提供了稳固可靠的海外发展基地，有利于形成融入当地市场的产业链和产业集群，降低企业海外投资经营成本；另一方面也改变了企业各自为战的松散局面，实现抱团出海，加强了我国企业对当地政府、社会的整体影响力，提升话语权，形成"避风港"，有助于企业发挥投资规模效应效益，实现互补协同、共同抵御风险，并争取所在国的优惠政策。

二、民营企业对外投资的主要问题

据调研企业反映，目前企业在对外投资中面临以下主要问题。

（一）企业在对外投资面临的国际政治、经济风险因素加大

金融危机以来，由于全球政治、经济、外交形势变幻动荡，导致企业对外投资面临的风险和不确定性大大增加。企业在向"一带一路"沿线发展中国家投资时，通常面临东道国政局不稳、汇率大幅波动、重大突发事件干扰增多，法制环境和市场环境差等问题；在向欧美发达国家投资时，则通常面临保护主义严重等问题，这些都使企业面临更大的困难和挑战。2014 年泰国政变对罗勇工业园区招商造成影响，部分赴泰投资企业推迟甚至取消了投资计划；越南龙江工业园因 2015 年越南发生针对中资企业暴力事件，招商工作也受一定程度影响；乌苏里斯克经贸合作区企业受卢布贬值冲击经营困难，导致部分入驻企业离开合作区。企业反映，越南、柬埔寨、缅甸等国家市场环境差、政府贪污腐化、政局动荡及反华势力较强等因素，加大了投资风险和投资成本。由于国际经济波动使汇率风险成为企业对外投资的重要风险。部分国家货币如俄罗斯卢布、巴西雷亚尔、墨西哥披索等都出现了断崖式下跌，但中信担保公司的现有保险并不涵盖汇率保险，导致企业因此遭受巨大损失。

（二）企业在与东道国沟通协调中政府支持力度不够

调研企业反映，由于民营企业在与东道国政府沟通时身份地位上不平等，我国外交使馆又缺乏政府层面的有力支持，导致项目谈判经常受挫、推进实施困难重重。如，恒逸集团在文莱投资的石化项目，与当地政府沟通时被长时期拖延、搁置，导致项目进展缓慢；华立集团在墨西

哥建立工业园时，当地要求企业自行解决园区的配套基础设施包括公路、水电气等，由于我国政府支持力度弱，无法与当地政府形成有效沟通；瑞安杰禾贸易有限公司在尼日利亚投资时，遇到困难寻求当地使馆帮助却无人接待等等。

（三）企业在对外投资及并购中存在融资难、资质"玻璃门"等政策歧视

调研企业反映，由于政策性银行融资门槛过高、商业银行融资产品缺乏，融资贷款主要向国企倾斜，导致民营企业对外投资融资困难。尤其体现在"蛇吞象"的重大海外并购项目上，由于民营企业融资渠道狭窄，主要依靠自有资金，且担保体系不健全，境外资产无法抵押，导致并购项目难以实施。如，吉利并购沃尔沃，如果没有大庆、成都、上海等地方政府的股权融资，吉利是无法凭借银行融资完成并购的。三花集团曾有意向收购美国某火箭发动机企业，经过几轮谈判，但最终因贷款融资困难，未能形成收购。一些企业反映，国企投资可以亏掉本金，但民企贷款困难重重，这是不公平的，目前国家在投资审核方面对于民企要求比国企还要严、还要紧，资源主要向国企和央企倾斜，政策红利收益民企享受较少。此外，民企在援外项目资质上还遭遇"玻璃门"问题。随着"一带一路"战略的实施，我国援外项目规模必将扩大。但民营企业由于不具备援外资质而被拒之门外。如浙富水电、大华股份、浙大网新等优秀企业申报援外物资供应商、成套设备供应商资格未获批准。这既有违市场公平原则，又不利于国家援外项目发展。

（四）签证问题成为影响人员往来的重要因素

一是国内人员出境签证手续繁杂、签证名额少、签证困难等因素，造成企业内部人员往来不便，影响投资项目运营。如青山控股在印尼投资镍铁冶炼项目，需要从国内派遣管理技术人员，但由于签证名额较少影响项目进展。二是国外员工入境培训无法签证。由于企业在"一带一路"沿线国家设立生产基地需要对海外员工进行培训，将带来大量的境外人员入境培训项目。但目前只有学生签证和工作签证是中长期签证，而没有设置研修人员签证，导致东道国受训员工无法入境，不仅影响境外企业的人才供给，也制约了我国教育培训服务贸易发展。为此，一些企业只好采取"变通"办法。如锦江集团在印尼投资时计划在国内组织培训印尼员工，由于印尼员工无法获得签证，该企业只能与某大学合作办理学生签证。三是在华外籍员工办理工作签证耗时较长。如华立集团的外籍管理人员在杭州第一次办理工作签证需要半年时间，此后每年都要用 2 个月时间办理签证。

（五）海外投资项目备案程序复杂、周期长而导致商机延误

2014 年，国家相关部门均分别出台了《境外投资项目核准和备案管理办法》《境外投资管理办法》等新规，推进对外投资管理方式改革，实行以备案制为主，大幅下放审批权限。这无疑加速了我国企业进行境外投资与并购的步伐。但调研企业反映，目前企业对外直接投资项目审批制已经改为备案制，然而企业所需要的报送审核材料清单并没有减少，手续复杂、时间长的问题仍未得到根本性的解决。中方投资额 3 亿美元以上的境外投资项目仍需经国家有关部门备案，10 亿美元以上的则需核准。但是海外并购项目时间紧、招标前置条件多、保密性要求高，容易贻误商机。如，万向集团某并购项目，在国家有关部门走完全部手续需花费 3 个月时间，导致项目进度延误。许多并购项目需要在短时间支出保证金并派出专业项目团队，但经常由于手续不完备、购汇、出入境审批不及时等错过良机，挫伤了民营企业"走出去"的积极性。此外，也使得一部分民营企业绕开国家监管体系"曲线救国"，不利于国家对境外投资情况的准确掌握。

三、促进民营企业对外直接投资的政策建议

民营企业已经成为我国企业对外投资的主力军，并在"一带一路"战略布局及敏感性、关键性领域中发挥重要作用。尤其是当前我们面临来自以美国为首的遏制势力日益加大，许多国家对国企身份较为敏感，更应该发挥民营企业的作用。应积极消除各种思想认识误区、政策歧视和体制障碍，为民营企业对外投资创造良好的体制机制环境保障。

（一）放宽民营企业对外投资管制

由于民营企业主要依靠自有资金进行对外投资，因此，国家有关部门应重点加强对国企对外投资的监管审核，对于民企而言，按照"谁投资、谁决策、谁受益、谁承担风险"的原则，只要符合东道国准入条件的都应该给予通过。由企业自主决策、自担风险、自负盈亏，政府重点加强事后监管和服务。国家在投资领域、重大项目、金融支持等政策方面，做到国企与民企一视同仁，平等对待。

（二）简化手续，促进对外投资便利化

一是逐步对民营企业的境外投资项目采取登记制。切实简化对外投资审批和管理，加强对外投资的政策协调机制，提高对外投资效率；研究制定境外投资法，形成良好的政策环境，促进对外投资合作的便利化。二是简化签证手续。对境外投资项目工作人员前往落地签证国家享受绿色通道和直通放行等具体政策，进一步完善境外并购的便利化程序。设立研修人员签证，为入境参加培训人员提供便利。三是建立"非禁即入"的援外准入制度。取消目前的准入审查制度，直接向具备工程承包资质的企业放开成套项目援外资格，向具备进出口经营权企业放开物资供应商资格。

（三）发挥民营企业在"一带一路"战略布局中的优势

"一带一路"沿线国家对装备和基础设施需求强劲，市场潜力巨大。鼓励民营企业紧密结合"一带一路"战略，对重点行业、重点地区进行战略布局，充分利用两个市场、两种资源，提高全球资源配置的能力，增强国际竞争力。加强投资基础设施、海洋、能源资源、高新技术、军工、农业等领域，构建全球产业链。重点推动高技术企业对欧洲地区投资，积极支持民营企业设立或收购海外研发中心。企业普遍反映，相对而言，欧洲国家法制规范、市场环境好、先进技术多，企业投资综合成本较低、风险相对小，不仅可以规避贸易壁垒，而且有利于掌握世界先进技术，获取外溢效应。

（四）加强金融、财税、保险等政策支持

一是加大政策性贷款优惠。加大中国进出口银行、国家开发银行对

民营企业对外投资优惠贷款规模、适度降低门槛，完善对外投资贷款的风险补偿金和贴息制度。二是创新金融产品和模式，发展产业基金、投资基金等解决民营企业对外投资的融资难问题。鼓励有条件的境外投资企业和金融机构共同发起设立民间融资机构和担保机构，解决中小企业的融资问题，探索设立社会资本参与的海外产业投资合作股权投资基金。三是设立海外并购基金。利用中投公司等主权基金设立境外并购基金，主要面向发达国家的医疗器械、航空、机器人、军工、高端装备等先进制造业、高新技术产业等重大优质项目并购。四是在税收方面，对于企业在国外投资形成的利润如继续在国外设立企业可以实行税收抵扣。返程投资实行股权穿透原则，穿透到自然人。五是扩大中国出口信用保险公司对企业对外投资的汇率风险提供保险业务，以对冲因东道国汇率大幅波动企业造成的巨大损失。建立进出口银行、国开行对于政治、战争等不可抗拒的风险实行可转债制度。

（五）完善对外投资公共服务平台和服务网络体系建设

一是加强对外投资大数据建设，为企业提供各类相关资讯、信息服务支持，及时发布国别投资合作指南、投资风险报告等信息。二是大力发展金融保险、法律、财务评估咨询、勘察、技术援助、信息服务、培训、会展、市场推广等服务机构为企业"走出去"提供专业化服务。三是积极发挥工商联、商会、贸促会、行业协会及各类中介服务机构作用。四是加强境外工业园区建设，加强园区基础设施建设，政府可给予一定补贴，充分发挥境外工业园区平台作用，为境外投资企业提供公共服务。充分发挥行业龙头企业的作用，通过集群式投资建立海外生产基地及全球生产体系，推动产业集群式走出去，形成大企业带动小企业投资、上下游联动走出去的规模效应。

（六）发挥驻外使领馆作用，建立健全政府预警援助机制

推动多双边或区域投资保护协定以及避免双重征税条约的商签工作，提供权益保障、投资促进、风险预警等多种服务，保障企业对外投资利益。利用外交渠道为境外投资企业协调东道国关系和事务、提供各类资讯服务、建设网络资源等方面发挥作用，提高海外安全保障能力和水平。增强驻外使领馆的应急处置能力，协调当地商会、侨团等多方力量，完善经贸争端和突发事件处置工作机制，畅通海外维权投诉和救助渠道，切实维护企业合法权益，有效化解风险。引导企业规范投资，遵守所在国法律，尊重当地文化风俗。

（执笔人：李蕊　王晓红）

附录二：中国海外投资案例分析

在过去的一年，中国海外投资热度不断上升。数据显示，2015 年中国在欧洲和美国投资总额达到 400 亿美元。通过收购拥有品牌和技术优势的海外企业，中国企业正在涉足高科技和高端制造业，力图打造全球品牌。我们整理了过去几年里最具有典型意义的海外投资并购案例加以分析，以供后来者借鉴。

一、中海油收购尼克森

2012 年 7 月 23 日，中海油宣布将以 151 亿美元收购尼克森，并承担尼克森共计 43 亿美元的债务。其后历经 7 个月，该收购相继通过加拿大、中国、美国等政府和相关机构的审批。2013 年 2 月 26 日，双方在加拿大卡尔加里市成功交割，为这起轰动全球的并购事件画上了句号。在收购完成 3 年后，中海油尼克森公司面临的内外环境发生重大改变，同时公司资产的整合消化也充满挑战。

（一）项目背景概述

1. 交易参与方介绍

投资方——中国海洋石油总公司（简称"中海油"）是中国国务院国有资产监督管理委员会直属的特大型国有企业，成立于 1982 年，总部设在北京，是中国最大的海上石油及天然气生产商，亦为全球最大的独立油气勘探及生产公司之一。

公司具有油气勘探开发、工程技术与服务、炼化与销售、天然气及

发电、金融服务等五大业务板块。截至 2015 年末，公司资产总额达到
11623.8 亿元，用工规模达到 11.02 万人，油气总产量首次突破 1 亿吨
油当量大关，同时，公司在《财富》杂志"世界 500 强企业"排名中
位列第 72 位。

并购标的——加拿大尼克森公司是加拿大本土第十四大石油公司，
业务范围覆盖全球，同时在多伦多和纽约证券交易所上市，股票代码为
NXY。尼克森公司专注于常规油气、油砂和页岩气的勘探和开发。公司
的探明储量和概算储量分别达到 9 亿桶和 11.22 亿桶，此外，其在加拿
大本土拥有相当于 56 亿桶油当量的油砂资源。

截至被收购前（2011 年末），扣除利息、折旧、税收等费用，公司
的净负债额为利润的 3.5 倍，市值降至股票账面价值的 92%，与三年
前相比缩水近 21 亿美元，创 16 年以来新低，寻求海外收购成为公司摆
脱困境实现转型的突破口。

2. 交易动机

首先，能源股权为稀缺资源，全球石油供应中可进行商业并购的部
分只约占 1/4，股价过高或政治限制导致这部分并购多采取融资入股方
式。能够以相对合理价格整体收购像尼克森这样具有国际影响力的能源
企业的情况并不多见。

其次，尼克森拥有丰富的油气资源储量，业务分布广泛，其北海
油气田的产量直接影响到布伦特原油期货价格，而中海油石油储量
少，储采比低。若收购成功，中海油将获得 20% 的产量增长和约
30% 的储量增长，全球范围内的资源配置更趋均衡，油气定价话语权
提升。

再次，尼克森在深海油气开采、页岩气开采和油砂提炼等技术领域
处于国际领先水平。中国页岩气储量居世界第一位，掌握开采技术对中
海油的长期发展及中国未来的能源安全都有重要的战略意义。

最后，通过尼克森项目，中海油可以将北美、中美、南美多个零散
的能源投资加以整合，利用原有渠道同其他能源公司进一步拓展合作、
发展壮大，提升企业国际形象，创造更多投资机会。

（二）交易过程

1. 前期准备

早在 2005 年，中海油就开始了在加拿大的油砂项目投资，其相继收购了 MEG 能源公司、OPTI 公司，并取得了 NorthernCross（Yukon）有限公司 60% 的权益。值得注意的是，在 2011 年收购了加拿大 OPTI 公司之后，中海油成为尼克森在长湖 SAGD 项目和改质厂的合作伙伴，并着手建立互惠互信的伙伴关系。在发出收购尼克森的邀约之前，中海油在加拿大的投资总额已达 28 亿加元。

2. 交易细节

中海油与尼克森在股票收购的细节、流程等问题上反复商议，并达成了较为统一的收购协议。根据协议，中海油将以 27.50 美元/股的价格以现金收购尼克森所有流通中的普通股和优先股，该收购价相对于尼克森公司 7 月 20 日的收盘价溢价达到 61%，相对于前 20 个交易日加权平均收盘价格溢价幅度高达 66%，交易价格总计为 151 亿美元。

为了完成收购，中海油承诺履行加拿大政府提出的诸多附加条件，这些条件包括但不限于：

确立加拿大卡尔加里市为尼克森的总部所在地，负责在北美和中美洲的业务，管理价值约 80 亿美元的新增资产；

公司将在多伦多证券交易所挂牌上市；

保留现有的位于加拿大本部及美国、英国和其他地区的管理团队和员工，并且保持与各供应商的稳定关系；

支持加拿大阿尔伯塔等大学的油砂项目，并加入致力于减少油砂开采对生态环境影响的加拿大油砂创新联盟（COSIA）；

长期投入大量资金用于开发加拿大的油气资源；

履行企业公民和社会责任，参与更多的社会慈善项目。

3. 审批过程

2012 年 8 月 29 日——中海油向加拿大政府提交关于收购的审批申请。

2012 年 9 月 20 日——尼克森公司召开股东大会，99% 的普通股持有人和87%的优先股持有人，赞成并批准此项协议。同日，加拿大法院批准该协议。

2012年10月11日——加拿大政府决定将审批中海油收购尼克森公司申请期限延长30天，延期至11月10日。

2012年11月2日——加拿大政府决定将审批中海油收购尼克森公司申请再次延长30天，至12月10日。

2012年12月8日——中海油宣布收到加拿大工业部长的通知称，收购尼克森公司的申请已获得部长批准。

2013年1月18日——国家发改委网站披露，已于2012年12月批准中海油整体收购加拿大尼克森公司项目。

2013年2月12日——美国外国投资委员会正式批准中海油对尼克森公司位于美国墨西哥湾资产的收购。

4. 收购完成

2013年2月26日，中海油宣布完成对尼克森的收购，收购对价约151亿美元，并承担后者43亿美元债务。尼克森成为中海油的全资子公司。

（三）并购成功原因分析

中海油历经7个月完成对尼克森的收购，其顺利收购的主要原因有以下几点：

首先，国际能源环境发生变化。随着页岩气革命带来的"能源独立"，美国在能源方面对外依存度不断降低，加拿大出于战略考虑急需开拓新的市场，中国是不二之选；其次，满足了收购方和被收购方的利益。交易为中海油带来了低风险的海外资源储备，促使其产品组合多样化；对于尼克森公司而言，中海油带来了真金白银和有保障的中国市场；再次，收购条件极其优厚。中海油溢价61%收购尼克森，需支付现金对价，承担43亿债务，此外还有极严苛的附加条件。而尼克森是一家非常规油气公司，资源丰富但开发成本高，且近年经营情况并不理想。最后，中海油吸取并购优尼科失败经验。在收购正式宣布之前，中海油对保密工作做得很到位，并对可能出现的政策和法律风险作了细致的评估。

（四）收购成功后的发展状况

中石油收购尼克森只是一个开始，在完成收购程序后，中海油面临的油气价格疲软、建设项目延迟、整合消化困难等一系列问题，在一定意义上比交易本身挑战更大。

油气行业的严峻形势

国内方面，据《2015 年国内外油气行业发展报告》称，受中国经济增速放缓和结构优化的影响，2015 年中国石油供需宽松程度加剧，且未来几年将保持中低速增长。

国际方面，2015 年世界石油供需宽松程度进一步加大，WTI 和布伦特原油期货全年均价分别为 48.76 美元/桶和 53.60 美元/桶，同比分别下降 47.52% 和 46.02%。同时诸如美元加息、欧佩克国家坚持市场份额政策等因素都可能对任何有规模的油价反弹形成压力，国际油价在低位震荡徘徊可能成为"新常态"。

项目延迟、资产存在潜在减值

受严峻的油价形式的影响，中海油在 2015 年努力降低全球资产组合的运营成本。加拿大油砂项目由于耗资巨大，投入回收期长、投资风险高的劣势，成为中海油新的资本策略下深度调整的部分，其主要表现在：1）处于计划、早期阶段的项目被延后；2）对已做了大量投入、比较接近达产的项目，公司期望在控制成本的前提下推进；3）是持续的项目也存在价值压力。

技术、管理层整合消化并不顺利

当初，中海油收购尼克森不仅是为了获取资源还希望获取包括非常规油气勘探开采技术在内的油气开发技术和管理模式，但是技术、管理层的整合并未像预想中的顺利。首先，尼克森首席执行官莱因哈特（Kevin Reinhart）由于"不符合要求"被中海油撤换，而一般认为若 CEO 离职，则核心技术团队能够保留的可能性不高。其次，即使 CEO 不离职，在文化冲突下，核心技术团队也可以出工不出活。最后，想通过收购尼克森来获取新技术的想法本身可能就存在偏误。因为尼克森是资源的所有者，而具体的勘探和开采时由专门的油气服务公司进行，尼克森可能并未在油砂技术等新技术领域拥有自身优势。

利益攸关方的多重压力

在 2012 年初，为了获得加拿大监管批准，中海油在投入收购资本之外，向加拿大政府和油气行业做出了巨大承诺。但是迫于能源行业的普遍低迷，中海油不仅撤换了尼克森 CEO 还裁员约 13%，这引发了加拿大联邦工业部、加拿大媒体、当地社区等诸多利益攸关方的强烈关注和舆论批评。

总之，要真正消化这笔交易带来的益处，中海油还面临着经验管理、团队整合、文化融合等多方面的考验。

（五）并购的启示

从中石油收购尼克森的整个过程，可以看到当前很多出海投资的中国企业在公开竞标中资本实力已呈现明显优势，但是在投后管理和资源整合方面还处于起步阶段，这也是诸多中资企业在海外投资实践中频频受挫的主要原因。

以中海油收购尼克森为参考点，我们得到以下几点经验教训：

1) 收购价格制定要合理，要讲究收购时机。近年来我国央企海外收购的步伐在加大，但是不能为了增加海外收购的成功率而盲目制定不合理的高价格，要从企业的长远发展角度思考问题。在定价时，收购方不能单单通过较高的溢价收购而使企业落入追求协同效应的陷阱之中。在对收购交易进行定价时，要审视自己与其他竞争者的优势、劣势，不能以制定高价格作为收购成功的唯一筹码，要综合考虑各项影响收购交易价格的因素。此外，在海外收购中，要把握时机，不要在收购高峰时期以高价收购目标企业，要耐心等待最佳时机。

2) 中资企业在收购前，应该对目标公司相关的长期运营管理因素做出审慎判断，特别是对当地员工、关联机构、政府等相关利益相关方的诉求有充分考虑。

3) 中资企业需要有自己的战略目标，而不以市场上出现的项目为驱动。在选择目标企业时应做到理性选择，克服盲目和冲动投资，应牢记与企业既定的发展战略相适合的才是"值"的收购。

4）有选择地拒绝不利的苛刻条件，减少未来的限制。对于当前出现的海外收购"打包"现象，中资企业在进行海外收购交易时，不能急于求成，不能为了尽快收购而盲目答应被收购企业提出的一系列苛刻条件。应仔细斟酌收购后企业面临的整合、经营、回报和风险等与收购成本的大小，全面衡量收购的价值所在，以客观、正确的眼光看待收购事件。

5）收购成功后，中资企业应该要把工作重心转移到提升经营管理综合实力方面，与当地政府及民众求同存异，尽力去适应当地的政治、经济、文化环境，实现被收购企业的本土化整合。

二、天齐锂业收购 Talison

（一）项目背景概述

2012 年 8 月 23 日，美国洛克伍德公司以 6.5 加元/股收购泰利森 100% 的股权。为了避免锂产品定价权遭国际巨头控制，确保公司原材料供应安全，天齐锂业让集团公司在二级市场收购筹码，实施拦截式收购，给竞争对手设置障碍；然后通过多个境外控股公司，绕开不必要的法律和审批程序，以实现快速协议收购；最终，公司通过引入外部财务投资者、引入国际金融机构借款及过桥资金、目标公司股权质押、上市公司通过公开市场等多种方式融资，完成收购。本项目交易结构复杂，采用了创新性交易方案，通过多渠道进行融资，堪为业界典范案例。

1. 锂行业介绍

（1）锂资源特点

我国锂行业的主要企业均为矿石提锂企业，由于国内已开采的锂矿品质不稳定且生产规模较小，不能满足企业生产需要，近年来我国里含有生产企业所需矿石基本上以进口为主，进口主要由澳大利亚泰利森公司提供。泰利森公司格林布什矿山是当今全球开采规模最大、品质最稳定的锂辉石矿山，其锂辉石的产量能满足世界至少60%锂精矿的需求。

（2）锂资源产业链及行业格局

全球四大锂业公司合计占据全球锂资源供应的约84%。SQM、FMC和Chemetall（Rockwood子公司）为世界三大盐湖卤水提锂生产企业，占据了全球锂资源供应的约56%。泰利森为矿石提锂供应商，其矿石锂供应能满足世界至少60%锂精矿的需求。泰利森是世界锂辉石的主要供应商，主要向中国出口锂辉石，可以满足中国约80%锂资源需求量。

（3）锂资源未来趋势

在接下来5到10年里，全球锂需求会进入复苏阶段，复合增长率预计会超过10%，这其中最主要的驱动因素来自于锂电池应用的增长对碳酸锂需求的激增。快速增长的手机、数码电子产品和电动工具用锂电池的发展，以及电动汽车动力电池中锂电池份额的迅速提升使得锂电池的应用在锂资源的整体需求中占据越来越大的比例。

2. 交易对手介绍

这是一场非常经典的"蛇吞象"收购案例，其中涉及众多的参与者，为此次并购提供法律、财务服务的机构来自中国大陆、澳大利亚、加拿大、中国香港和英国等国家和地区，几个主要的当事公司分别为天齐锂业、泰利森、洛克伍德和中投等。

（1）天齐锂业

大齐锂业成立于1995年10月16日，2004年被天齐集团收购，2010年8月在深交所成功挂牌上市，是全球最大的矿石提锂生产商。据中国有色金属工业协会认定，天齐锂业是国内锂业中技术领先、规模最大、综合竞争力较强的龙头企业。文菲尔德是天齐集团间接控股的一家全资子公司。公司于2012年9月21日在西澳大利亚州注册成立。

（2）泰利森（Talison）

泰利森是一家在加拿大多伦多证券交易所上市的澳大利亚公司，其拥有世界上正在开采的、储量最大、品质最好的锂辉石矿——西澳州格林布什锂矿，同时在智利拥有7个盐湖开采项目，是目前全球最大固体锂矿拥有者及供应商，并拥有全球锂资源约 31 的市场份额，供应了中国约 80% 的锂精矿。

（3）洛克伍德

Rockwood 是美国特种化学品制造商，其业务覆盖锂、表面处理、添加剂、钛白粉、高级陶瓷等领域。Chemetall 是 Rockwood 下属锂事业部，拥有美国银峰盐湖，是唯一一家美国提锂的企业，同时公司还在智利阿塔卡玛盐湖提锂。Rockwood 是盐湖提锂三强之一，其中 SQM，FMC 主业是钾肥和农药，锂是伴生品，智利的阿塔卡玛盐湖由 SQM 和 Rockwood 分别开发，三家盐湖提锂巨头占据了全球锂市场供应 62% 的份额。

（4）中投

中国投资有限责任公司是中国主权财富基金管理公司，是依照《中华人民共和国公司法》设立的国有独资公司，组建宗旨是实现国家外汇资金多元化投资，坚持市场化、商业化、专业化和国际化的运作模式。中投国际承接了中投公司当时所有的境外投资和管理业务，开展公开市场股票和债券投资，对冲基金和房地产投资，泛行业私募基金委托投资、跟投和少数股权财务投资。中投海外是中投公司对外直接投资业务平台，通过直接投资和多双边基金管理，促进对外投资合作，力争实现投资收益的最大化。中央汇金对国有重点金融企业进行股权投资，依法对国有重点金融企业行使出资人权利和履行出资人义务，实现国有金融资产保值增值。

（二）项目的交易过程

1. 收购历程

（1）天齐集团实施拦截，与泰利森达成收购协议

截至 2012 年 11 月 19 日，天齐集团通过其在香港设立的全资子公司天齐集团香港在澳大利亚设立的全资子公司文菲尔德，采用二级市场收购及场外交易等方式合法持有泰利森 19.99% 的普通股股份，对洛克伍德继续收购泰利森设置了障碍。2012 年 12 月 6 日，文菲尔德与泰利森董事会签署了《协议安排实施协议》，以每股现金价格约合 47.56 元

人民币收购泰利森余下 80% 股权。2012 年 12 月 12 日，泰利森公告终止与洛克伍德于 2012 年 8 月 23 日签署的《协议安排实施协议》，其中洛克伍德拟以每股 6.5 加元的对价全面收购泰利森。

（2）天齐集团获得至关重要的财务投资

天齐集团通过引入财务投资人、银行过桥贷款等多种方式，解决收购资金问题。经多方努力，成功引入中国投资有限责任公司之全资子公司立德投资有限责任公司对文菲尔德增资。在经过澳大利亚联邦法院两次听证、泰利森股东大会审议程序后，2013 年 3 月 26 日，《协议安排实施协议》付诸实施，泰利森全部股份由天齐集团联合中投完成收购，泰利森也自多伦多证券交易所退市。文菲尔德拥有泰利森 100% 的权益，天齐集团通过天齐集团香港持有文菲尔德 65%，立德持有剩余权益。

（3）天齐锂业收购天齐集团持有的泰利森的 65% 股权

2013 年 6 月，天齐锂业拟通过非公开发行股票募集资金总额不超过人民币 40 亿元，并通过其在香港设立的全资子公司天齐锂业香港，向天齐集团购买其全资子公司天齐集团香港持有的文菲尔德 65% 的股权，交易价格为 367,983.86 万元人民币。

（4）天齐锂业收购天齐集团持有的泰利森的 51% 股权

2013 年 11 月，洛克伍德通过其全资子公司 RT 锂业有限公司以 5.243 亿美元受让了天齐集团香港和立德分别持有的文菲尔德 14% 和 35% 的股权，天齐集团通过大齐集团香港仍持有文菲尔德 51% 的股权，立德完全退出文菲尔德。2013 年 12 月，天齐锂业向天齐集团购买其通过全资子公司天齐集团香港拥有的文菲尔德 51% 的股权，募集资金总额也调整为不超过 33 亿元人民币，交易价格为 30.41 亿元。2014 年 2 月，天齐锂业非公开发行股票 1.12 亿股，募集资金净额为 30.24 亿元人民币。2014 年 5 月，天齐锂业将收购主体由天齐锂业香港变更为天齐锂业香港在英国设立的全资子公司天齐锂业英国，并通过天齐锂业英国完成对文菲尔德 51% 股权的收购（图 1、图 2）。

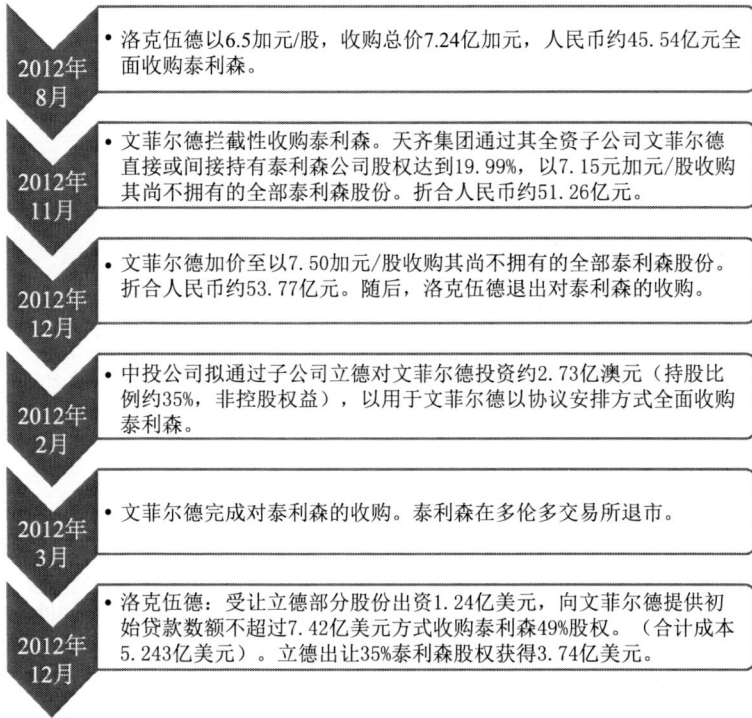

2012年8月	洛克伍德以6.5加元/股，收购总价7.24亿加元，人民币约45.54亿元全面收购泰利森。
2012年11月	文菲尔德拦截性收购泰利森。天齐集团通过其全资子公司文菲尔德直接或间接持有泰利森公司股权达到19.99%，以7.15加元/股收购其尚不拥有的全部泰利森股份。折合人民币约51.26亿元。
2012年12月	文菲尔德加价至以7.50加元/股收购其尚不拥有的全部泰利森股份。折合人民币约53.77亿元。随后，洛克伍德退出对泰利森的收购。
2012年2月	中投公司拟通过子公司立德对文菲尔德投资约2.73亿澳元（持股比例约35%，非控股权益），以用于文菲尔德以协议安排方式全面收购泰利森。
2012年3月	文菲尔德完成对泰利森的收购。泰利森在多伦多交易所退市。
2012年12月	洛克伍德：受让立德部分股份出资1.24亿美元，向文菲尔德提供初始贷款数额不超过7.42亿美元方式收购泰利森49%股权。（合计成本5.243亿美元）。立德出让35%泰利森股权获得3.74亿美元。

数据来源：公司公告，广发证券发展研究中心

图1　项目收购历程

数据来源：公司公告、广发证券发展研究中心。

2. 交易结构

交易结构对于收购项目的成功与否起着关键的作用。目标公司泰利森于 2012 年 8 月 23 日，收到全球第二大盐湖锂资源公司洛克伍德的全面收购要约，洛克伍德拟以 7.24 亿加元现金收购泰利森全部已发行股份，泰利森管理层认为收购价格合理，此价格较前一个交易日收盘价溢价 35%，拟向股东推荐接受该收购要约。泰利森在中国的最大客户天齐锂业的大股东天齐集团于 9 月 25 日与讨论组讨论后希望联手竞购泰利森。

3. 竞购方案

Rockwood 在 8 月 23 日提出以 6.5 加元/股收购泰利森 100% 的股权。为了阻击 Rockwood 收购泰利森，天齐锂业让控股股东天齐集团从二级

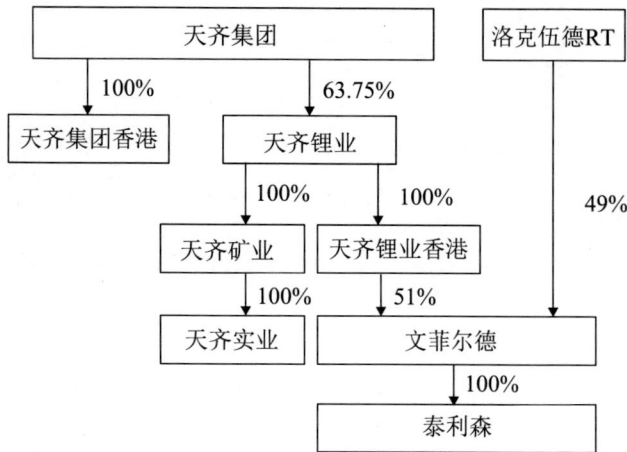

图 2   收购完成后的组织结构

数据来源：公司公告、广发证券发展研究中心。

市场及现有主要股东手中收购 19.9%，以便在泰利森审议 Rockwood 协议安排的股东大会上投否决权。在操作上，从二级市场秘密收购 9.9%的股份，从其他股东手中收购股份增持至 19.9%。由文菲尔德向泰利森董事会提交一份价格高于 Rockwood 协议安排项下价格的协议方案，如 Rockwood 未能给出与之相当的出价，则应与泰利森签署一份与现有Rockwood 协议安排实施协议类似的协议，并提出在首次溢价 10%的基础上再溢价 5%，达到 7.5 加元/股。

4. 项目投资意义

从公司的角度来讲，完成本次收购后，天齐锂业控制了全球资源禀赋最好的锂辉石矿资源，公司间接从原料源头掌控国内碳酸锂生产，真正掌握国内定价权，完善了锂产业链上游资源布局，为扩大中游基础锂产品及高端锂产品的规模奠定坚实基础，并为天齐锂业进一步向下游产业链延伸提供强大的资源储备。从行业角度讲，公司收购泰利森改变了我国锂资源高度对外依存的现状，改变了国内矿石提锂的原料供应格局，对我国锂产业有着十分重要的意义。从国家角度来讲，天齐锂业通过收购泰利森股权，打破全球锂矿供应商垄断格局，增强中国企业在国际锂矿市场的定价话语权和影响力。

（三）项目的主要启示

1. 合理的绕开国内外各项监管，并巧妙利用各种规定，实施拦截式收购，给竞争对手设置障碍

从法律上讲，如果由天齐锂业直接收购泰利森，根据《上市公司重大资产重组管理办法》的相关规定，本次收购构成借壳上市，除涉及来自中国证监会、深交所对重大资产重组的审批与监管之外，跨境收购还涉及商务部门、发改委、外汇管理部门等多个部门的审批，收购完成的时间跨度、审批流程将会大大拉长，不利于与国际锂业巨头兼竞争对手的洛克伍德进行竞争。因此本次收购由上市公司的控股股东先行实施，采取拦截式收购，这样就可以在泰利森审议 Rockwood 协议安排的股东大会上投否决权，给洛克伍德进一步收购设置障碍。

2. 提出"最优"竞购方案，引入中投作为财务投资者，共同投资，为其提供及时的融资和各项支持

通过对过去澳洲企业的并购案例分析来看，竞购方案 10% 的溢价，将会导致更高的收购价格。因而在综合各方面条件下，提出了在其他收购条件一致下，溢价 15% 的竞购方案使得洛克伍德无法提出"匹配"的价格。经多方努力，成功引入中国投资有限责任公司之全资子公司立德投资有限责任公司对文菲尔德增资。中投作为财务投资者为其带来的不仅仅是资金，还有各方面的辅助。合作之初，双方就成立了联合体共同投资，可以说为收购的成功提供了巨大的帮助。

3. 灵活采取多种融资方式为项目融资，重视银行项目贷款的作用

此次交易在融资方式上不仅引入外部财务投资者，而且还采取了引入国际金融机构借款及过桥资金、目标公司股权质押等多种方式融资。银行的资金参与上市公司并购重组是近几年跨境并购的趋势。基于监管原因和较高的资金成本，银行资金较于券商的并购基金成本更低，金额更大，可以快速参与到上市公司并购重组的交易中。

4. 跨境并购涉及多个国家或地区，涉及多个专业领域，进行多国法律和多方协调，这是成功的必要条件

跨国并购必然会遇到相对不熟悉的环境或领域，比如所涉及国家的

文化、法律、行政监管、商业习惯等。泰利森是在加拿大上市的澳大利亚公司，其同时还通过加拿大子公司持有智利的资产，收购方为境内公司，此项目涉及 6 个国家或地区，两个交易所以及各个不同的专业领域，天齐集团聘请了财务顾问红桥广盛、普华永道，澳洲法律顾问 Allens、加拿大、智利律师、年利达以及中伦香港、成都、上海等地的律师等，这些优秀且经验丰富的财务和法律顾问，促进了收购的成功。

三、硅谷天堂并购斯太尔动力

2012 年，PE 机构硅谷天堂和 A 股上市公司博盈投资并购了奥地利柴油发动机公司斯太尔动力。其中，博盈投资超市值定向增发 15 亿元控股斯太尔动力；硅谷天堂短时间收益 76%，并以 2 亿元资金参与定向增发，完成了并购、融资、退出"一气呵成"式的操作，其操作手法复杂思路新颖；在定向增发后的数年里，博盈投资业绩持续低迷，远未达到大股东的承诺。高明的资本市场操作和低迷的投后业绩表现，值得深思。

（一）项目背景概述

1. 柴油机行业概况

柴油发动机是目前世界上产业化应用的各种动力机械中热效率最高、能量利用率最好、最节能的机型，已成为汽车、农用机械、工程机械、移动和备用电站等装备的主要配套动力。

中国发展柴油发动机工业较早，目前已成为柴油发动机生产大国。2010 年，全球柴油发动机市场规模已达到 4300 万台，国内产量超过1500 万台，其中车用柴油发动机产量超过 400 万台。但中国柴油发动机产业的整体发展仍然面临许多问题，如在产品构成上不尽合理，乘用车柴油发动机比例极小；研发基础比较薄弱，拥有自主知识产权的机型极少，乘用车柴油发动机等关键技术还严重依赖于欧美国家。

总体而言，中国柴油发动机的研发和技术水平落后于国际先进水平10—20 年，不具备完整的柴油发动机产品和关键零部件开发能力，核心技术仍受制于国外，呕待引进世界先进技术和研发能力。

2. 交易参与方介绍

斯太尔动力的并购共涉及两轮交易，以及一轮定向增发。在整个过程中，参与者包括：并购标的斯太尔动力、第一轮并购方硅谷天堂、第二轮并购方博盈投资以及作为定向增发对象的6家公司。

并购标的：SteyrMotorsGmbH（下称"斯太尔动力"）。其成立于2001年，前身是奥地利大型国有汽车集团斯太尔—戴姆勒—普赫公司。20世纪90年代末，斯太尔—戴姆勒—普赫集团被拆分，从中剥离出的连体机身发动机技术被管理层收购，成立了斯太尔动力。自成立以来，斯太尔动力主要从事高性能和高速柴油发动机的研发、制造、销售和服务，拥有完整的全系列柴油机产品知识产权及研发能力，在高性能低排放柴油机、航空柴油发动机、独立的燃油喷射系统等领域的技术研发具备世界领先水平。

除自行生产外，斯太尔动力也通过许可证形式授权其他公司生产其发动机或使用其专有技术，合作伙伴包括俄罗斯嘎斯集团、美国AM-General、韩国大宇和博世等公司。

第一轮并购方：硅谷天堂是国内最早的股权投资机构之一。在业内，硅谷天堂以"PE+上市公司"的并购模式著称，即寻找产业链上下游企业，控股之后进行整合，在达到一定盈利能力时，再将项目注入上市公司，完成资本退出。

目前，硅谷天堂已在新三板挂牌，管理资产规模超120亿元，成功投资近200家企业，其中已上市企业超过70家。

第二轮并购方：A股上市公司博盈投资，主营业务为汽车配件制造及销售，主要产品为汽车前后桥总成及齿轮。由于市场竞争激烈加之行业不景气，产品毛利率水平较低，仅为11%左右，业务规模及盈利能力逐年下滑。2010年，博盈投资因连续两年亏损收到退市风险警示，对注入优质资产有着迫切需求。

定向增发对象：共6家公司参与定向增发计划，分别是5家PE机构：沙泽瑞创业投资（下称"长沙泽瑞"）、长沙泽洺创业投资（下称

"长沙泽洺")、宁波贝鑫股权投资（下称"宁波贝鑫"）、宁波理瑞股权投资（下称"宁波理瑞"）和天津硅谷天堂恒丰股权投资基金（下称"天津恒丰"），以及东营市英达钢结构有限公司（下称"英达钢构"）。

3. 交易动因

通过战略调整、剥离不良资产等一系列动作，博盈投资在 2010 年、2011 年实现了盈利，但净利润仅为 425 万元、370 万元，2012 年预计亏损 1200 万~1500 万元。在国家出台多项政策支持企业境外投资的背景下，博盈投资一直在积极寻找并购对象，打造新的业务增长点。

而斯太尔动力在高端柴油发动机的设计和制造领域拥有深厚的技术沉淀和研发实力，业务范围覆盖了航空、汽车等全系列柴油发动机的研发和销售，拥有完全独立自主知识产权；但其产能较小，年产量约几千台，2010—2012 年 9 月的营业收入分别为 2768 万欧元、2208 万欧元、2947 万欧元和 1834 万欧元，与技术实力并不相符。因此，先进的技术和较低的生产能力，使其成为优质的并购标的。

（一）并购交易过程

1. 两轮并购过程及交易结构

2012 年 3 月 20 日，硅谷天堂通过子公司天津硅谷天堂桐盈科技有限公司（下称"天津桐盈"），设立了并购"过渡者"——武汉梧桐硅谷天堂投资有限公司（下称"武汉梧桐"）。

2012 年 4 月，硅谷天堂以 3245 万欧元（当时约合 2.8 亿人民币）的价格收购了斯太尔动力，完成了第一轮收购。

2012 年 11 月 5 日，博盈投资发布公告，宣布将以 4.77 元/股的价格，向英达钢构等 6 家公司定向增发 3.14 亿股股票，计划募资 15 亿元。其中，5 亿元用来收购武汉梧桐 100% 的股权，3 亿元增资扩产斯太尔动力项目，3 亿元用于技术研发项目，并补充流动资金 4 亿元。

其中，长沙泽瑞、长沙泽洺、宁波贝鑫和宁波理瑞等 4 家机构承诺仅作为财务投资者，放弃提案权和表决权。在定向增发后，英达钢构将成为博盈投资的第一大股东和控股股东，持有 15.21% 的股份，同时承诺 2014 年—2016 年三年间，博盈投资每年实现的经审计扣除非经常性损益后的净利润分别不低于人民币 2.3 亿元、3.4 亿元和 6.1 亿元，若实际未达到上述承诺数，将按差额对博盈投资进行补偿。

2. 投资各方的收益

在将武汉梧桐售予博盈投资后，硅谷天堂短短几个月内完成了对斯太尔动力的投资、退出和收益，获利 76%；它还从变现获得的 5 亿资金中拿出 2 亿元，参与博盈投资定向增发，进一步分享股价上涨的收益。

博盈投资则将具有世界领先水平的柴油发动机研发和生产体系纳入上市公司，拥有了独立自主的全系列柴油发动机产品及持续研发能力，成为集柴油发动机研发、生产、销售、许可证业务于一体的供应商，实现从县域汽车配件生产企业到国际柴油机设备商的转型。

参与定向增发案的 5 家 PE，除了天津恒丰外均放弃持股期间的投票权，财务投资角色定位明显。

作为定向增发后第一大股东的英达钢构，则借助此次并购进入了新的发展领域。

（三）并购启示

斯太尔动力并购案创新度颇高，该方案主要有以下亮点：

1. 并购重组整合一气呵成

按照传统运作思路，PE 从并购到退出是一个相对漫长的过程，一般以年为单位计算。从硅谷天堂 2012 年 4 月并购斯太尔动力，再到 11 月博盈投资宣布定向增发，用时仅 7 个月，整个交易并购、重组整合、退出一气呵成，开创了并购基金运作新模式。

2. PE 跨境并购降低后续交易难度

在海外并购中，难免会涉及多层面的监管，不仅需要得到并购标的所在国的批准，还涉及商务部等政府部门。A 股上市公司若按常规方式收购斯太尔动力，耗时将难以估量。

在此次交易中，硅谷天堂先获得了奥地利和国内监管当局的审批；博盈投资收购时只需要得到证监会的审批，从而将跨境并购交易，转换为两个环节：即 PE 机构并购境外公司和上市公司定增收购国内公司，境内交易和境外交易分开进行，降低了审批的难度。

3. 定增方案绕道重大资产重组审核

此项交易的核心环节在于以定向增发的方式间接并购斯太尔动力。由于博盈投资以非公开发行方式募资购买标的公司100%股权,极易触发重大资产重组和全面收购要约义务,审核标准严格程度与IPO相当。此外,根据2011年《上市公司重大资产重组管理办法》(下称"《重组办法》")规定,需要提供拟购买资产的盈利预测报告,也增大了难度。

为此,硅谷天堂设计了三层环环相扣的定增方案。

首先,博盈投资以非公开发行股票的方式募集并购资金,根据《重组办法》第二条规定,上市公司按照经中国证券监督管理委员会核准的发行证券文件披露的募集资金用途,使用募集资金购买资产、对外投资的行为,不适用《重组办法》。

同时,《重组办法》第四十二条规定,"特定对象以现金或者资产认购上市公司非公开发行的股份后,上市公司用同一次非公开发行所募集的资金向该特定对象购买资产的,视同上市公司发行股份购买资产。"在交易中,博盈投资定向增发的15亿资金只有2亿来自天津恒丰,占募资总额的13.33%,其中5亿元用于收购武汉梧桐,占募资总额的33.33%,即天津恒丰实际认购标的公司股权项目的资金为募资总额13.33%*33.33%=4.44%,不构成重大资产重组。

其次,财务投资者放弃提案表决权,规避要约收购义务。根据规定,当投资者获得上市公司的股份超过30%时将触发全面要约收购的义务。博盈投资计划融资15亿,新发行股份将占总股本的50%以上,若认购对象单一,容易触及30%的要约收购点。因此,共有6家公司共同参与定增,其中认购额最大的英达钢结构在非公开发行完成后,持股仅为15.21%。由于规定中30%股份指的是控制权,在考虑到4家PE机构仅作为财务投资者参与后,英达钢构持有的15.21%股权的表决权比例为26.16%,仍低于30%的"红线",规避了要约收购义务。

最后,上市公司在购买重大资产过程中,为维护上市公司的权益,通常由资产出售方承担资产业绩承诺。英达钢构作为非公开发行后的最大股东,承诺对上市公司做出业绩补偿,促成了此次收购交易的最终达成。

（四）意义

2013 年 9 月，证监会正式下文批复同意博盈投资的非公开发行股票预案，这起历时 11 个月的并购案终于落下句号。

然而，在随后的三年里，博盈投资业绩并没有大幅改善反而持续低迷，遭遇标的资产业绩承诺不达标、业绩波动大、商誉减值等一系列问题。其 2014 年利润仅为 984 万元，2015 年净亏损 1056 万元，均未达到此前承诺。

作为大股东的东营钢构也连续变更补偿方案，在 2014 年业绩未达标后将"优先股份补偿"变更为"现金补偿"，并多次延期支付；又在 2015 年业绩未达标后，因补偿款屡屡延期收到深交所监管函，最终采用分期方式支付。

硅谷天堂高明的资本运作背后，是被投企业陷入亏损业绩难以改善的现实。在中国资本市场上，精妙的交易结构设计往往受到欢迎，而精准有效的投后管理却时常被忽略，这却是提升企业价值的关键环节。这个问题，值得每一个市场参与者深思。

四、金沙江创投并购 Lumileds

2016 年年初，美国外资审议委员会（CFIUS）以国家安全为由，否决了中资财团 Go Scale Capital 28 亿美元收购飞利浦旗下 LED 和汽车照明组件生产商 Lumileds 多数股权，针对此次中资海外收购的巨型融资交易也因此失败。这个结果让参与各方颇为意外。

（一）项目背景概述

1. LED 行业概况

LED 是固态照明的核心与基础，凭借其优秀的性能表现获得多国政府和用户的认可，成为替换白炽灯的主流选择，从而带动 LED 照明全产业链的活跃。目前，LED 上游内核专利技术长期被五大国际巨头所掌握，分别是日亚化学（Nichia）、欧司朗（Osram）、飞利浦（Lumileds)、科锐（Cree）和丰田合成（Toyoda Gosei）等。

五家大厂商通过交叉授权形成垄断，对国内 LED 厂商形成专利重压，如果能成功收购飞利浦，或许能开辟一条中国 LED 企业打破国外专利垄断的新路，有望释放和集成国内 LED 的产能，走出国门对接国际市场。而与 Lumileds 签署了专利交叉许可协议的国际寡头，如欧司朗、科锐、日亚化学等，对中国的专利威胁或许会极大削弱，甚至消失。

此次收购如果成功，未来将通过投资建设全球运营中心、关注快速增长的照明与汽车行业来为 Lumileds 拓展全球市场。这对推动中国传统产业战略转型具有重要意义，对促进节能减排的环保事业有深远的影响，并有利于推动中国逐步摆脱"世界工厂"的称号。

2. 卖方公司介绍

Lumileds 是全球领先的照明设备制造商，掌握众多领先技术优势。生产产品包括照明组件，通用照明、汽车照明和移动电子设备照明，公司业务覆盖全球 30 多个国家。

公司在产品研发、生产线、销售环节以及客户关系维护方面，均表现出业内领先的独特优势。Lumileds 每年投入高额研发成本，拥有 450 多位研发人员，拥有极其优质的技术资产，掌握 740 多项 LED 专利，是全球能够使用所有核心蓝/白 LED 知识产权的五大照明公司之一。产能布局具备全球化分布优势，各业务线拥有成熟稳健的供应商关系网及分散的采购渠道，企业资源计划系统为各条供应链提供坚固的后勤保障。同时，Lumileds 借助全球范围内的销售和市场营销网络，维系着 6000 多个客户，主要销售方式经销商渠道或自有营销团队，或者二者结合。在 LED 业务、汽车业务和汽车业务售后市场方面，Lumileds 与多家客户有 10 年以上合作关系，业内口碑卓越。

3. 项目投资亮点

Lumileds 凭借领先的市场地位和优质的 LED 技术资产，成为汽车照明领域和传统照明领域的市场领导者。同时，Lumileds 掌握众多优质客户、并积累了众多长期稳定的战略合作伙伴。

Lumileds 拥有良好的财务状况和稳定的现金流转换率。净收入方

面，传统照明部分保持稳定增长，预计未来将保持复合年增长率 2.1%
的稳定态势；LED 增长势头强劲，预计未来将保持复合年增长率
13.9% 高增长趋势。EBITDA 利润率方面，预计未来 LED 模块将稳定在
21% ~22% 好增长水平，总的 EBITDA 的增长率将保持在 12%。2011 ~
2013 年，预计未来资本性支出（CAPEX）将保持在稳定水平，现金转
换率将保持在 65% ~70% 之间的高水平。

凭借卓越的市场地位和财务表现，该项目吸引了包括 KKR、CVC、
贝恩资本在内的众多欧美私募巨头青睐（图 3）。

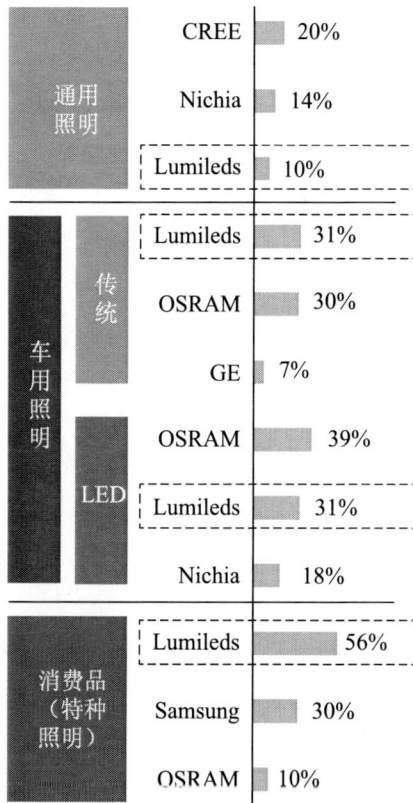

图 3　Lumileds 市场份额

（二）并购交易过程

2015 年 3 月，飞利浦宣布将 LED 照明零组件 Lumileds 事业部与汽

车照明事业部80.1%股权卖给由中国金沙江创投（GSR Ventures）主导的 Go Scale Capital。Go Scale Capital 是由金沙江牵头，获得亚太资源开发投资有限公司和南昌工业控股集团有限公司等中、外资财团的大力支持。该项交易估值约33亿美元，交易完成后，剩余19.9%股权（包含在美国分支34%的股权）由飞利浦持有。这项交易是飞利浦"退出照明业务、业务中心集中在医疗设备和消费者生活方式产品领域"的两步走计划的一部分，交易完成后，飞利浦剩余照明业务将进行 IPO 上市。

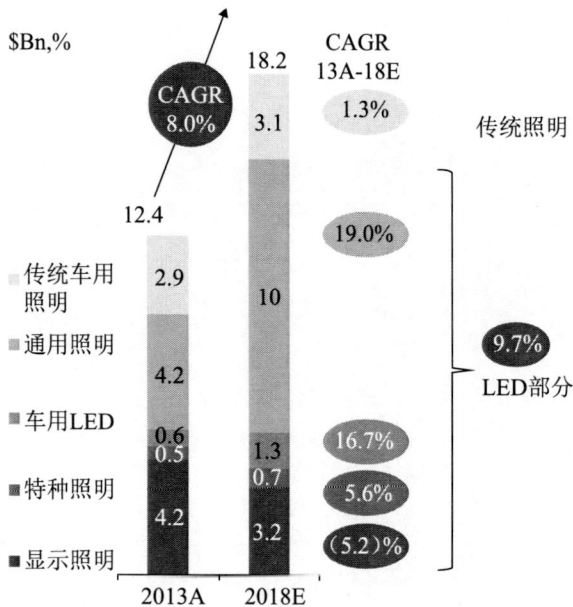

图4 Lumileds 所在市场未来增长预测

Go Scale Capital 计划斥资28亿美元收购飞利浦旗下照明事业，并且计划贷款19.3亿美元用于支持本次收购。这笔贷款包括 A 部分（13.3亿美元七年期贷款）、B 部分（2.5亿美元七年期贷款）和3.5亿美元五年期循环贷款，贷款利率较伦敦银行间拆放利率（Libor）加码330基点。本次融资由中国银行担任唯一承销行、额度代理行兼簿记行，并向亚洲、欧洲和美国银行邀贷。

Go Scale Capital 是一家新成立的投资基金，由金沙江创投（GSR Ventures）主导，与橡树投资伙伴（Oak Investment Partners）联合组成，在北京、香港和硅谷均设有办事处。虽然相较于 KKR 和 CVC 等国际私募巨头，金沙江创投实力并不是最雄厚的，但凭借中国投资有限责任公司的背书以及更为优惠的价格，Go Scale Capital 成功击败了由美国 KKR 和欧洲私募股权基金 CVC Capital 组成的财团。

但 2015 年 10 月飞利浦透露，美国外资投资委员会（CFIUS）就该项交易案表达了"某些意料之外的忧虑"。中国财团先后共向 CFIUS 提交了三次交易申请，为了打消 CFIUS 对美国国家安全的顾虑，第二次申请重新设计了原有的交易结构，Limileds 位于美国的研发中心在收购后仍由飞利浦代管，并且由美国军方派代表进行监管。第二轮申请被否定后，中方决定剥离美国的研发中心，只收购 Limileds 的其他资产，但第三轮申请仍被否决。2016 年，飞利浦出于对美国监管考虑，终止了将旗下灯饰零件和汽车照明部门出售给 Go Scale Capital 的计划，但仍计划出售 Lumileds 部门。

（三）交易过程及失败原因

1. 美国外国投资委员会（CFIUS）简介

美国外国投资委员会（CFIUS）是一个联邦政府委员会，设立于 1988 年，由 11 个政府机构的首长和 5 个观察员组成，美国财政部长担任委员会主席。CFIUS 的代表们来自包括国防部、国务部以及国土安全部等，对可能影响美国国家安全的外商投资交易进行审查。

CFIUS 承担着保护美国国家安全及其重要基础设施的任务，并且要经得起来自美国国会和总统的检查。因此，CFIUS 可能倾向于批准与美国关系密切的投资者（如澳大利亚、英国或日本）更甚于其他国家。在实践中，CFIUS 对来自中国或者某些中东国家的投资者通常会进行更仔细的调查。另一个 CFIUS 会考虑的重要因素是收购方是否受到外国政府的控制。

表1　CFIUS 的审查框架

控制权	指确定、指导或决定某个实体重要事项的直接或间接权力	如果表决权股票少于10%，且目的只是为了进行消极投资，投资方一般不会认定为已取得"控制权"，而 CFIUS 也就不会过问这笔交易。但是，即使目前不存在控制权问题，将来的股权变动也可能是作为外国投资方的一方获得控制权，从而触发 CFIUS 调查
国家安全	CFIUS 在进行审查时一般着眼于两个方面：一是"威胁"，即外国投资者是否有能力或意图危害国家安全；二是"脆弱"，即美国业务方的行业特性、系统漏洞或者组织结构是否存在脆弱性和安全风险。	以下是极有可能被认定为涉及国家安全的行业并购业务：关键基础设施、关键技术、军事国防、电信设施、能源和金融等领域。

通常情况下，如果交易一方是外国国有企业、高科技公司、能源公司，或者交易中有涉及国防、国土安全、出口管制相关的合同文件时，交易会提交 CFIUS 审查的可能性就比较大。另外，有些交易本身虽不属于国家安全行业，但其地理位置可能会构成威胁。交易项目如果靠近军事基地等敏感区域，就有被审查的可能。

通常情况下，"控制权"和"国家安全"，是判断交易是否需要提交至 CFIUS 审查的两个重要因素。从控制权的角度而言，本次金沙江创投并购 Limileds 完成后，中方将获得 Limileds 80% 的股权，飞利浦保留剩余 20% 的股权。通过本次收购，中国财团将取得 Limileds 的控制权，这一交易案不可避免将被提交至 CFIUS 审查。而且一直以来美方对中国公司的收购交易都异常敏感，比如 2005 年 5 月，华为与收购服务器技术公司 3Leaf Systems 达成了以 200 万美元收购其房产和员工的交易，如此小规模的交易通常不会受到监管机构的审查，然而美方担心相关技术会与北京共享，虽然交易已经完成，五角大楼在得知消息后仍然提请 CFIUS 开展事后调查，最终以华为放弃收购而落幕。本次金沙江创投并购 Limileds，中国投资有限公司为金沙江创投的背书，以及南昌市政府的积极推动，无疑需要面临 CFIUS 更加严格的审查。

事实上，这已经不是第一起中资企业收购美国企业失败的案例，最近几年，中资企业收购美资企业的新闻不时传出，但成功者，屈指可数。

2. 失败原因分析

结合各方面对本次交易未能通过 CFIUS 审查原因的分析，总结出 CFIUS 对于本次交易的安全顾虑，主要有以下几个方面。

（1）技术军事威胁

Lumileds 公司是全球领先的照明设备制造商，产品包括照明组件、通用照明、汽车照明和移动电子设备照明，公司业务覆盖全球 30 多个国家。中国公司收购 Lumileds，CFIUS 对中国在芯片领域的野心存在担忧，尤其是一种叫氮化镓的半导体材料。目前市场上最常用的 LED 芯片衬底材料，主要是蓝宝石衬底、碳化硅衬底和硅衬底三种。氮化镓属于第三代半导体，由于氮化镓材料在半导体技术中能够比其他材料承受高温高压，工艺密度更高，广泛用于电动车、通讯领域甚至军工领域，CFIUS 对此比较敏感。

Lumileds 公司所生产的一般照明产品和汽车照明设备，广泛地应用在美国市场，试想当美国许多城市的广场、家庭、各类场所的照明产品和汽车照明设备等由一家中国控制的公司生产，是否这些照明设备会被用在军用设备上？这无疑会给审查交易的美国政府带来国家安全的担忧。

（2）行业威胁及国企参与

收购 Lumileds 公司折射出中国企业试图通过收购 LED 核心技术和专利，来摆脱长期受制于人的尴尬局面。有数据显示，截至 2014 年 12 月 31 日，全球 LED 产业形成以美国、亚洲、欧洲三大国家和地区为主导的三足鼎立的产业分布与竞争格局，美国科瑞（Cree）和 Lumileds、日本日亚化学（Nichia）和丰田合成（ToyodaGosei）、德国欧司朗（Osram）等企业垄断高端产品市场。上述 5 家巨头在 LED 产业链各个环节各具优势，日亚化学和丰田合成在 LED 产业发展中占有重要地位，形成了 LED 完整产业链，其中，日亚化学在蓝光芯片方面实力雄厚，并在专利技术方面具有垄断优势；科瑞拥有自己成熟的技术体系；Lumileds 则关注大功率 LED 的研发，在白光照明领域实力雄厚。

就我国企业提交的专利申请类型来看，实用新型专利申请占比较高，达到 43.55%，外观设计专利申请为 31.11%，而发明专利申请只占到 25.34%。从技术领域分布来看，国内企业提交的专利申请主要集中在应用和封装方面，产业链上游芯片、原材料等领域，则是国内企业的短板。

和中国相比，美国的优势产业所剩不多，下游的制造业中国都赶上来了，差距主要集中在半导体产业和 IT 产业等领域，金沙江收购 Lumileds，作为交易的一部分，飞利浦公司会把 600 余项有关 LED 生产与汽车照明的专利转给 Lumileds 公司，这也是 CFIUS 极为忌惮中国公司收购处于行业领先地位、掌握众多核心技术的 Lumileds 公司的原因。

此次并购中有国有资本背景，如南昌工业控股集团有限公司就由南昌市政府独资成立，这也不可避免地会带来一些"中国政府"支持的并购交易的暗示。

（四）启发

中国企业的海外投资之路任重而道远，上述四个案例具有典型性的意义。无论是这些企业在并购 Talison、斯太尔动力的资本运作上成功，还是并购 Lumileds 业务的受挫，抑或是尼克森石油投后整合上的失败，都在用自身的成功或失败告诉后来者，不论是投资前目标企业的调研分析，还是所在国的政治人文环境都需要做足扎实的工作；而海外投资也并非仅需要明智的投资决策，事先规划、运作良好投后管理也是至关重要的。总之，在中国企业进军海外的道路上，荆棘与鲜花同在，阳光与风雨并存。

参考文献

［1］白桦. 天齐锂业拟募资 40 亿谋定跨国锂业巨头［N］. 中国证券报，2012 - 12 - 25，（A08）.

［2］董亮. 斯太尔的并购后遗症［N］. 北京商报，2016 - 05 - 09，（B02）.

［3］郭新志. 天齐锂业董事长详解竞购锂矿内幕［N］. 中国证券报，2013 - 01 - 09，（A11）.

［4］韩洋. 中海油收购尼克森交易中的政府审查问题探析［N］. 法制博览，2013，11：11—12.

［5］胡飞军. 中国买家购飞利浦照明资产受挫［N］. 每日经济新闻，2016 - 01 -

25，（007）．

［6］胡挺，钟伟钱．私募股权基金转型动因及突围路径：兼论硅谷天堂"上市公司＋PE"创新模式演进［J］．海南金融，2015，（02）：24—27．

［7］黄世瑾，宋元东．天齐集团敲定6.62亿美元融资中投公司现身"金主"名单［N］．上海证券报，2013－02－27，（A02）．

［8］李勇．博盈投资的变身谜局［J］．中国经济周刊，2012，（47）：62—63．

［9］刘海云，杨文静．我国LED企业跨国并购的风险及应对之策：以金沙江GO Scale Capital收购Lumileds为例［J］．对外经贸实务，2016，（05）：75—77．

［10］罗荣晋．天齐集团并购澳洲泰利森锂矿案例分析［J］．中国城市金融，2014，（01）：49—50．

［11］秦炜．博盈投资斯太尔跨国联姻奥地利"百年老店"收入囊中［N］．证券日报，2012－11－12，（D03）．

［12］王永中，王碧珺．中国海外投资高政治风险的成因与对策［J］．全球化，2015，（05）：58—67．

［13］魏晓慧．中海油收购优尼科和尼克森的对比及对中国国有能源企业海外投资的经验和教训［J］．理论观察，2013，（01）：70—71．

［14］徐杰．美国针对中国企业投资的国家安全考量研究［J］．国家行政学院学报，2015，（01）：102—106．

［15］杨长湧．美国外国投资国家安全审查制度的启示及我国的应对策略［J］．宏观经济研究，2014，（12）：30—41．

［16］张建．天齐锂业40亿元融资"蛇吞象"溢价三倍买矿被指作价过高［N］．21世纪经济报道，2012－12－27，（014）．

［17］张金杰．近期中国海外并购的主要特点、问题与趋势［J］．国际经济合作，2015，（06）：29—34．

［18］张伟华．保守谨慎应对CFIUS审查［J］．中国外汇，2016，（10）：20—21．

［19］郑玉婷．"上市公司＋PE"模式并购基金的法律模型与经济逻辑：以天堂硅谷大康股权投资合伙企业为例［J］．2015，（02）：89—103．

［20］朱萌，戴慧．中国企业实施"走出去"战略的融资风险控制研究［J］．国际贸易，2016，（05）：48—51．

（执笔人：陈超）